KB122841

미국은 왜 실패했는가

제국의 쇠퇴, 그 뿌리

모리스 버먼 ｜ 김태언·김형수 옮김

녹색평론사

페렌츠 M. 사스(1940-2010)를 기리며

현대 미국문화는, 사람들로부터 그들이 가장 갈망하는 것을 박탈했을 때 어떻게 되는지를 지켜보는 장기간에 걸친 실험이라고 할 수 있다.

— 토머스 루이스 외(*A General Theory of Love*)

내가 보기에 근대체제 전체가 잘못된 인간관에 기초하고 있다. … 인간성에는 지나친 자신(自信)이 있어서, 그 본래의 성향대로 내버려둔다면 필연적으로 지금껏 지구상에 유례없는 깊고 넓은 비참을 인류에게 가져다줄 것이다.

— 리처드 헨리 다나(*1853*)

모든 자본주의의 역사는 반(反)자본주의 역사의 그림자를 반드시 포함해야 한다.

— 조이스 애플비(*The Relentless Revolution*)

머리말

미국제국이 붕괴하고 그 먼지도 완전히 가라앉은 후, '탈(脫)미국 시대'의 관점에서 역사가 다시 쓰여진다면, 미국문명은 어떤 모습으로 회고될까. 역사가 월터 맥두걸은 "지난 400년 동안 일어난 사건 중에서 가장 중요한 일은 미합중국의 건설이다"라고 쓰고 있다. 분명히 그렇다. 그러나 문제는 미국은 궁극적으로 무엇이었느냐 하는 점이다. 마침내 때가 되었을 때 미국이 정말로 상징하는 것은 무엇일까. 사실 어디를 보아야 할지만 안다면 이 질문에 대한 답을 얻기 위해서 2040년 혹은 2050년까지 기다릴 필요는 없다. 맥두걸을 위시하여 데이비드 포터, 윌리엄 애플먼 윌리엄스 외에도 몇몇 중요한 역사가들이 지적하듯이, 미국은 그 시작부터가 비즈니스 문명이었다. 리처드 해클뤼트의 책 《서방 개발에 대한 담론》(1584) ─ 맥두걸이 '홍보물의 걸작'이라고 말한 ─ 은, 영국이 북아메리카를 식민지화함으로써 얻게 될 전략적 이점 ─ 목재, 수산물, 모피 그리고 새로운 모직물 시장 등을 포함한 ─ 들을 설명하고 있다. 역사가 리오 마르크스는 이렇게 덧붙인다. "심지어 16세기에도, 미국의 시골지역은 말하자면 부동산 개발의 대상이었다." 이러한 상업적 성향은 실제로 우리 미국인들의 트레이드마크가 되었다. 북아메리카 문명과 그 거주민들의 가장 주된 목표는, 무한히 확장하는 경제(풍요)와 끝없는 기술혁신('진보')이며, 이것은 언제나 그랬다. 맥두걸은 (미국은) '허슬러'(10쪽 참고)들의 나라, 이익을 보려고 집요하게 달려드는 사람들의 나라라고 쓰고 있다.[1]

물론 본질적으로는 도덕적 혹은 '영적'인 성격의 다른 전통이 존재한다는 주장도 성립할 수 있다. 요컨대 풍요의 추구를 천박한 목표로 보고, 그것은 참된 의미가 없다고 생각하며 그것은, 그게 무엇이든 이 나라가 갖고자 희망할 수 있는 정신적 목적에 대한 위협이 된다고 보는 전통이다. 뒤에서 밝히겠지만 미국에는 이런 다른 전통의 주창자들도 적잖이 존재해왔다. 존 스미스 선장*으로부터 지미 카터 대통령 같은 이들이다. 이런 전통은 고전적 '공화주의' 전통과 중복된다. 고전적 공화주의는 사치에 반대하고, 노골적인 사리사욕('부패')이 아닌 공익에 봉사하는 것에 가치를 두었다. 실제로 다수의 역사가들은 바로 이런 전통이 미국혁명의 이념의 중심에 있었다고 주장했다. 문제는 수사(修辭)와는 반대로 실제 행위에 있어서 청교도주의나 공화주의는 주류전통과 상대가 되지 않았다는 것이다. 이 대안적 비평가들은 특히 독립전쟁 이후에 미국의 전반적 '진로'를 바꾸지 못했다. 우리는 이 '진로'의 압도적인 힘 — 운동량을 볼 수 있는데, 예를 들면 지난 100년간의 자유방임주의 경제에 대한 두 차례의 거대한 '경고', 즉 1929년과 2008년의 폭락에 대한 반응이 그것이다.

가령 1929년의 여파를 살펴보자. 뉴딜은 미국경제에 대한 진지한 재평가나 재편성이 아니었다. 뉴딜은 단지 빈곤층과 노동자계급에게 조금 양보를 해준 것에 불과했다. 대부분의 역사가들이 동의하는바, 프랭클린 루스벨트가 역사 속에서 맡았던 역할은 자본주의의 철폐가 아니라 자본주의의 보전이었다. 그리고 그것이 실제로 그가 행한 일이었다. 이와 유사하게, 오바마 대통령이 금융업계와 밀접하게 연결되어 있는 신자유주의자들(티머시 가이트너, 로런스 서머스 등) — 게다가 이들은 나중에 바로 그 금융산업에 대해 12조 달러(이 금액도 결국 훨씬 더 커졌다)에

---

* 영국 군인, 작가. 북미 최초의 영국 식민지 제임스타운을 건설했고 버지니아 식민지 지도자로서 미 대륙을 탐사했다.(역자)

달하는 구제금융을 시행하였다 – 을 경제자문으로 임명한 것은, 지금 껏 해오던 방식대로 하면서 그저 일이 잘 풀리기를 바라는 것에 불과했 다. 그리고 이 조치는 수백만 실업자들에게는 아무런 도움도 안 주면서 부자들의 주머니를 채워주었다. 이런 대통령들을 '사회주의자'라고 분 류하는 것은 우익들의 미친 헛소리에 불과하다.[2]

나는 이 책에서 사회문제와 사회안전망에 대해서 논하려고 하지만 그 러나 어떤 경우에도 주류전통에 대한 사회주의자들의 조직적인 반대에 대해서 다루지는 않을 것이다. 조직화된, 정치적 사회주의는 미국에서 단 한 번도 정치세력화할 가능성을 갖지 못했다는 점은, 베르너 좀바르 트로부터 시모어 마틴 립셋에 이르기까지 사회학자들에 의해 깊이 있게 다루어져온 주제이다. 그들은 대체적으로 다음과 같이 합의한다. 노동 계급이 사회적 불평등에 대해서 분개하고, 실세의 좌파 정당들(공산당 포함)을 만들어낸 유럽과 달리, 미국에선 하층계급이 호레이쇼 앨저(19 세기 미국 작가, 곤궁한 배경에서 근면, 투지, 용기, 정직으로 중산계급의 삶을 얻게 되는 소년들을 그린 아동소설들로 잘 알려졌다 – 역주)의 소설들과 자 수성가라는 신화에 매양 매수될 수 있었다는 것이다. 사실, 통계는 압도 적 다수의 미국인들이 원래 자신이 태어난 사회계층에서 평생 벗어나지 못한다는 걸 분명하게 보여주고 있다. 그래도 상관없다. 미국인들에게 빌 게이츠는 영웅이다. 왜냐하면 미국인들은 자신도 언젠가는 은행에 500억 달러를 예치하고, 유명인의 지위를 누리며 호사를 즐기게 될 것 이라는 오도된 신념('망상'이라고 표현하는 것이 더 적절할 것이다)을 품고 있기 때문이다. 단 한 명의 개인이 그 정도의 부를 축적하는 것을 가능 하게 하는 시스템 자체에 문제가 있을 수 있다는 생각은 그들에게 결코 떠오르지 않는다. 그렇게 해서, 미국은 그 시민들에게 행복하고 충만한 삶을 살기 위한 가장 기본적인 필요를 제공하지 않는다는 사실에도 불 구하고, 미국에서 부자들은 발을 뻗고 잠을 잔다.[3]

한편 주류문화에 대한 본질적인 비판의 도구로서 사회주의는 상당히 부족하다는 주장도 있을 수 있다. 잭슨 리어스가 바르게 지적하듯이, "근대성은 자본주의 체제하에서만큼이나 사회주의에서도 그 해악을 발휘할 수 있다"(《No Place of Grace》). 왜냐하면 사회주의도 본질적으로 '진보적'인 전망을 가지고 있으며, 부나 근대화나 기술혁신에 결코 반대하지 않기 때문이다. 단지 시스템의 혜택이 보다 균등하게 분배되기를 바라는 것뿐이다. 또 사회주의는 도덕적인 진보와 물질적인 진보를 사실상 구별하지 않는데, 진정한 대안을 논하고자 한다면 이 구분은 절대적으로 필요한 것이라고 나는 생각한다. 바로 이러한 이유로, 리어스도 결론짓듯이, "자본주의에 대한 가장 강력한 비판자들은 미래가 아닌 과거로 눈을 돌렸던 것"이며, 가족, 공예, 공동체 등을 지킨다는 의미에서의 보수주의는 진정한 급진주의이며, 현재 우리 상황에 대한 진정한 대안인 것이다. 그런데 나는 그 비판은 또한 부(富)의 추구에 대한 도덕적이거나 영적인 반대를 포함해야 한다 ─ 그리고 이미 지적되었듯이, 실제로 그런 경우가 많았다 ─ 고 믿는다. 이러한 움직임이 실패로 돌아간 것은 불행한 일이기는 하지만, 그렇다고 비판의 의미 자체가 희석되지는 않는다.[4]

맥두걸이 잽싸게 지적하듯이, 허슬링* 또는 기회주의에도 물론 긍정적인 측면이 있다. 야심, 혁신, 근면, 조직 그리고 미국인들의 '할 수 있다' 정신은, 이 나라가 건립되고 한 세기도 지나지 않아 전세계 공산품의 3분의 1을 생산해내는 결과로 이어졌다. 이것이 결코 하찮은 성과가 아니라는 점에는 우리 모두 동의할 수 있을 것이다. 하지만 궁극적으로 그것은 모두 무엇을 위한 것이었는가? 바로 이어지는 세기로 접어들면

---

* '허슬(hustle)'은 경제적 이익을 얻기 위해 사기나 강탈 등의 수단을 주저 없이 사용하는 행태를 나타내는 말인데, 저자는 이 단어를 하나의 용어로서 사용하고 있으므로 이 책에서는 그대로 '허슬링(hustling)', '허슬러(hustler)', '허슬링 라이프(hustling life)' 등으로 옮기기로 한다.(역자)

서, 그 주류전통(미국사회를 지배해온)은 오히려 미국인들에게 해를 끼치기 시작했다. 그런 맥락에서 보면, 예컨대 조지 W. 부시 대통령 시절은 앞선 시대와 단절된 것이 아니라 오히려 그 전통의 연장선상에 있었다고 보인다. 미국의 이라크에 대한 불행한 개입도 분명히 '할 수 있다'는, 팽창주의적 정신구조에서 비롯된 것이었고, 할리버튼, 블랙워터, CACI, 타이탄 같은 기업들이 제국주의적 투기를 통해 획득한 어마어마한 부당이득은 입증된 사실이다. 엔론에 만연했던 분식회계 같은 사기는, 정도의 차이는 있을지언정 사실상 많은 미국 기업들이 갖고 있는 고질병이다. 무자비함이나 속임수, 한없는 방종을 거의 대부분의 미국 기업들에서 흔히 볼 수 있다는 사실은 전혀 놀라운 일이 아닐 것이다. 경영자라면 누구나 미국에서 사업의 사활은 정말이지 사실 바로 그런 행위들에 달려 있다고 말할 것이다(물론 비공식적으로). 이런 것은 지방정부 차원에서도 일어난다. 우리는 민주당 소속의 볼티모어 시장 실라 딕슨이 자신의 전자제품 장난감들을 사기 위해서 빈곤가정을 위해 할당된 예산을 유용한 사실을 발견한다. 도대체 그녀는 무슨 생각을 했던 것일까! 딕슨이 유죄판결을 받은 후에도 뉘우치지 않고, 볼티모어 시민들에게 사과하지도 않고, 심지어 시장직을 사임한 뒤에는 8만 3,000달러에 달하는 연금까지 타 가기 시작했다는 사실은 이런 맥락에서 주목할 만하다. 메릴랜드 주검사는 딕슨이 부패를 대수롭지 않게 여기고 "현실감각을 잃었다"면서 분개하였다. 그런데 무슨 현실 말인가? 그녀의 행위는 미국경제가 일반적으로 움직이는 원리가 아주 조금 왜곡된 형태로 표출된 것이라고 해도 그리 틀린 말은 아닐 것이다. 결국 이것도 허슬링 아닌가.[5]

테크놀로지와 '진보' ─ 엄밀히 물질적인 의미에서의 ─ 는, 물론 풍요를 추구하는 과정에서 핵심적 역할을 하였다. 오스트리아 경제학자 조지프 슘페터는 경제적 확장의 핵심은 끝없는 기술혁신이라고 보았는데, 그는 이것을 '창조적 파괴'라고 불렀다. 문제는 이제 우리는 파괴가 창조를 훨씬 능가하는 상황에 처했다는 사실이고, 이러한 상황은 '진보'를 오직 손으로 만질 수 있는 것으로만 정의(定義)한 결과이다. 한편, 우리가 잃어버리는 것은 손으로 만질 수 없는 것이고, 따라서 대부분의 사람들이 자신이 실제로 무엇을 잃고 있는지 이해하기란 어렵다. 마흔일곱 가지(정확한 수인지는 모르겠다) 종류의 면도날을 살 수 있게 된 것이 진보일까? 친구들끼리 저녁식사를 하면서 그중 반수 이상이 저녁 내내 서로가 아니라 휴대전화에 대고 얘기하게 된 상황(그것도 대개는 식탁에 앉은 채로)이 진보란 말인가? 아니면 월마트에 쇼핑하러 온 사람들이 할인된 DVD플레이어를 손에 넣기 위해서, 문자 그대로 다른 사람을 짓밟고 넘어가고, 그러고는 의료진이 도착했을 때에는 의료진에게 길을 비켜주지 않는 상황이 진보인가?[6] 만일 이런 것들이 진보라면, 우리가 얼마나 더 이것을 견딜 수 있을지 나는 잘 모르겠다. 그러나 우리는 허슬링을 절대 포기하지 않듯, 진보를 포기하지 않을 것이다. 포기는 애초에 선택지에 들어 있지 않다. 현대기술은 중독성이 몹시 강하고, 허슬링 정신구조와도 매우 잘 들어맞는다. '창조적 파괴'라는 표현은 현대기술이 어떻게 작동하는지를 역설적으로 잘 표현한 말이다.

여기서 흥미로운 문제가 제기된다. 부르주아 자유주의 문명은 소비에트연방의 붕괴와 더불어 사회주의라는 오랜 적을 물리쳤다. 그러나 많은 학자들이 지적했듯이, 우리는 그 적(敵)과 실은 여러 면에서 비슷하다. 우리 자신의 체제 또한 사회주의인 것이다. 물론 보통의 시민들에게는 그렇지 않지만, 기업이나 극히 부유한 이들에게는 그렇다. 정부가 대부분의 거래를 하는 대상은 바로 이들이며, 위기가 닥쳤을 때 정부는 이들을 보호한다. 랠프 네이더(혹은 조지프 스티글리츠)는 '기업 복지 자본주의'라고 말할지도 모른다. 한편 이슬람사회를 보면, 우리와는 정말로 다르다는 것을 발견하게 된다. 이슬람사회는 전통이 지배적인 사회이기 때문이다. 알라에 대해서 어떤 생각을 갖고 있든 이슬람사회에서는 종교가 최우선이고, 그래서 이 사회들은 의미 있는 공동체적 토대를 갖게 된다. 이미 설득력을 잃고 있는 소프트파워 이론의 주장과는 달리, 우리의 진보 개념을 이들 사회에 강제할 수 있는 유일한 방법은 전쟁뿐이다. 그리고 1861년부터 시작해서 미국의 북(北)이 남(南)에 행했던 것은 바로 정확히 그것이다(4장을 보라). 이슬람사회가 억압적이고, 여성에게 부당한 대우를 하며, 지적으로 정체된 경향이 있는 것은 사실이다. 그러나 동시에 그들은 환대라는 자비로운 규칙을 갖고 있으며 가족과 공동체, 충의(忠義)를 특별히 중시한다. 글로벌 경제로 인해 이슬람사회는 극단적인 풍요와 빈곤을 경험하게 되었지만, 이슬람의 에토스에 '허슬링'은 존재하지 않는다. 기술혁신도 마찬가지다. 궁극적으로는, 그리고 우리가 아무리 애를 써도 우리는 이들 전통적 사회, 예컨대 이라크나 이란혹은 아프가니스탄 같은 사회들을 완전히 지배하거나 정복하진 못할 것이다. 그리고 소위 '테러와의 전쟁'이라고 하는 것에 대해 말하자면, 사실 뇌가 반만 있어도 누구나 알겠지만, 완벽한 바보짓에 불과하다. 간단히 말해서 남북전쟁에서 북부가 남부에게 행했던 일을 우리는 문화적으로도 군사적으로도 이슬람 세계에 하지 못할 것이다. 그럼 어찌 될 것인가. 나의 추측으로는 그들은 아마도 적응을 해서, 많은 것(그 대부분은 우리가 시작한 게임에서 우리를 패배시키는 수단이 될 것이다)을 우리에게서 배울 것이다. 한편 우리는 매우 둔감하고, 심지어 외국(인) 혐오증까지 갖고서 우리 자신의 생활방식이 최고라는 확신에 찬 나머지, 저들의 문화에서 배울 가치가 있는 긍정적인 부분을 모조리 무시할 것이다.[7]

이 모두를 차치하고, 이제 미국의 대안적 전통의 앞날에 대해서 논해보자. 정치적 영향력이라는 측면에서 보자면, 말할 것도 없이 그 미래는 없다. 왜냐하면 허슬링에 무관심하거나 혹은 공공에 대한 봉사(직업의 형태가 아닌)에 헌신적인 미국인은 아마도 극소수에 불과할 것이기 때문이다. 공예기술, 공동체, 공익, 자연환경, 영성적 활동, '간소한 생활' —

워즈워스의 표현에 따르면 "소박한 삶과 고매한 사고" — 의 추종자가 있어왔다고 해도, 셰이커나 아미쉬 같은 주변부 유토피아 공동체의 예를 제외하면, 주류문화에 쉽게 흡수되거나 그리고/또는 일시적으로 인기를 누리는 유행이나 추세로 변질되었다(비근한 예를 들자면, 마사 스튜어트의 '미디어 제국'은 가정(생활), 단순함, 수작업의 이점을 상업화하여 성립하였다). 얄궂게도 공화주의조차도 '허슬링 라이프'에 봉사하도록 강제되었다. 벤자민 프랭클린이 그 좋은 예이다.[8] 앞서 말한 것처럼 느린, 전통적인 삶의 방식은 미국에서(남부를 제외하면) 정치적 형태를 가져본 적이 없었다. 그렇지만 나는 그런 전개가 가능할지도 모를 단 하나의 시나리오를 상상할 수 있다. 즉, 현재의 지배적 문화가 완전히 붕괴하는 것이다. 물론 수도꼭지에서 물이 나오지 않고, 가게에서 식료품이 사라지고, 병원과 공항들이 폐쇄되며 전력망이 차단되는 상황이 온다면 틀림없이 군대가 거리 순찰을 돌 것이다. 하지만 군대의 규율마저 붕괴된다면 어떻게 되나? 정부가 모든 도시의 모든 거리를 통제하는 것은 애초에 가능하지 않은 일이며, 군인들도 결국에는 사람이 아닌가. 군인들도 그 모든 것이 무의미하다고 생각할 수 있고, 집단으로 탈영할 수 있다. 이런 전후사정에서는 전자기기나 은행예금이 얼마나 많은지 따위는 별 소용이 없어질 것이며, 과시적 소비는 우스꽝스러운 것은 말할 것도 없고 아예 불가능할 것이다. 그 시점에서는 이런 삶의 방식의 공허함이 부정할 수 없을 정도로 자명해져서, 대안적 전통의 가치들이 단기간의 유행이나 사교계의 좌익 기호(嗜好)로서가 아니라, 진지하게 주목을 받게 될 것이다. 그뿐만 아니라 우리는 분리독립운동이 일어나는 것을 보게 될지도 모른다. 그리고 이번에는, 연방정부도 속수무책일 것이다.[9]

이러한 가정들은 좀 극단적으로 보일지도 모른다. 그러나 지난 2008년은 결코 우리가 겪을 경제적 위기의 마지막도 아니고, 가장 심각한 것도 아니다. 우리는 지금 우리 문명의 끄트머리에 와 있다. 2040년에는

— 어쩌면 2025년에도 — 세상은 오늘 우리가 보고 있는 것과는 매우 다를 것이다.[10]

애석한 (또는 엄청나게 좌절감을 주는) 일은, 미국 역사 속에서도 삶의 진정한 의미, 진정한 가치 같은 것들은 항상 우리가 붙잡을 수 있는 곳에 존재해왔다는 사실이다. 아니면, 적어도 그것은 하나의 가능성이었다. 허슬링과 기술혁신의 이점들도 있다는 사실을 감안한다면, 결국 문제는 균형이다. 즉, 인간 삶의 총체적 목적 혹은 '도덕적 생태학' 속에서 허슬링이나 기술혁신 같은 것들이 어디에 맞아들어가는가 하는 문제이다. 만일 이것들이 삶의 목적이 된다면, 그렇다면 정의(定義) 그대로 삶은 어떠한 목적도 없는 것이 된다. 왜냐하면 '보다 많이'는 목적이 아니기 때문이다. 지미 카터 대통령의 자문단 중의 한 사람이, 미국의 특징을 '목표가 없는 목표 지향적 사회'라고 한 것은, 바로 이런 뜻이다. 1630년에 영국에서 미국을 향하는 아라벨라호 선상에서 존 윈스럽이 한 유명한 설교에서, 그가 말한 '언덕 위의 도시'는 궁극적으로 무엇이었던 것일까?* 그는 자신의 신도들에게, 허슬링도 아니고 재화도 아닌, 선(善) — 공익, 즉 "공공의 선이 모든 사익(私益)에 우선한다"는 점을 경계해서 지켜야 한다고 설교하였다. 우리는 그 길을 따르지 않기로 선택했고, 그리고 지금 그 대가를 치르고 있다.[11]

2011년, 멕시코에서
모리스 버먼

---

* 매사추세츠주 초대 총독이었던 존 윈스럽은 1630년 잉글랜드를 떠나 신대륙으로 향하는 선상에서 식민지를 모든 사람이 우러러보는 모범적인 이상사회인 '언덕 위의 도시'로 만들 것이라고 설교한다. (역자)

목차

머리말 · 7

제1장 **풍요의 추구** · 19

제2장 **월스트리트의 지배** · 63

제3장 **진보의 환상** · 93

제4장 **역사의 반성** · 137

제5장 **과거의 미래** · 183

감사의 말 · 214

주석 · 215

인명 색인 · 262

제1장 풍요의 추구

미국인의 국민성을 깊이 파들어가면, 그들은 이 세상 모든 것의 가치를 오직 단 하나의 질문, 즉 그것이 얼마나 많은 돈을 벌어올 것인가에 대한 답에서 찾아왔음을 알게 된다.

― 알렉시스 드 토크빌이 어니스트 드 샤브롤에게 보낸 편지(1831년 6월 9일)

그럼 이제 '허슬링 성향'이 미국의 핵심적 특징이라는 월터 맥두걸의 주장을 좀더 자세히 살펴보자. 맥두걸에 의하면, 미국 영어에는 '사기 치다'를 뜻하는 낱말(명사와 동사)이 200개가 넘게 있다고 한다! 조지프 슘페터는 '창조적 파괴'에 의해 자본주의 사이클이 동력을 얻는다고 보았지만, 맥두걸은 '창조적 부패'가 미국 역사의 특징이라고 본다. 그는 우리 미국인들은 언제나 호전적인 경쟁자들이자 투기꾼들이었으며, 초기 미국의 사회구성원 대부분은 식민지나 나라를 위해서 무엇이 좋을지가 아니라 "나한테 무슨 이득이 되나"에만 관심을 가진 사람들이었다고 주장한다. 그는 미국인들은 "누구나 속셈이 있다"고 당연하게 생각하고, 미국사회는 "가능한 한 재빨리 미래로 내달리자고 사회적 합의가 이루어진" 사회라고 쓰고 있다. 어쨌든 허슬러는 늘 서두르고 있다. 그러나 목적지가 어디인지는 분명치 않다. 우리는 이것을 상당부분 긍정적(야심이라든지 '활력' 등)으로 볼 수도 있다(맥두걸은 그렇게 본다). 하지만 결국에는 그것은 추한 현실, 즉 결코 사라지지 않는 "도처에 존재하는 저속함"을 담고 있다. 이것은 희생이 매우 큰 삶의 방식인 것이다.[1]

그렇지만 사리사욕과 부의 추구가 미 대륙 식민지(시대) 세계관의 유일한 이념적 혈통은 아니었다. 우리의 청교도 선조들의 감성과 지성에는 물욕의 자제와 공공선의 추구라는 이상들이 엄연히 존재했다. 초기의 이주자들은 물질적 이유와 이념적 이유 둘 다에서 신대륙에 매력을 느꼈다. 뉴잉글랜드 청교도주의는 탐욕에 반대했지만 번영 그 자체를 부정하지는 않았다. 예를 들어 1630년대에 매사추세츠의 존 코튼 목사는, 기독교도라면 공공선을 위해서 봉사해야 한다고 강조했는데, 당시에는 이런 생각이 조금도 급진적인 것이 아니었다. 사실상 17세기의 대부분의 기간 동안, 경제적 이익추구와 공동체 질서 사이에는 일종의 균형이 존재했다. 청교도들은 이 둘이 꼭 서로 상충한다고 보지 않았다.[2]

이러한 식의 사고방식은 그 기원이 고전 문명에까지 거슬러 올라간다. 봉건제하의 유럽도 그와 같은 사고에 물들어 있었다. 두 시대 모두 사사로운 이해관계보다 공공의 이익을 더 우선할 수 있는 능력을 선(善)으로 정의하였다. 고전적 관점에서 보면 공화정을 가능하게 하는 것은 바로 이런 사상이다. 즉 '자유인'들이 국가[民富]에 봉사하기 위한 자신의 인간 잠재력을 깨닫는 것이다.[3] 그것은 유기적인 계급사회에서 중심이 되는 이상(理想)이었다. '노블리스 오블리제'의 전통이었다. 사회적 불평등에서 나온 것이었지만, 그럼에도 일반적으로 기독교문명은 이를 인간적 성취와 좋은 정부 모두의 주춧돌로 보았다.

개인적 성취를 넘어서는 무엇인가가 존재한다는 관념은, 물론 모든 전통사회들에 있다. 전통적 사회에서의 삶의 방식은 진보보다는 안정, 그리고 비(非)직선적인 시간의 흐름이라는 특징을 가진다. 서두르지 않는다. 소통은 서로 직접 대면해서 이루어지고, 노동, 여가, 종교, 가족, 공동체는 모두 서로 얽혀 있으며, '발전'하고자 하는 열망도 거의 없다. 공공복리가 우선한다. 이미 지적한 것처럼 봉건사회들이 여기에 속한다. 그리고 봉건주의는, 고전 이후의 시대에, 공산사회의 에토스의 모델이 되었다. '선'에 대한 고전적 공화주의적 개념을 포함하는 이 에토스는, 영국인 조상을 거쳐서 미국의 초기 식민지 주민들에게 전해졌다. 예를 들어서, 정치 용어로 이른바 '부르주아 시대'의 시작을 나타내는 청교도혁명(1642-1649)이 일어나기 이전에는, 영국 청교도들은 개인적 소명은 공공복지에 종속되며, 가난은 개인의 죄가 아니라 경제시스템의 기능(따라서 국가의 책임)이라고 믿었다. 말할 필요도 없이, 이 세계는 그 후 뒤따라올 세계와는 매우 다른 종류의 세계였다.[4]

물론 미국독립혁명의 커다란 역설 중 하나는, 식민지 주민들이 공화주의의 이상을 차용해서 모국(母國)에 대항했다는 점이다. 그들은 모국이 부패하고 전제적이며 스스로의 이상을 위반하고 있다고 보았다. 그러나 대체, 공화주의란 무엇이었던가? 이상하게도 아무도 아는 것 같지 않았다. 이것은 오늘날까지도 지속되고 있는 기이한 상황이다. 이 문제를 좀더 자세히 살펴보자.

누구나 인정했던 것 같은 공화주의의 한 가지 특징은, 정치권력의 세습 － 특히 군주제 － 에 반대하고, '인민에 의한 그리고 인민을 위한' 정부를 지지한다는 것이었다. 미국 헌법은 공화주의 형태의 정부에 대해서 말하고 있지만, 그 정확한 의미는 구체적으로 설명하고 있지 않다. 존 애덤스가, 이 단어(공화주의를 말함 － 역주)는 "무엇이든" 의미하고, 또 "모든 것"을 의미하고 혹은 "아무것도" 뜻하지 않는다고 하면서, "영어에 이보다 더 난해한 단어는 없다"고 덧붙였다(1807)는 것은 잘 알려진 사실이다. '선(善)'이나 '공화국', '공공복리' 등 공화주의와 관련된 핵심 용어들도 정확한 뜻을 파악하기 어렵다. 이 말들의 뜻은 시간이 흐르면서 변화했다.⁵

'선(善)'이라는 말이 아마 그중에서도 가장 곤란한 부분일 것이다. 앞서 언급한 것처럼, 전통사회에서 '선'이란 사익을 공익의 하위에 두는 것을 의미했다. 역사가 고든 우드는, 이를 미국독립전쟁을 가능하게 한 이데올로기인, 1770년대판 유사 유토피아주의 세력으로 보았다. 그는, "전체 대의(大義)를 위해서 사익을 희생하는 것은 공화주의의 본질이었으며, 미국인들은 바로 이것을 자신들의 혁명의 이상적 목표로 이해했다"고 적고 있다. 반면에 부패 － 당시 영국사회와 동일시되었던 － 는, 단순히 매수나 사기가 아니라 공민도덕의 부재를 말하는 것이기도 했다. 고전적인 전통에서는 부패한 사람이란 자신의 경력에만 몰두하고 공익에 대해 망각하고 있는 사람이었다. 그리고 1760년경 산업이 '출발'하면서 틀이 만들어진 이러한 삶의 방식은, 18세기 후반에 영국 전역에 만연하였고, 존 로크의 저작들에 의해 승인을 받은 것으로 보였다. 로크는 《인간 지성론》에서 상업활동을 구체적으로 '불안'과 연관시켰다. 그는 불안을 상업활동에 동기를 부여하는 요인이라고 보았던 것이다. 일단 동기가 부여되면 인간은 끝없이 "명예, 권력, 부(富)를 갈구하게 되"며, 이는 곧 더 큰 불안을 유발하게 되고, 그렇게 계속된다고 로크는 썼다. 이것만 해도 나쁜 것인데, 로크는 이러한 패턴을 정말로 덕(德) 있는 것으로 보았다. 선(善)에 대한 이와 같은 새로운 관념은 공화주의에 대한 전통적 정의(定義)를 거부하는 데 그치지 않고 그것을 완전히 뒤집었다. "도덕적이고 덕(德) 있는 사람의 기준은 이제 더이상 그의 공민으로서의 활동이 아니라, 그 경제적 활동에 의해 정의됐다"고 역사가 아이작 크램닉은 말한다. 애덤 스미스와 시장의 '보이지 않는 손'이라는 개념을 예고하면서, 여기서 요점은 사실은 사적 이익을 목표로 한 개인의 경제활동을 통해서 결과적으로 공익에 기여한다는 것이다. 이런 관점은 훗날 '자유주의'라는 이름으로 알려지게 된다.[6]

한편 대서양의 다른 편에서는 어떤 일이 일어나고 있었던가? 우드와 같이 미국독립전쟁의 (공화주의적) 이념적 열정을 강조하는 역사가들에게, 조이스 애플비는 명백한 딜레마를 제기한다.

> 만약 미국독립전쟁이 부패에 격분하고, 독재의 공포로부터 벗어나고자 공민도덕을 통한 구원을 바라며 싸운 것이라고 한다면, 이 새로운 국가의 극히 초기부터 너무나 현저하게 나타난 공격적 개인주의, 낙관적 물질주의, 실용주의적 이익집단 정치는 어디로부터, 언제 나온 것이란 말인가?

요점은, 맥두걸이 우리에게 말해주듯이, 그리고 루이스 하츠가 이미 수십 년 전에 주장(《The Liberal Tradition in America》)했던 것과 같이, 이러한 '부도덕한' 자질들은 이미 존재하고 있었다는 것이다. 하츠는 미국 사회가 근본적으로 로크 철학을 신봉했다고 말했다. 즉 개인주의적이고, 야심적이며 초기자본주의적('자유주의적')인 사회라는 것이다. 요컨대 물질적 가치들이 지배하는 사회였다. 애플비는 1790년대에 선(善)에 대한 정의가 공화주의적 개념에서 자유주의적인 것으로 변화하면서, 1800년 제퍼슨이 대통령에 당선될 즈음에는 완전히 전도(顚倒)되기에 이른다고(영국을 따라서) 주장했다. 제퍼슨에게 있어서, 부패한 체제란 이점이 없는 체제를 말하고, 부도덕한 사람이란 게으른 사람이었다. 영국의 산업가로서 후일에 미국에 정착하게 된 토머스 쿠퍼는 '한없는 야망'을 가진 사람들만이 도덕적(virtuous)일 수 있다고 보았다. 쿠퍼는 자신의 소책자(《Political Arithmetic》)에서 "소비자들이 국가를 구성한다"고 대담하게 선언했으며, 제퍼슨은 지체 없이 이 문건을 자신의 선거운동 자료로서 배포했다.[7]

1955년에 발간된 하츠의 책을 뒤따라 2년 후에 또다른 고전, 리처드 호프스태터의 《미국의 정치 전통》이 출간되었다. 호프스태터는 제퍼슨으로부터 허버트 후버에 이르는 모든 주요한 미국의 정치인들은, 경제적 개인주의와 경쟁적 자본주의의 이념을 신봉했다고 주장했다. 그리고 (유럽과 달리 미국에는) 이러한 가치들을 거부하거나 업신여기는 세습 귀족계층이 존재하지 않았기 때문에, 미국인들의 정신구조가 일차원적이 되었다는 것이다. 그는 미국은 형제애나 공동체가 아닌 '탐욕의, 민주주의'라고 말했다.

사실은 18세기 후반보다 훨씬 이전에 이미 급격한 감수성의 변화가 있었다고 충분히 주장할 수 있다(맥두걸이 한 식으로). 예를 들어, 존 스미스 선장(영국 군인, 작가. 북미 최초의 영국 식민지 제임스타운을 건설했고 버지니아 식민지 지도자로서 미 대륙을 탐사했다 - 역주)은 이미 1616년에 자신의 동포 대부분이 순전히 물질적인 이득만을 바라보고 신세계로 향한다고 우려했다. 그는 이렇게 썼다. "나는 그곳(신대륙)에 부(富) 이외의 다른 어떤 동기가 공화국을 건립할 것이라고 생각할 만큼 멍청하진 않다." 역사가 에릭 포너가 말하듯이, "미국에 정착민을 끌어들이기 위한 선전물들은, 신세계를 사회적 신분 상승과 부(富)를 획득하기 위한 이례적인 기회를 얻을 수 있는 곳이라고 식민지시대 내내 광고했다." 그리고 데이비드 쉬가 지적하듯이(《The Simple Life》), 이 범주에 속하는 정착민은 시간이 흐를수록 점점 더 많아졌다. 보스턴의 상인들과 장인들은 공동체적 이상보다 근면한 노동과 개인적 성공을 우선시하기 시작했다. 임금과 가격에 대한 규제는 1635년에 대중적 반대로 철회되었고, 1637년에 이르면 사치품에 대한 관심 증가가 뚜렷해졌다. 17세기 중반이 되면 매사추세츠만 식민지 전역에 걸쳐서 "사람들은 토지나 상업, 수공예, 투기를 통한 재산 증식에 몰두해 있어서 일반적으로 공동체에 대한 의무를 소홀히 하였고, 그것은 공동체에 손상을 입히고 있었다." 성직자들은 이것을 거세게 비난하였고, 이것을 억제하거나 멈추기 위한 법도 만들어졌다. 그러나 이런 모든 시도들도 "사회적 격변과 개인적 야망의 흐름을 저지하지는 못했다"고 데이비드 쉬는 말한다. 그는 이어서 이렇게 이야기한다. "식민지를 건립한 사람들이 원래 갖고 있던 비전은 계속해서 이기적 개인주의라는 바위에 부딪쳐 산산조각 났다." 그는 이미 1700년에, 중세의 공동체주의가 로크의 개인주의에 자리를 내주었다고 결론짓는다.[8]

《청교도에서 양키로》라는, 매우 적절한 제목이 붙은 책에서 리처드 부시먼은 1690년부터 1765년에 이르는 기간 동안 코네티컷에서 일어난 이 일련의 과정을 상세히 보여주었다. 마을의 정착과정은 17세기 대부분의 기간 동안에는 상당히 안정적이고 전통적인 형태였다고 그는 적고 있다. 무상 토지 불하를 통해 사람들을 읍내에 거주하도록 만들었고, 농부는 여분의 농작물을 마을사람들에게 팔았다. 다시 말해서, 토지, 도로, 목초지 그리고 공통의 울타리를 제공했고, 따라서 소유자는 공동체에 속해 있었다. 그러나 1690년 이후에 이것이 변하기 시작했다. 새로운 정착지를 찾아 타운을 떠나는 사람들이 생겨났는데, 그들이 추구한 것은 사유재산과 공동체적 생활로부터 독립된 삶이었다. 1739년에 발행된 한 소책자는, 이 사람들에 대해 "세상에서 이득을 얻는 것이 이들의 주된 목표이고 종착점이며 의도"라고 못마땅해하고 있다. 투기정신이 이렇게 공동체적 질서를 파괴하기 시작했고, 사람들 간의 거래는 갈수록 현금가치, 그 이상의 의미를 가지지 못하게 되었다. 1765년이 되어서는 로크 철학 이론이 대유행했다. 즉 노골적인 사리사욕의 추구를 위해서 사람들이 국가를 구성한다는 것 말이다. 부시먼은, 만일 적나라한 이기심을 사회적 접착제의 하나라고 볼 수 있다면, 정말이지 당시의 사회질서에 남아 있는 접착제란 그것밖에 없었다고 말한다.[9]

이때가 되어서는 많은 성직자들도 설교의 곡조를 바꾸었는데, 이번에도 애덤 스미스를 예고하는 것이었다. 즉 성직자들도 사익의 추구가 공익을 증진하는 방향으로 작동할 것이며, 따라서 이것이 시민사회의 기초가 되게 해야 한다고 주장했다. 1760년대가 되어서는 정부는 개인들의 이익에 봉사하기 위해 존재한다고 주장하는 것이 유행이 되었다. 뉴잉글랜드 전역에서 근면한 노동, 보다 구체적으로는 그렇게 얻은 이익(아무런 정신적 내용은 없는)이 그 자체의 윤리가 되었다. 18세기에는 부(富)의 추구가 너무나 탐욕스러워져서, 그것은 전통적인 유대(紐帶)와 경계들을 파열시켰다고 부시먼은 말한다. 이 과정에서 초월적 가치들은 완전히 무너졌다.[10]

미국독립전쟁은 실제로 얼마나 이상주의적이었던 것일까? 이상주의는 여러 측면에서 오직 상황을 자유주의적인 방향으로 더욱 밀어붙이는 데에 공헌했다. 1748년에 벤자민 프랭클린은 "시간은 금이다"라고 썼지만, 1776년 무렵에는 식민지 사회는 훨씬 더 빠른 속도로 움직이고 있었다. 당시 미국의 철강산업은 전세계 조강(粗鋼) 생산량의 7분의 1을 생산하고 있었다. 이제 기계는 내구성보다 신속한 사용을 목적으로 제조되고 있었기 때문에, 수공업 전통의 정성이나 여유는 더이상 별로 중요하지 않은 것으로 되어가고 있었다. 이제 중요한 것은 그것이 새로운 것이냐 여부였다. 대량생산된 재화, 특히 총, 시계, 직물 등에 대한 수요는 곧 엄청나게 상승하게 된다. 당시에 유행하던 또다른 말은 '행복의 추구'였는데, 이 말이 정말로 가리킨 것은 재산, 특히 토지의 확보를 뜻했다. 미국독립전쟁은 개인의 사회적 신분 상승과 경제적 성공의 기회였고, 새로운 활력의 촉매로 작용했다. 허슬링의 수준이 비약적인 발전을 이루었다고 말할 수 있을 것이다. 이즈음 독립혁명의 지도자 새뮤얼 애덤스는 "이익과 상업을 맹렬히 추구하는 것"이 (이제는) 미국에서 일반적인 현상이 되었다고 지적했다. 조지 워싱턴조차도 독립전쟁기 동안에 "부(富)에 대한 끝없는 갈증"이 미국사회를 장악했다고 하면서, "공공심과 선(善)이 이렇게나 결핍된" 사회는 일찍이 본 적이 없다고 덧붙이고 있다. 1820년이 되자 미국은 세계 어느 나라보다도 많은 은행(정확히 307개)과 보험회사를 보유하게 되었고, 1830년대에 이르면 전국에 은행이 2,000개 이상 있었다. 이 통계만 보더라도 미국이 얼마나 극적으로 탈바꿈하고 있었는지를 짐작할 수 있다.[11]

그렇다면, (미국사회는) 공화주의인가 아니면 자유주의인가? 진정한 질문은 '수사(修辭)냐 현실이냐'일 것이다. 사람들은 프랑스인들이 19세기와 20세기에 심장은 왼편에, 지갑은 오른편에 두고 투표를 했다고 말한다. 1770년부터 1840년경의 미국인들에 대해서도 그렇게 말할 수 있다. 예를 들어, 토머스 페인처럼 공화주의적 이상의 명백한 지지자이지만 동시에 자유방임주의 경제학의 매력을 잘 알고 있는 사람을 어떤 부류로 분류할 수 있을까. 드루 맥코이는 《규정하기 힘든 공화국》에서 1770년대에는 이미 뚜렷해진, '잡종 공화주의 비전'에 대해 묘사하고 있다. 그것은 전통적 공화주의의 도덕적 차원이 근대의 상업적 목적에 맞추어 적응, 변용한 것이었다. 따라서 《리처드 연감》(벤자민 프랭클린이 '리처드 손더스'라는 필명으로 편찬한 연감. 금언, 경구로 가득하다 ─ 역주)에서 벤자민 프랭클린이 우리에게 주는 격언들도 명백히, 전통적인 의미에서의 미덕을 그와 정반대되는 상업 및 자기확장이라는 새로운 '미덕'과 섞으려는 시도였다. 역사가 랜스 배닝이 지적하듯이, 자유주의와 공화주의는 논리상 양립할 수 없는 각각의 철학들로부터 기인하였지만, 실제에 있어서 많은 식민지 주민들은 이 둘을 함께 수용하였다.[12]

이 문제를 정리하기 위해서는 세 가지를 염두에 두어야 한다. 첫째는, 대체로 미합중국 헌법 제정자들은 보통의 시민들과는 매우 다른, 비범한 사람들이었다는 사실이다. 그들은 대단한 재능들을 가진 역사상 가장 명석하고 이상주의적인 집단이었다. 그들이 적어도 처음에는 자신들의 공화주의적 신념에 매우 진지했다는 점에는 의심의 여지가 없다. 둘째로, 그들은 공화주의 이념에 대한 헌신에 있어서 자주 이해의 상충을 겪었다(비록 그들 자신은 그렇다고 생각하지 않았을 수도 있지만). 이것은 토머스 페인과 벤자민 프랭클린의 경우를 보면 분명하고, 또 상류 인사들 사이에 일반적인 상황이었다. 그리고 셋째로, 독립전쟁의 이상주의는 매우 짧은 시기 동안에만 존재했다는 점이다. 그러나 앞에서 보았듯이, 미국독립전쟁기 동안에도 미국의 기본적인 세계관은 자유주의였다. 루이스 하츠와 리처드 호프스태터는 그것을 설득력 있게 보여주었다. 역사가 존 디긴스는 비록 미국인들이 이따금 혹은 자주 공화주의라는 용어를 사용해왔어도, 공화주의가 그들의 실제 삶의 기초를 이루는 신조가 되었던 적은 단 한 번도 없었다고 말한다(《The Lost Soul of American Politics》).[13]

한마디로, 독립전쟁의 소동이 가라앉고 나자, 미국 건국의 아버지들과 일반시민들은 각각 다른 유형의 사회를 그리고 있었다는 사실이 드러나기 시작했다. 후자는 이익, 경쟁, 새로운 소비재에 관심이 있었던 반면에, 전자는 그런 것들이 중요하긴 해도 그것들만으로 공화국을 구성할 수는 없다고 믿었다. 존 애덤스와 제임스 매디슨은 왕정(王政)이 그렇게 나쁘기만 한 것인가 하는 의구심마저 갖게 되었다 — 적어도 왕정 국가는 "획득하고 소비하는 것"(1806년 워즈워스의 시(〈The world is too much with us〉)에 나오는 표현('getting and spending')을 차용)보다는 고상한 목표를 가지고 국가를 조직하지 않는가! 애덤스는 미국이 "지금껏 존재한 어떤 나라보다도 탐욕스러운 국가"임이 밝혀졌다고 주장했다. 벤자민 러시는, 미국이 "돈독이 올랐다"고 하면서, 덧붙여 문화력만 없다면 그다지 계몽되지 못한 미국 시민들은 서로를 "맹수들처럼 집어삼키기" 시작할 것이라고 말했다(이들이 오늘날 살아있다면 골드만삭스나 AIG 같은 기업들에 대해서 어떻게 생각할까). 포러스트 맥도널드는 《세기의 신질서 (Novus Ordo Seclorum)》에서, 이 세대에 대해 이렇게 말했다. "그 후에는 평민파가 장악했고, 소인족이 의회에 우글거리게 되었다."[14]

이해의 상충에 대해 말하자면, 그것은 물질적인 동시에 철학적인 것이었다. 존 디긴스는 이렇게 주장한다. 미국 건국의 아버지들에게 있어서 공화주의란 주로 표현이자 상징일 뿐이었으며, 제임스 매디슨, 알렉산더 해밀턴, 존 애덤스들은 전통적 (공화주의의) 이상(理想)을 믿기는 했지만, 그럼에도,

> [그들은] 공민적 휴머니즘에 헌신하지 않아도 되는 정부를 창조했다. 그들이 만든 헌법은 정치적·도덕적 권위의 소멸을 나타내는 동시에 다원주의·개인주의·물질주의의 합법화를 상징했다. 그런데 이 후자들은 인본주의 전통에서는 부패 및 선(善)의 상실과 동일시되었던 바로 그것들이다. 미국 건국자들은 튼튼한 도덕적 중심이 없는 허약한 정부를 창조했다.

(영국의) 부패에 맞서는 데 있어서 '선(善)'은 유용했지만, 대다수가 무한경쟁의 상업활동에 종사하고 있는 사람들에게 그것은 권위의 근거

가 될 수 없었다. 존 디긴스는, "권력과 이해관계로 구성된 실제 세계의 위에 있으면서 그에 맞설 결정적인 내용이나 탁월함이 [고전적인] 선(善) 관념에는 존재하지 않았고, 사사로운 이익을 넘어서는 고매한 가치와 자신을 동일시하도록 개인을 고무할 도덕적 비전도 없었다"는 점이 문제였다고 말한다. 결국, 아무것도 하게 만들 수 없었던 것이다.[15]

그리하여 미국에서 공화주의는 계속해서 매력을 유지했지만 제대로 뿌리를 내린 적은 없었다. 앤드루 잭슨 대통령 재임기간(1829~1837) 동안에 공화주의는 수사(修辭)로서만 살아있었고, 그 후에는 점차 희미해져서 남북전쟁에 의해 거의 완전히 사멸해버렸다. 역사가 로버트 샬홉은 이렇게 쓰고 있다.

> 미국인 대부분이 실제로 물질주의적이고 개인주의적으로 행동했다는 데에는 의심의 여지가 없다. 그러나 동시에 바로 그 미국인들이 그들 자신과 자신들의 사회를 공화주의로서 인식하고 있었다는 점도 똑같이 분명하다. 다시 말해, 공화주의는 ─ 삶의 모든 국면에 스며들어 있는 익숙한 이데올로기로서 ─ 미국인들의 정신을 형성했던 것이다. 공화주의는 삶에 의미와 정체성을 부여하는 자아상을 미국인들에게 제공했다. 그리하여 미국인들은 자신들의 사회를 개방적이고 경쟁적이며 근대적인 방향으로 빠르게 변화시키면서도, 공동체의 화합과 도덕적 사회질서를 이상화했다. 그렇다면 이런 의미에서 공화주의는 역사의 흐름을 거스르는 사고양식을 공식화 혹은 의례화했다. 즉, 18세기 후반에 급속도로 등장한 시장 상황과 자유주의적 자본주의의 정신 구조가 아니라, 오히려 빠르게 사라지고 있던 세계의 전통적 가치들을 이상화하였다.

존 케네디가 대통령 취임연설에서 공화주의와 자유주의 사이의 선택의 문제를 제기("국가가 당신을 위해서 무엇을 할 수 있는지 묻지 말고…")했을 때, 미국인들은 막연한 이상주의적 감동을 느꼈을지 모른다. 그러나 절대다수는 그것을 그저 일종의 시(詩)로 들었을 가능성이 크다. 평화봉사단이 있긴 해도 그 부름에 따라서 '획득하고 소비하는' 삶을 포기하고 공익에 헌신한 미국인들은 한 줌도 되지 않을 것이다.[16]

　미국을 관찰해온 많은 사람들이 수세기에 걸쳐서 지적해왔듯이, 이 모두에는 비극적 측면이 있다. 앤드루 잭슨 대통령 재임기(1830년대)를 예로 들어보자. 알렉시스 드 토크빌은 《미국의 민주주의》에서 불안하고 쫓기는 미국식 생활의 특성을 반복해서 언급하고 있다. 그것은 영원히 손에 잡히지 않는 성공을 추구하는 괴로운 삶이라고 그는 적고 있다. 이들의 목표는 막연한 물질적 성공이고, 최소한의 시간에 최대한의 수익을 얻는 것이다. 이들은 불안한 영혼들이고, 이러한 삶의 방식은 가혹한 것이라고 토크빌은 덧붙인다. 제임스 페니모어 쿠퍼는 미국이 '도덕적 기초가 없는 세계'를 향해 표류해가는 것을 보면서 이것을 소설들에서 그렸다. 1826년에 미국으로 이주한 작가 프랜시스 그룬트는 이렇게 썼다. "비즈니스는 미국인들의 영혼 그 자체이다. 미국인은 자신이나 가족에게 생활의 안락을 조달하기 위한 수단으로서가 아니라 모든 인간적 행복의 원천으로서 비즈니스를 추구한다." 이와 유사하게 어떤 영국인 여행자는 "길거리이든, 도로 위에서든, 노천이든 극장이든, 커피숍이든 아니면 가정집이든 어디서든, 미국인들의 대화에서 '달러'라는 단어가 등장하지 않는 경우를 본 적이 없다"고 말했다. 그의 동포인 찰스 디킨스 역시 미국을 끊임없이 '전지전능한 달러'(이 표현은 실은 몇년 앞서 워싱턴 어빙이 만든 것이다)를 쫓아다니는 무뢰배들의 나라로 보았고, 저널리스트 토머스 로우 니콜스는 "미국인들만큼 걱정으로 주름이 깊이 파인 얼굴을 하고 있는 사람들을 다른 나라에서는 찾아볼 수 없다. … 모든 미국인들이 앞으로 나아가기 위해 싸우고, 시도하고, 책략을 꾸민다"

고 지적했다(《Forty Years of American Life》). 독일계 미국인 법학자 프랜시스(프란츠) 리버는 "가장 부유한 사람들처럼 되고자 하는 병적인 조바심"으로 인해 "무서울 정도로 정신착란이 빈발하"는 것에 대해 언급했다. 그는 "미국에는 재미라는 것이 거의 없다"고 덧붙였다. 미국의 출판인 프리먼 헌트도 이 말에 동의한다. 그는 "햇빛을 빼앗긴 젊은이들"에 대해서 말한다. 그렇지만 이것은 비교적 짧은 기간 동안의, 부분적인 목록에 불과하다. 랄프 왈도 에머슨, 헨리 데이비드 소로, 허먼 멜빌, 에드거 앨런 포 그리고 훗날에는 헨리 애덤스도 모두 신성한 중심도 영혼도 없는 사회에 대해서, 그리고 그것이 미국에 가져오는 피해에 대해서 훌륭하게 쓰게 된다. 그러나 이런 것들은 결국 모두 '문학'에 불과했다. 그로 인해 실제로 변한 것은 아무것도 없었다는 말이다.[17]

경제적 팽창의 추구를 용이하게 한 것은 지리적 확장 — 변경(邊境) — 이었다고, 윌리엄 애플먼 윌리엄스는 《미국 역사의 윤곽》에서 쓰고 있다. 그것은 처음에는 (미국이 1848년 멕시코의 절반을 삼켜버린 것을 포함하는) '명백한 사명설'(Manifest Destiny : 미국이 북미 전체를 지배할 운명이라는 주장, 영토확장론을 말함 — 역주)로서 국내에서 시작되었지만, 19세기가 끝나갈 무렵에는 제국주의가 되어 있었다. 존 애덤스와 제임스 매디슨은 강렬히 제국주의를 옹호했는데, 그건 노동자나 농민, 중간계층 사람들도 마찬가지였다. 윌리엄스는, 기독교 공화국의 이상과 사유재산 쟁탈전 사이의 갈등을 중재할 안전판으로서 제국주의가 작동할 것이라는 기대가 그 배후에 있었다고 말한다. 그는 제국이야말로 "탐욕과 도덕성을 [동시에] 존중할 수 있는 유일한 길"이었다고 적고 있다. 하지만 관점을 달리하면 그것은 궁극적으로 실패였다. 왜냐하면 무제한적 팽창은, 실제로 공화국을 갖는 것은 물론이거니와 공화국에 대한 비전을 갖는 것조차도 대신할 수 없다는 사실이 드러났기 때문이다. 기본적으로 제국주의는 더 많은 허슬링으로 귀결되었고, 미국인들이 공익이라

는 문제를 무한히 미룰 수 있게 해준 '탈출구'(프레더릭 잭슨 터너의 표현)
였다. 그럼 국내문제들은(어떻게 해결하나)? 그저 박았던 말뚝을 뽑아서
서부로 옮겨 가는 것이다. 그 결과 공동체의식이 약화되었는데, 왜냐하
면 그것이 공공복리를 훼손하는 사적인 이해관계들을 제한하는 일을 어
렵게 만들었기 때문이다. 토크빌은 "정착민들은 오로지 한재산을 만든
다는 한 가지 목표에만 집중하여, 완전히 개인주의적인 삶을 만들어냈
다. … 그들은 인간이 이 세상에 온 목적이 단지 부유해지고 삶의 온갖
편리를 즐기기 위해서라고 생각한다"고 적고 있다. 그리고 물론 1890년
이 되면 (서부) 변경은 더이상 존재하지 않는다고 공식적으로 선언이 되
지만, 미국인들이 뒤쫓을 다음 차례의 '새로운 것'으로서 기술적(테크놀
로지) 변경이 항상 존재했다. 그리고 이러한 메커니즘에 대한 미국의 의
존도는 지독해서 팽창을 가로막는 것이라면 그것이 무엇이든 — 미국
선주민이든, 남부연방이든, 구소련이든, 제3세계이든, 순전한 악(惡)으
로 치부되었다고 윌리엄스는 지적한다. 미국이 이라크를 침공한 것은
결코 우연이 아니다.[18]

　그러나 이것은 너무 앞서가는 것이다. 19세기 초·중반, 미국에 풍요
에 대한 탐욕스런 추구가 존재했다면, 에머슨 등의 저작들이 보여주듯
이, 그런 삶의 방식에 대한 정신적 거부도 역시 존재했다. 그렇지만 경
제적 자제를 무척 강조한 이 거부는, 흔히 특히 미국적인 변주(變奏)를
갖고 있었다. 즉, 허슬링을 순전히 개인적인 차원에서 이해하였던 것이
다. 낭만주의자들이나 초월주의자들이 관심을 가진 것은 공공복리[民富]
가 아니라 자립, 즉 개인의 영혼의 자질이었다. 예견할 수 있듯이, 이렇
듯 협소한 관심은 어떤 광범위한 영향을 미칠 가능성을 아예 차단했고,
나아가서는 이 운동이 오히려 주류문화에 봉사하도록 만들었다. 남북전
쟁의 시기(이 시기에 대해서는 4장에서 자세하게 다루겠다)를 제쳐두면, 이
정신적 저항과 이 저항이 결국에는 동화(同化)하기에 이르는 역학은 개

혁시대(Progressive Era)와 도금시대(Gilded Age) 내내 익히 목격할 수 있던 것이다. 잭슨 리어스는 이것을 상세히 기록했다. 그의 결론은 두 가지다. 첫째, '반근대주의'의 다양한 표출들은 '허슬링 라이프'가 제공할수 없는, '의미'에 대한 종교적인 갈망에 뿌리를 둔 것으로, 진실한 것이었다는 점이다. 그러나 둘째로, 문화를 바꾸려는 이 시도들은 궁극적으로 그 심미적·개인주의적 성격으로 인해서 실제에 있어서 '기업가' 자본주의가 '기업' 자본주의로 전이되는 것을 촉진하는 결과밖에 가져오지 못했다는 것이다. 이러한 두 측면이 미국 역사 속에서 갖는 의미를생각하면, 이 사건들은 보다 자세하게 살펴볼 만한 가치가 있다.[19]

1890~1930년의 기간에 우선 먼저 두드러지는 점은, 미국의 삶이 과거어느 때보다 급속하게 상업화되었다는 사실이다. 그에 앞선 시기에 상업화가 느리게 진행됐다는 이야기가 아니다. 1800년에서 1850년 사이에국민총생산(GNP)은 일곱 배 증가했고, 1860년에는 이미 현대 미국경제의 기본적인 윤곽, 즉 대량소비, 대량생산, 자본집약적 농업이 구축되었다. 1880년대 중반에 이르면 미국은 세계에서 가장 큰 경제(세계경제의 25퍼센트)를 갖게 된다. 그리고 이후 불과 몇십 년 사이에 미국 전역을기업, 은행, 백화점, 체인점, 통신판매점, 호텔, 유원지 등이 문자 그대로, 휩쓸었다. 광고, 중개업, 대량생산은 이 나라를 극적으로 재구성했다. 미국은, 윌리엄 리치의 표현대로 "세계에서 가장 강력한 소비문화"가 되었다(《Land of Desire》). 이때가 바로 '듀퐁', '유에스스틸', '스탠더드오일', '마셜필드', '메이시즈'의 시대였다. 1897년에서 1903년 사이에미국에서는 기업합병이 300건도 넘게 이루어졌고, 악덕 자본가들의 탐욕과 잔혹함은 가히 전설적이었다. 존 D. 록펠러(1839-1937)에 대해서잭슨 리어스는 이렇게 쓰고 있다. "이익에 대한 그의 완강한 집념을 가로막는 자는 누구든 은밀하게 사기와 잔인한 시장의 힘을 이용해서 제압되었다." 소스타인 베블런은 1899년에 '과시적 소비'라는 말을 처음

사용했는데, 그가 지적했듯이, 이것은 결코 유한계급에 한정된 것이 아니었다. 밴스 패커드가 비판의 목소리를 내기 훨씬 이전부터 출세주의는 풀가동되고 있었다. 신분 상승은 당시의 최대 관심사였다. 성공을 위한 경쟁은 주기적 신경쇠약과 번갈아 일어났다. 1907년이 되면 헨리 제임스는 《미국 기행》에서 자유방임경제의 이른바 자유는 가짜라고 말하고 있다. 그것은 고독을 대면할 수 있는 능력을 없애고, 따라서 공동체라는 의식에 기초한 사회를 만들 수 없다고, 그는 썼다. 자유방임경제의 '자유'가 실제로 제공하는 것은 "망쳐진 채로 자랄 자유"라고 그는 결론지었다. 그러나 현대의 경제 폭풍 속에서 그의 말에 귀를 기울이는 미국인은 별로 없었다. 고독? 공동체? 그런 것들이 대체 무엇이란 말인가? 우리는 늘 변화하고 발전해야 하며, 가장 빠른 자가 이기는 경쟁이 삶이라는 앤드루 카네기의 금언이 당시의 시대정신에 훨씬 더 잘 맞았고, 이 말은 노동계의 지도자들이나 사회주의자들, 농민 모두에게 공통적으로 수용되었다.[20]

그러나 헨리 제임스나 소스타인 베블런 외에도 이 시기에 이러한 다원주의적 생존경쟁에 대한 비판은 많았다. 이 시기 동안에는 정신병이 너무나 만연하여, 뉴욕의 신경과 의사였던 조지 밀러 비어드는 그것을 《미국의 신경과민》(1880)이라는 책으로 기록하기에 이르렀다. 그는 미국이 근대화의 최첨단에 있기 때문에 세계에서 가장 신경과민의 나라가 되었다고 주장했다. 비어드에 이어서 다른 의사들과 저술가들도 온 나라를 뒤덮은 우울증과 불안을 증명하는 데에 동참하였는데, 시간의 압박, 노동 강박 따위의 요인들을 꼽았다. 20세기 초가 되면 신경쇠약이 일간신문에서 인기 있는 화제가 된다.[21]

1912년, 우드로 윌슨은 "(사실을 말하자면) 우리는 모두 비정한 거대한 경제체제 속에 갇혀 있다"고 말했다. 그로부터 10년 뒤에 싱클레어 루이스는 《배빗》에서 바로 그 체제를 공격했지만, 물론 그 영향은 미미

했다. 윌리엄 제임스는 미국인들의 성공에 대한 숭배를 비판하며, "그것은, 성공이라는 단어에 붙여진 누추한 금전적 해석과 더불어, 우리의 국가적 질병이다"라고 말했다. 많은 작가·지식인들이 이 무자비한 상업문화에 저항하고, 보다 더 깊이 있는(혹은 그냥, 깊이 있는) 삶을 주장했다. 두세 명만 꼽아도, 찰스 엘리엇 노튼, 헨리 애덤스, 헨리 데머레스트 로이드 등이 있다. 그러나 그건 마치 당밀(糖蜜)로 된 강을 거슬러 헤엄치는 것과 같았다. 형태는 달라도 그들의 공통된 주장은, 인간의 생존이 경쟁적인 성공에 기초하고 있는 상황에서는 어떠한 형태의 공화국도 불가능하다는 것이었다. 그러나 물론, 300여 년에 걸친 허슬링이 책 몇 권으로 뒤집힐 리야 없었다. 게다가 어쨌든 대부분의 미국인들은 로이드의 《공화국을 해치는 부(富)의 추구》나 루이스의 《배빗》보다는 자수성가한 백만장자 이야기를 읽고 있을 가능성이 더 많았다. 지쳐서 기진맥진했든 아니든 간에 전형적인 미국인들은 조지 배빗(《배빗》의 주인공 − 역주)을 보며 히죽거리는 게 아니라 바로 그 사람이 되고 싶어 했으며, 소비재의 바다에 빠지고 싶어 했다.[22]

잭슨 리어스가 보여주듯이, 반근대주의자들의 진실성과 간소함에 대한 주장은 그러나 쉽게 상품화되어서 주류문화에 봉사하게 되었다. 몇십 년 뒤, 1960년대의 대항문화에 일어난 일과 마찬가지이다. 그가 보여주는 가장 좋은 예는, 원래 영국의 존 러스킨과 윌리엄 모리스의 글들로부터 촉발된 미술공예운동이었다. 이 두 사람은 모두 중세를, 그 다음에 도래한 대량생산된 저속한 상품들의 시대와 대비되는, 온전한 공예의 시대로 보았다. 그들은 중세 장인들의 일은 소외된 노동이 아니었으며, 급료를 얻기 위해서 혹은 끔찍하게 지루한 작업을 엿새간 하고 일요일에 쉬기 위해서, 그저 참고 견디는 일이 아니었다고 주장했다. 윌리엄 모리스는 길드 전통을 극찬했다. 그에 따르면 공장은 인간의 노동과 삶의 품위를 떨어뜨리는 것이었다. 모리스는 사회주의자였지만 그의 주장

의 핵심은, 일은 무엇보다도 즐거워야 한다는 것이었다.[23]

　러스킨과 모리스의 저작은 미국 내의 특정 부류, 특히 교육받은 사람들과 부유한 사람들에게 큰 영향을 주었다. 전근대의 장인(匠人)은 진정한 자아로서 빛나 보였다. 그/그녀의 일은 진짜였고, 실제의 것이고, 공동체에 뿌리를 둔 것, 즉 온전함의 전형이었다. 미국에서의 공예운동은 단순한 생활을 강조했고, 찰스 엘리엇 노튼(하버드대학 교수이자 러스킨의 친구이기도 했다) 같은 운동의 지도자들은, 사적 이익에 대한 집착이 남북전쟁 이후 시기에 공동체의 붕괴를 초래했다고 믿었다. 공예회복운동은 공립학교에서의 수작업 훈련을 지원했고, 여러 도시에서 공예협회를 결성했다. 보스톤협회는 《수공예(Handicraft)》라는 잡지를 발행하였는데, 이 잡지는 수년 동안 계속해서 발간되었다. 공예 공방(工房)들이 펜실베이니아와 매사추세츠에 생겼다. 구스타프 스티클리는 1898년, 시러큐스에서 '유나이티드크래프트 가구 워크숍'을 개설하고, 1901년부터 1916년까지 《장인(Craftsman)》을 발행했다. 이 운동은 널리 퍼졌고 많은 추종자들이 따랐다.

　그러나, 사회변혁이라는 측면에서 미술공예운동은 실패였다. 우선 운동의 지도자들이 잠재적인 지지자들이 떨어져 나가지 않게 하려고 수공예의 도덕적·미적 특징만을 강조하며, 윌리엄 모리스의 사회주의나 공장체제에 대한 혐오는 자신들의 글에서 모두 빼버렸다. 풍요로운 삶의 나쁜 측면이 아니라 고상한 취향에 초점이 맞추어졌다. 또 실제로 수공예품 고객들은 대개 부유했다. 소스타인 베블런은 이 모두를 한차례의 유행으로 보았다. 노동자계급은 고상한 취미나, 소위 '노동의 즐거움' 따위가 아니라 보다 높은 시급에 관심이 있었다. 게다가 잭슨 리어스가 지적하듯이, 미국의 공예운동 지도자들의 관심은 궁극적으로 공동체의 부활에 있지 않고 개인의 온전함의 회복에 국한되어 있었다. 사회적 정의가 아니라 기분이 좋은 것에 관심이 있었다. 또한 그들은 기술 '진보'

의 불가피성을 믿었는데, 이것은 러스킨과 모리스의 생각과는 완전히 배치되는 것이었고, 따라서 기본적으로 그들 자신들의 이데올로기를 약화시켰다. 그 결과 미국의 공예운동가들은 "소외된 노동의 대안이 될 수 있었던 것을, 부유층에게 새로운 활기를 주는 취미로 변모시켰다."

그래도 완전히 헛일은 아니었다. 잭슨 리어스에 따르면, 미국의 공예운동은 상업주의적인 삶에 대한 진정한 저항을 내포하고 있었다. 이것은 남북전쟁 이전 시기의 이상주의자들로부터, 뉴딜 및 1960년대의 농업공동체로 이어지는 전통의 한 부분이었다. 이 운동은 지식인들에게도 영향을 주어서, 이들은 후일에 진정한 민주주의를 위한 작은 규모의 권력 분산형 제도들을 강조하였다. 폴 굿맨, 루이스 멈퍼드, E. F. 슈마허 등이 그중에서도 걸출한 인물들이다. 리어스에 따르면, 사실 반(反)근대화 전통 전체를 본다면, 대부분의 미국인들이 그 메시지를 들으려고 하지 않았음에도 불구하고, 그것은 결국 "현대의 세속적 유토피아는 … 가짜"라는, 가장 중요하고 강력한 통찰을 인식하게 만들었다는 것이다.

'큰 기대'와, 이어지는 디플레이션이라는 패턴이 어쨌든 대공황 기간 동안 반복되었다. 과거에 그랬듯이 이 시기에도 '허슬링 라이프'를 비판하는 사람들이 있었다. 그들의 가장 큰 관심사는, 특히 광란의 20년대(사람들이 활기와 자신감에 넘치던 1920~1929년 사이의 시기를 말함 — 역주)에 뒤이어 '존재의 근거는 소유'라는 심리가 지배한 10년 이후에, (미국의) 국가적 목적이 무엇인가 하는 것이었다. 그들이 바랐던 것은, 필요가 곧 선(善)이 될 수 있는 것, 즉 다른 선택의 여지가 없기 때문에 단순한 삶 — 역사가 대니얼 호로비츠의 표현을 빌리자면 '영구히 축소된 소비' — 을 미국인들이 받아들이게 되는 것이었다. 이런 전망을 가졌던 전형적인 인물은, 부인과 함께 《중류 도시》(1929)를 저술한 로버트 린드였다. 린드는 1934년, 《패어런츠매거진》에 기고한 글에서, 다음 세대의 사람들의 삶 "물질의 엄청난 축적보다는 눈에 덜 띄지만 힘들게 얻은 개인적 만족에 의해서 규정되게 될 것이다"라고 예측했다. 그리고 이어서, 이 새로운 세대는, "오로지 그 자체가 목적인 끊임없는 경쟁적 획득의 무의미한 중압감으로부터 해방"되고, "뛰어나고자 하고 앞으로 나아가고자 하는" 압박감으로부터 자유로워질 것이라고 말했다. 그러나 말할 것도 없이, 2차 세계대전이 끝나자마자 눈에 불을 켜고 나서서 허슬링을 완전히 새로운, 전례가 없는 수준으로 끌어간 게 바로 이 세대이다.[24]

이 시기와 그 뒤 몇십 년 동안의 탐욕스러운 삶에 대한 가장 무시운 비판자는, 미국이 낳은 가장 위대한 작가·사상가 중의 하나인 루이스 멈퍼드이다. 그는 1920년대부터 1980년대 초반까지, 거의 60년 동안 활동했다. 멈퍼드는 테크놀로지와 '진보'의 개념이 잘못되었다는 데 주안점을 두었으므로, 그의 사상에 대한 논의 일부는 3장으로 미루기로 한다. 그러나 멈퍼드는 허슬링이 미국사회와 인간 삶 전반을 깊이 파괴한다고 철저하게 믿었기 때문에 '미국의 양심' ─ 일부 저술가들의 표현 ─ 으로서 그가 미친 전반적 영향에 대해 잠시 살펴볼 필요가 있다.

1920년대에 멈퍼드에게 가장 깊은 영향을 준 것은 오스발트 슈펭글러의 《서구의 몰락》이었다. 슈펭글러는 모든 문명은 그 핵심 이데아 ─ 플라톤 철학의 개념으로서의 ─ 에 의해 정의되며, 그것은 그 문화의 모든 측면에서 드러난다고 믿었다. 또한 각각의 문명은 탄생과 개화(開花), 쇠퇴의 과정을 거치는데, 이 과정에 유기적·창조적인 것으로부터 기계적·관료주의적인 것으로의 전환이 있다. 슈펭글러에 의하면, 북유럽의 '파우스트적' 문화가 전세계 도시들에서 구현되어, 전통적 삶의 방식에 뿌리를 둔 보다 오래된, 지역에 기초를 둔 중심지(센터)들을 대신하게 되었다. 이 북쪽의 도시문화는 거대함과 합리성이라는 특징을 갖고 있으며, 그 최종 단계에서는 군인, 기술자, 사업가들이 군림한다(익숙한 이야기이지 않은가). 슈펭글러는 이 문화에 이제 남은 것은 화석화(化石化)와 죽음뿐이라고 결론을 내리고 있다.[25]

멈퍼드는 《황금기》(1926)에서 이 도식을 되풀이하고 있다(다만 약간의 변형은 있다). 그는 낙관적이었다. 그는 지역적·유기적인 삶의 회복에 기초한, 파우스트 이후의 세계를 상상했다. 지역주의는 '화석화'의 기간을 줄이고, 서구세계를 재생과 부활을 향해 가게 할 수 있다고 그는 주장했다. 멈퍼드는 이런 생각에서 1923년, 뉴욕의 미국지역계획연합의 설립에 협력했다. 이 조직의 명시적 목표는 지역문화 육성이었다. 그 중심이 되는 것이 '정원도시' 개념으로, 한 장소에 집과 일터를 결합한 공동체의 형태로 된 제한된 규모의 개발을 강조했다. 이것은 어떤 의미에서도 결코 교외가 아니었다. 통근이 없기 때문이다. '정원도시'는 농경지와 숲으로 이루어진 그린벨트로 둘러싸이고, 공동체의 공동 소유이다. 멈퍼드가 생각한 목표는 좋은 삶을 제도화하는 것이었는데, 그때의 좋은 삶이란 소비재의 획득이나 경제적 경쟁과는 아무런 관계가 없었다. 멈퍼드는 자신이 말하는 좋은 삶이란, "아이들을 낳고 키우는 것, 인간의 건강과 안녕의 보존, 인격의 배양 그리고 이 모든 활동의 장(場)으로서의 자연·도시환경의 완전함"이라고 말했다. 데이비드 쉬는, 이런 공동체에서의 삶은 "매우 통합되고 협동적인 사회적 경험이고, 사람들은 각자의 경제적 상황과는 관계없이 서로와 자연 그리고 자신의 일에 대한 소속감을 만끽할 것"이라고 덧붙이고 있다.

전반적으로 '정원도시' 계획은 실행되지 못했다. 첫째로 일단 대공황이 닥치자 이런 성격의 프로젝트에 쓸 수 있는 자금이 없었다. 그러나 1929년의 폭락 전에, 노동자, 중·하류 계층의 사람들을 위한 공동체, '서니사이드 가든즈'가 퀸즈에 건설되었다. 주택의 규모는 작고, 많은 집들은 안쪽으로, 공동 녹지를 향하고 있었다. 공동으로 사용하는 안쪽 뜰과 골목들은 지금까지도 마을 분위기를 내고 있다. 그것은 인간적인, 계획된 공동체로서, 상업적 부동산 개발 모델과는 전혀 다른 것이었다. 현재 이곳은 사유지이며 제법 고급 주택가가 되었지만, 회사들이 조성한

전형적인 '공동체'들과는 사뭇 다른 분위기를 여전히 유지하고 있다.[26]

멈퍼드는 근본적인 가치관의 변화 없이는 미국사회가 진정으로 변화할 수 없다고 믿었다. 그는 마르크스주의의 문제는, 그것이 그다지 혁명적이지 못한 점이라고 주장했다. 미국은 산업화의 속도를 늦추고, "사회의 방향을 돈이 벌리는 발명이나 상품, 이익, 판매기술에 대한 과열된 집착으로부터 … 삶의 보다 인간적인 기능을 의도적으로 추진하도록 돌려놓는 것이 필요하다"고 주장했다. '적색 공화국'이 아니라 '녹색' 나라가 필요하다는 것이다. 도덕적으로 수양이 된, 탐욕적이지 않은 삶의 방식에 대한 멈퍼드의 비전은, 가장 비미국적인 것이다.[27]

멈퍼드는 슈펭글러의 계승자이기도 했지만 동시에 소로의 계보를 잇고 있어서, 대공황과 그 이후 계속해서 미국의 주류 이데올로기에 대해 이러한 철저한 수정을 요구하였다. 멈퍼드는 《기술과 문명》(1934)에서 "테크놀로지, 자본주의, 물질주의, 성장에 지나치게 집착하는 시대를, 지역주의와 공동체, 절제의 가치에 기초한, 인간적이고 삶을 긍정하는 경제로 대체할 것을 계획했다"고, 대니얼 호로비츠는 지적한다. 도대체 멈퍼드는 자기가 어느 나라에서 살고 있다고 생각한 것일까. 때때로 그의 글은 미국의 현실과 너무나 동떨어져 있어서 아주 멋질지언정 미친 소리로 들린다. 1939년 《뉴리퍼블릭》에 쓴 글에서, 그는 미국이 개인 소비자들의 요구로부터 공공복지의 수행으로 초점을 옮기기 시작했다고 주장했다. 그는 공공서비스와 공공시설들이 종국에는 자본주의 이데올로기를 대신할 것이라고 독자들에게 말했다. 이듬해에 그는 정신적인 만족이 물질적 만족을 대신할 때에만 민주주의가 다시 활기를 찾을 수 있으며, 미국인들의 천부의 권리는 '물질적으로 풍부한 삶'이 아니라 '동지애와 예술 그리고 사랑'의 삶이라고 선언했다(미국의 역사를 알면서도 이렇게 말할 수 있을까!). 계속해서 그는 우리가 '안락함의 경제'가 아니라 '희생의 경제'를 가져야 한다고 말한다. 멈퍼드는 동료 시민들에게

'경제적 팽창을 위한 기만적 방탕'인 아메리칸드림으로부터 돌아서기를 촉구했다. 그는 우리가 '인간적인 협동과 교감'에 충실한 창조적인 개인들이 되어야 한다고 적고 있다. 지구의 중력장이 뒤바뀌어야 된다고 하지 않는 것이 신기할 정도이다![28]

그러나 멈퍼드도 《인류의 조건》(1944)에서는 좀더 현실적이 된다. 그것은 부분적으로 후기 로마제국에 대한 연구로부터 영향을 받은 것인데, 당시에 로마 집정자들이 제국이 붕괴하고 있다는 사실을 받아들이지 않았던 것은 로마에 도움이 되지 않았다고 그는 지적한다. 로마의 붕괴는 바로 로마인들이 '약탈과 좀도둑질'에 기반한 자신들의 삶의 방식을 직시하고, 그것을 개조하려고 하지 않았던 데에서 비롯되었다.[29] 분명히 멈퍼드는 경고를 울리면 미국인들이 아메리칸드림으로부터 깨어나리라고 믿었다. 그러나 물론 그런 일은 전혀 일어나지 않았다. 로마인들과 마찬가지로 미국인들도 진지한 자기성찰이나 국가적 방향전환에는 전혀 관심이 없었다. 세월이 가면서 멈퍼드는 이것을 깨닫기 시작했다. 그의 글들은 갈수록 비관적이 되어갔는데, 그럴 만도 했다. 말 그대로 아무도 병든 미국을 고치기 위한 그의 처방에 주의를 기울이지 않았던 것이다. 의사는 식사조절과 운동을 권했지만 환자는 파이와 케익을 먹어대기만 했다. 멈퍼드는 1960년대에 논란이 많았던 뉴욕의 도시계획가 로버트 모지스가 그리니치빌리지(예술가, 작가가 많이 살았던 뉴욕의 주택지구를 가리킴. 지금은 중산층 가정이 주를 이루고 있다. 19~20세기 예술가들의 천국 — 역주)를 파괴하는 것을 막을 수는 있었지만, 그 이상 — 허슬링을 그만두고 '진보'를 새로이 정의하자는 그의 요청은 깡그리 무시되었다. 내가 보기에 멈퍼드는 물질의 획득과 기술혁신의 중독성을 제대로 이해하지 못했던 것 같다. 바로 그런 것들이, 미국인들이 대체로 매우 일찍부터 거부해온, 진정으로 인간적인 삶의 방식인 공화국에 대한 마약과도 같은 대체물이었다는 점을 그는 이해하지 못했다. 오늘날 그의 글은 고무적인 동시에 간절하게 읽힌다. 그러나 결국 그의 글은, 다른 어떤 나라에 대한 것일지언정 미국에 대한 것은 아니다.

(비교를 위해서 덧붙이자면, 멈퍼드와 동시대의 인물로서 미국에 대해서, 또 미국을 위해서 저술활동을 한 사람으로 데일 카네기가 있다. 그의 책들은 아마도 멈퍼드보다 적어도 만 배는 더 팔렸을 것이다. 《인간관계론》은 허슬링에 관한 궁극의 안내서였으며, 어느 역사가의 묘사대로 "거짓된 친절로 더 많은 돈을 버는 방법"에 대한 매뉴얼이었다. 이 책은 1936년, 발매되자마자 당장 베스트셀러가 되었고, 오늘에도 여전히 인기가 있다. 이 책에서 묘사하는 최고의 성취는 사회에서 출세하기 위해서 '진심을 가장하는 방법을 배우는 것'이라고 바버라 애런라이히는 말한다.)[30]

이 모든 일들이 일어나는 동안 뉴딜은 무엇을 하고 있었는가? 아마도 시작은 순조로웠을 것이다. 루스벨트 대통령은 첫 번째 대통령 취임연설에서, 미국의 진정한 임무는 '단순히 금전적 이익보다 더 고결한' 사회적 가치를 구현하는 것이라고 말했다. 이를 실현시키기 위해서 루스벨트는 전국적으로 '땅으로 돌아가기 운동'을 시작하기를 원했다. 그는 그것이 보다 소박한 삶을 장려할 것으로 믿었다. 그렇게 해서 1933년에 발족된 민간자연보전단(CCC : 1933~1942년 뉴딜정책의 일환이었던 공공구호사업, 원호 대상 가족의 구성원에게 천연자원 보호 및 개발을 위한 육체노동 일자리를 제공했다 — 역주)에는 1935년까지 50만 명의 미국 젊은이들이 등록을 해서 나무를 심고 토질개선 사업을 실행했다. 역시 1933년에 시작된 테네시강유역공사(TVA)도 댐을 건설하고 토양보존과 재조림 사업을 시행했다. TVA의 초대 책임자였던 아서 모건은, 이런 성격의 사업들이 자유방임 자본주의를 대신할 수 있는, 공동체윤리와 극렬개인주의의 '일탈'을 무력하게 만들 '협동정신'을 만들어낼 것이라고 믿었다. 예를 들어, 그의 지도 아래 TVA는 수공예산업과 그 밖의 협동조합들을 조직

했다.[31]

이 중에서 세월을 뚫고 건재한 것은 거의 없다. 미국에서 극렬개인주의는 '일탈'이 아니다. 오히려 '협동정신'이야말로 이탈적인 것이었다. 단적으로 말하면, 모건은 멈퍼드만큼이나 주류 미국인들의 에토스를 몰랐던 것이다. 아서 모건 자신의 '정원도시' 프로젝트였던 테네시주의 계획마을 '노리스'(TVA 댐 건설 노동자들의 주거지로서 설계된)는, 사익에 우선하는 공익 이념의 좋은 사례가 될 예정이었다. 그러나 얼마 지나지 않아 노리스의 주민들은 그것에 '사회주의'라는 꼬리표를 붙이고, 거부했다. 게다가 다른 뉴딜 지도자들이 모건과 생각을 같이한 것도 아니었다. 그들은 TVA를 미국의 삶을 윤리적으로 방향전환시키는 수단으로서가 아니라 순전히 경제적인 관점에서 이해했다. 결국 루스벨트 대통령은 1938년, 모건을 해고한다.

역시 경쟁적 물질주의를 삼가는, 새로운 공동생활을 창조하기 위해 고안된 홈스테드 프로그램(정부 공여 농지에서 자영농민이 농사지으며 살도록 한 프로그램 - 역주)도 같은 운명에 처하게 된다. 이 노선을 따라 뉴딜 공동체가 약 100곳 만들어졌지만, 그 주민들은 "그들 자신의 뿌리 깊은 개인주의를 떨쳐버리는 일이 불가능하다는 사실을 깨달았다"고, 데이비드 쉬는 말한다. 주민들은 공동체적 이상에는 조금도 관심이 없었다. 그들은 홈스테드 공동체를 그저 주택사업 정도로 이해했다. 일례로 주민들은 커뮤니티센터에서 거의 시간을 보내지 않았다. 루스벨트 자신조차도 시간이 지남에 따라, 가치의 재정립이 아니라 보다 많은 산업생산과 일자리를 통해 행복이 온다고 생각하게 된 것 같다. 그래서 루스벨트 행정부는 농촌지역을 기업들이 대량 투자하여 이익을 볼 수 있는 곳으로 만들었고, 바로 그런 지역개발을 통해서 미국 기업들이 대공황 이후에 극적으로 성장했던 것이다. 뉴딜은 점점 소비를 국가경제의 중심으로 보게 되었다.[32] 루스벨트가 이런 방향으로 간 것은 단지 현실적이었던 것이라고 봐야 한다. 수많은 입법으로도, 훌륭한 연설로도, 미국의 정신을 다시 만들 수는 없는 것이다. 뉴딜을 수포로 돌아가게 한 것은 미국인들 자신이었기 때문이다. 그것만큼은 분명해 보였다. 협동적 성격의 사회적 실험들은 '내 것 챙기기'만이 삶의 전부라고 배우며 자란 파편화된 개인 들이 모여 있는 '사회'에서는, 아무런 성과를 거둘 수 없었다. 2차대전 의 종식과 함께 미국에서는 "무분별한 광란의 사재끼기가 폭발했다"고 데이비드 쉬는 지적한다. 결국 대안적 전통은 그 정도가 끝이었다.

그렇지만, 비록 대안적 전통이 미국사회의 일상에 실제적인 변화를 일으킨 적은 없을지라도 그래도 그것은 기이하게도 완전히 사라지지는 않고, 또 각 세대의 가장 뛰어난 지성들의 지지를 끌어내는 것 같다. 1945년에서 1965년 사이의 시기는, 교외로 인구가 빠져나가고 소비가 급격히 팽창했던 때인데, 그와 동시에 탐욕스러운 삶의 방식에 대한 통 렬한 비판자들이 (루이스 멈퍼드에 더해서) 다수 출현한 시기이기도 했 다. 에리히 프롬, C. 라이트 밀스, 밴스 패커드, 존 케네스 갤브레이스, 폴 굿맨, 데이비드 리스먼 등, 이 시기의 미국에 수준 높은 '대안적' 지 성이 절대로 부족하진 않았다. 이들은 모두 미국인들이 보다 높은 목표 를 갖기를 바랐다. 최신 토스터나 전동 잔디깎이를 넘어서는, 참된 삶의 의미를 가지기를 원했다. 또 이들은 모두 베스트셀러 작가들이었다. 패 커드의 책은 문자 그대로, 도표의 범위를 벗어날 만큼 잘 팔렸다. 다만 미국인들은 그의 책을 읽고, 고개를 끄덕이며 동의했지만, 그러고는 나 가서 자동차를 한 대 더 사거나 가전제품을 잔뜩 사들였다.[33]

밴스 패커드는 문화적 현상으로서도 매력적인 연구 대상이다. 1957년 에서 1960년 사이에 발간된 패커드의 세 권의 책(미국 소비주의의 공허함 과 파괴성을 꼬집은)만 500만 부가 팔렸다. 일종의 '통속 사회학'(사회학 이론에 기반하기보다 대중적 통념에 신빙성을 두고 있는, 이른바 '사회학' − 역주) 저술가로서 패커드의 영향력은 어마어마했다. 전문 사회학자들은 패커드의 논리가 허술하고 지나치게 단순화한 것이라고 무시했지만, 그가 올바른 질문을 했다는 것만큼은 사실이다. 즉 그는 미국의 문제의 핵심이 '허슬링 라이프'라는 점을 직관적으로 이해했다. 그보다 후대의 오스카 루이스나 마이클 해링턴 같은 사회비평가들은, 진짜 문제는 교외의 풍요가 아니라 도시의 빈곤이라고 주장했고, 물론 그들의 주장에는 일리가 있었다.[34] 그러나 나는 패커드가 지적했던 것(갤브레이스도 《풍요한 사회》에서 같은 지적을 했다), 즉 미국인들의 기본적인 세계관이야말로 결정적인 요소라고 생각한다. 사람을 결국 승자와 패자로 나누는 것이 자본주의의 본질이다. 그런데 사회가 공익이 아니라 풍요의 추구에 의해 운영된다면(캘빈 쿨리지는 '부(富)가 인간의 최종 목표'라고 했다), 극심한 빈부 격차는 필연적 결과일 것이다. 즉, 도시의 빈곤은 교외의 부유함과 분리된 문제가 아닌 것이다. 말하자면 하나의 세트인 것이다. 그리고 그러한 세계관 혹은 가치체계가 얼마나 널리 스며들어 있는지를 이해하면, 부자와 빈자의 차이는 가진 돈의 차이뿐이라는 사실이 명백해진다. 조이스 애플비가 《가차 없는 자본주의》에서 지적하듯이, 자본주의는 무엇보다도 우선 문화이며 사고방식이다. 노동운동 지도자 새뮤얼 곰퍼스가 분명히 한바, 극히 드문 예외를 제외하고 미국의 빈곤층은 단 한 번도 근본적으로 다른 유형의 사회를 원한 적이 없었다. 즉 그들은 파이의 더 큰 조각을 원할 뿐이었다. 그러나 가난한 허슬러도 역시 허슬러이고, 그들의 사회적 비전(그렇게 부를 수 있다면)도 역시 똑같다. 앞에서 말했지만, 미국인들은 결코 조지 배빗을 딱하게 여기지 않고, 빌 게이츠를 흡혈귀 기업가로 보지 않는다. 천만의 말씀이다. 오히려 미국인들은 바로 이런 사람들이 '되고' 싶어 하며, 그런 기회를 제공하고 장려하는 것이야말로 미국이라는 나라의 본질이며 지향해야 할 바라고 믿는다. '허슬링 라이프'는 궁극적으로 미국의 영혼 한가운데에 자리 잡은 일종의 암이다. 패커드가 비난한 것은 바로 이것이고, 옳은 비판이다.

패커드는 이 모두를 '풍요의 삼부작' —《The Hidden Persuaders》, 《The Status Seekers》,《The Waste Makers》 — 에서 논하고 있다. 그는 광고 제작자들이 어떻게 미국인들을 끝없이 소비를 추구하도록 조작해 왔는지 보여주었다. 그 조작은 '동기분석'을 통해 이루어졌는데, 성(性) 적 무능, 신분 하락에 대한 두려움을 이용했다. 바로 이런 기법이 미국 인들을 "탐욕스럽고, 낭비를 일삼는 충동적 소비자로 만들었다"고 패커 드는 말했다. 또 성인들을 애정에 굶주린 어린아이들로 만들었는데, 그 의 견해로는 이것은 근본적으로 인간 존엄성을 무시하는 것이었다. 한 편 동시에 패커드는 이 소비자들을 무구한 피해자로 보지 않았다. "우리 는 설득당하지 않기로 선택할 수도 있"기 때문이다. 결국은 우리가 어떤 종류의 사회를 원하는지, 그리고 우리 자신이 스스로 어떤 사람이 되고 싶어 하는지가 문제라고 패커드는 생각했다. "주로 소비재에서 얻어진 행복 위에 세워진 사회의 도덕성"은, 패커드가 보기에는 도덕성이 아니 었다고 호로비츠는 지적하고 있다. 패커드는, 로마(제국)의 대중이 서커 스 구경을 가는 것이나 미국 대중이 쇼핑몰이나 백화점에 가는 것이 본 질적으로 차이가 없다고 주장했다. "온 세상에 만연한 상업주의의 스모 그" 대신에, 우리는 "자존심과 평정, 자아실현"에 관심을 기울이는 "성 숙한 시민들"이 될 수 있다고 적고 있다. 이어서 그는, 미국인들이 "뜻 있는 삶을 가능하게 하는 것은 방종이 아니라 소중한 가치와 영혼의 고 결함이라는 사실을 볼 수 있게 되어야" 한다고 주장했다. 멈퍼드와 마찬 가지로 도대체 패커드도 어느 행성에 살고 있었는지 의아하지만, 하지 만 분명히 그는 진심이었다.[35]

우리의 국가적인 질병에 대한 패커드의 해결책은, 이렇듯 사람들의 자발적 노력에 의지하는 것이었다. "꼬리지느러미들의 세상을 향해 부 르짖는 현대판 이사야"(피츠버그의 한 목사의 말이다)로서, 패커드는 우리 의 근본적 감수성과 삶의 방식에 중요한 전환을 촉진하기 위해서 개인들의 노력 그리고 아마도 비영리조직들의 활동에 호소했다. 그는 '사적인 풍요-공공의 빈곤'이라는 미국의 공식을 뒤집기를 원했고, 국내총생산(GDP, 당시에는 국민총생산(GNP)이라는 용어가 사용되었다)의 증대가 한 나라의 성공을 나타낸다는 생각을 공격했다. 그는 인구 억제, 계획적 구식화(계획적으로 제품을 곧 구식이 되게 해서 또다른 소비를 유도하는 것 — 역주)의 중단, 물자의 재활용 등을 주장한 측면에서 시대에 조금 앞섰다. 그러나 패커드는 이 모두가 소용없을 수 있다는 점을 인정했다. 즉 미국에는 낭비적 소비의 삶에 대한 대안이 존재하지 않을 수 있다고 생각했다. 다시 말해서 패커드는 예언가인 동시에 현실주의자였다.

현실에서는 패커드의 이 일생에 걸친 한탄의 결과는 무엇이었을까? 한 서평자는 많은 독자들이 그의 작품에 환호하면서도 "그 비판적 메시지는 놀라울 정도로 수용하지 않는 것 같다"고 지적한다. 실제로 독자들은 패커드에게 편지를 써서, 출세하기 위해 동기부여 심리학을 어떻게 사용하면 될지 묻기도 했다!《출세주의자들》의 독자들은 신분 상승 방법을 알고자 열심이었다. 그런 면에서 이 책은 그들에게 유용한 정보를 제공한 셈이었다. 왜냐하면 이 책은 가장 높은 소득을 올리는 직업들을 밝히고, 또 높은 사회적 지위의 표식이 되는 자동차와 집, 출신 학교를 알려주었기 때문이다. 또한 기업 및 생산자들에게는 동기부여에 대한 연구를 더 하도록 부추기는 결과를 낳았다. 패커드가 개인적으로는 경멸했던 상품광고들은 나중에 패커드가 소개한 주제들을 이용하였다. 나는 패커드 자신이 이런 아이러니를 잘 알고 있었을 것이라고 믿는다.

그럼 이제 우리는 이 모두의 운명을 대충 짐작할 수 있게 된다. 호로비츠는 패커드의 비전은 "정직한 노동, 소박한 생활, 공동체 결속에 기반한 보다 나은 세상"이었으며, "그는 시민으로서의 책임에 기반한 도덕적인 삶을 지지했다. … 그는 물질적 발전을 도덕적 경제를 해치는 위협으로 보았고, 그 이점이라는 것에 대해 늘 회의적이었다"고 지적한다.

이런 패커드의 사고는 물론 훌륭한 것이었지만, 홍보기술을 갈고닦으려는 회사들이나 사회적 신분 상승을 위한 '내부정보'를 찾는 데 혈안이 된 독자들의 반응은, 이 현대판 이사야의 궁극적 유효성에 찬물을 끼얹었다. 그리고 그 후에 미국사회가 어떤 식으로 되었는지 ─ 기괴할 정도의 수준에 이른 과시적 소비, 레이거노믹스와 부(富)의 추구에 대한 전례 없는 몰두 ─ 를 보면, 패커드는 밤하늘에 빛나다가 사라진 혜성과 같은 존재였다고 볼 수밖에 없다. 미국이란 무엇인가 하는 관점에서 보았을 때, 이 정도가 일반적으로 대안적 전통으로부터 기대할 수 있는 최선일지 모른다. 그러나 그럼에도 멈퍼드와 갤브레이스, 레이첼 카슨, 폴 굿맨과 1950년대의 비트족을 포함한 이 세대의 구성원들은 대략 1965년부터 1980년에 이르는, 미국 역사상 매우 특이했던 시대를 예비하는 토대를 마련했다. 이 시기에는 상당히 많은 사람들이 대안적 전통의 명분에 동참했다. 그것은 1979년 카터 대통령의 연설('정신적 문제들')에서 최고점에 이르렀던 것인데, 내가 보기에 그것은 미국에 있었던 대안 전통의 최후의 몸부림이었다. 이후에는 허슬링과 레이건주의가 본격적으로 넘겨받아서, 2008년 경제파국조차 그 궤도를 바꾸어놓지 못했다.[36] 다시 한번 메시지는 분명하다. 16세기 후반의 미국의 모습은 오늘날에도 그대로이다. 공화주의를 포함해서 대안적 전통은 궁극적으로 미국 역사에 있어서 다만 귀찮은 존재, 혹은 일종의 막간극에 불과한 것이다.

1960년대에는 물론 많은 일들이 있었다. 가장 특기할 만한 것은 베트남전쟁에 대한 저항이었다. 이 시기는 우리가 살펴보려고 하는 주제 ─ 풍요에 대한 비판과 '허슬링 라이프'의 거부 ─ 에 있어서, 일시적이나마 이데올로기, 상징주의, 가치의 측면에서 커다란 중요성을 가진다. 이 시기를 1970년대와 더불어서 주류전통 내에서의 막간극이라고 할 수 있을지 모르겠는데, 아무튼 그것은 매우 극적인 것이었다. 노먼 O. 브라운의 《죽음에 대항하는 삶》(1959), 허버트 마르쿠제의 《일차원적 인간》

(1964), 필립 슬레이터의 《고독의 추구》(1970)와 같은 작품들은 심리학, 정치 이론, 사회학에 있어서 이정표였다. 이들 작품들은 테크놀로지-상업주의 사회의 파괴적 속성과, 그런 사회가 요구하는 막대한 인간적 희생을 가혹하게 가차 없이 드러냈다. 찰스 라이히의 《미국의 녹색화》(1970)와 시어도어 로잭의 《대항문화 만들기》(1969) 같은 베스트셀러들도 비슷한 내용을 그러나 훨씬 더 대중적인 방식 ― 흔히 그릇되고 피상적으로 ― 으로 말했다. 1967년의 영화 〈졸업〉은 '풍요'의 생기 없음에 대한 묘사로 기억에 남을 만한 작품이었고, 영화에서 더스틴 호프먼이 연기한 인물이 듣는 그 유명한 조언 ― '플라스틱' ― 은 새로운 경력이나 투자기회에 대한 것이기도 했지만 그에 못지않게 윗세대의 삶의 방식에 관한 언급이었다. 그리고 그러한 삶의 방식에 대한 거부는 어디서나 볼 수 있었다. 수많은 젊은이들이 섹스, 마약을 하고, 기성 '체제'에서 이탈하여 코뮌을 건설하거나 거기에 참여하고, 동양철학을 공부하고, 우드스톡에 모여들었다. 그리고 벤츠 자가용을 갖고 싶어 하는 중산층을 조롱하는 재니스 조플린의 노래 가사에 같이 웃었다. 주류문화의 관점에서 보자면, 미국사회는 완전히 미쳐 돌아가고 있었다. 한편 대안적 전통 ― 당시에 의외로 '살아있었던' ― 은 주류문화 쪽을 미쳤다고 보았으므로, 그건 관점의 문제였다.

이 운동에는 커다란 문제점이 몇 가지 있는 것으로 드러났다. 일단 그건 '운동'이 아니었다. 그것은 일반적으로 목적도 불분명한, '기득권층'에 대한 산만한 저항이었다. 그들의 정치적 견해라는 것은 대체로 '대안적 라이프스타일'이라고 할 수 있었다 ― 음악이나 옷차림 같은 것을 강조하고, 의식의 변화가 결정적 요소라는 생각에 굳게 근거하고 있었다. 이 반대자들은 대개 중산층이나 부유층 출신이 많았으며, 특히 1960년대에서 1970년대로 넘어가면서 그들은 주로 사회의 변화보다 개인적 차원의 변화에 관심을 두었다. 그리고 여러 차례 말했지만, 대안적 라이프스타일이 하나의 유행이 되고 수많은 최신 상품들과 광고에도 응용됨에 따라서, 이 모두는 쉽게 매디슨가(광고회사들이 밀집해 있는 뉴욕의 거리 이름, 광고업계를 상징함 — 역주)에 포섭되었다. 이 시대의 천박성과 자기 중심주의는 역설적이게도 마침내 대처주의와 레이건주의로 전이된다. 그리고 극도의 개인주의 시대인 1970년대에는 공격적인 허슬링 책들이 수없이 쏟아져 나왔다. 로버트 J. 링어가 쓴 에인 랜드(러시아계 미국인 소설가, 철학자, 극작가. 이기적이 되어 개인의 행복을 추구하는 것이 최선의 덕(德)이라고 주장하며 객관주의(Objectivism)라는 철학을 세웠다 — 역주)풍의 책들(《협박을 통해 성취하기》, 《일등을 찾아내기》, 《아메리칸드림 부활시키기》)이다. 누군가의 유명한 말처럼, '사랑의 여름'은 두 달쯤 지속되었다. 우드스톡과 월스트리트는 사실은 원래 그리 멀리 떨어져 있지 않았던 것이다.[37]

그렇지만 나는 많은 저술가들이나 역사가들처럼 이 시기에 대해 그렇게까지 냉소적이지는 않다는 점을 고백한다. 비록 대항문화의 에너지가 거대 상업주의로 흘러 들어간 것은 사실이었지만 말이다. 나는 1960년대는 1950년대에 갤브레이스, 패커드 같은 사상가들이 쌓아둔 사회적 분석과, 이후의 환경에 대한 사회적 관심을 이어준 중요한 가교 역할을 한 시기라고 본다. 또 그 풍조는 전세계에 파문을 일으켰다. 그중 많은 부분이 아무리 피상적이었다 해도, 그것은 수많은 사람들은 9시에 출근하여 5시에 퇴근하는 판에 박힌 생활이나, 보다 고급 자동차와 끝없는 경쟁, 물건을 사들이는 삶을 원하지 않을 수도 있다는 사실을 분명하게 보여주었다. 요컨대 이 시기를 단지 경박하고 쉽게 주류문화에 합병되었던 시대로 볼 수는 없다. 대대적인 '의미 찾기'의 시기였으며, 근본적인 철학적 질문들을 하고 그것이 공론화된 시기이기도 했다 — 인간이란 무엇인가? 우리는 이 지구 위에서 무엇을 하고 있는 것인가? 우리는 무엇을 원할 수 있고, 또 무엇을 원해야 하는가? 좋은 사회란 무엇인가?

이 시기는 많은 인물도 키워냈다. 그 모든 거품이 꺼진 다음에도 이상(理想)을 고수한 마리오 사비오, 톰 헤이든 같은 훌륭한 지도자들과, 또 훗날 (환경)오염과 빈곤 전문 변호사들이 되는 활동가들을 만들어냈다. 모든 사람이 제리 루빈(미국 사회운동가·반전운동가, 1960년대는 대항문화의 아이콘이었으나 1980년대에는 성공적 기업가로 변신하였다 — 역주)과 같은 길을 간 것은 아니었다.

전반적으로 볼 때 (그 시기는), 톰 울프의 표현대로, 실제로 극렬개인주의의 시대로 변해갔다. 그러나 이미 지적한 것처럼, 1970년대에는 풍요와 과시적 소비에 대한 비판과 연결된 진지한 환경운동도 분명히 일어났다. 환경운동은 자동차와 환경오염 같은 명백한 사안을 넘어 그 훨씬 너머에까지 나아갔다. 지구에는 수십억의 인구를 더 수용하거나(파울 에를리히의 《인구폭탄》(1968)은 엄청난 베스트셀러가 되었다), 미국이 그 완벽한 예를 보여주고 있지만, 끝없이 팽창하는 경제성장을 견뎌낼 부양능력이 없다는 사실이 점점 더 분명해졌기 때문이다. 1970년 4월 22일에 첫 '지구의 날' 기념행사가 열렸다. 그 후 70년대에는, 배리 커머너의 《원은 닫혀야 한다》(1971), 로마클럽의 《성장의 한계》(1972), E. F. 슈마허의 《작은 것이 아름답다》(1973), 게리 스나이더의 《거북섬》(1975, 이 책으로 스나이더는 퓰리처상을 받았다, 이 책에는 1969년에 발표된 그의 유명한 생태 에세이 〈네 가지 변화〉도 들어 있다) 등의 책들이 출판되었고, 로런스 록펠러는 1976년에 〈단순한 라이프스타일의 옹호〉를 《리더스다이제스트》에 발표했으며, 제임스 러브록은 《가이아》(1979)에서 지구는 하나의 살아있는 유기체라고 주장했다. 그 외에도 윌리엄 오펄스, 허먼 데일리, 에이머리 러빈스, 웬델 베리 등의 저작들과 《건전한 지구를 위한 목록》, 《어머니 지구 뉴스》와 같은 간행물들이 물밀 듯이 쏟아져 나왔다.[38]

환경론자들의 메시지에는 여러 요소가 포함되어 있었지만, 그중에서 가장 중요한 것은 지구자원이 고갈되어가고 있으며, 오직 보다 소박한 라이프스타일의 실천과 소비 억제만이 우리 자신과 지구를 구할 수 있다는 생각이었다. '소박한 생활과 고매한 사고' 그리고 '자발적 검약'은 명백히 정상상태 경제라는 생각과 함께 당시의 유행이었다. 성장을 위한 성장은 역겨운 것으로 치부되었고, 유기농법, 재활용, '적정(혹은 연성) 기술' 그리고 '인간적 규모' 같은 것들이 새로운 유행어였고, 활동들이었다. 이 중 상당수는 1973~1974년의 석유파동으로 촉진되었으며, 유류파동은 또 자전거 타기나 카풀 등도 불러왔다. 1970년대의 각종 여론조사 통계를 보면, 미국인 중 상당수가 검소한 생활과 자기절제의 라이프스타일에 매력을 느끼는 것으로 드러났다. 실제로 내핍과 금욕주의(이제는 긍정적으로 간주되었다)를 위해 경제위기가 필요하다는 생각은 이 시기에 인기 있는 주제였다. 〈뉴욕타임스〉의 편집인 제임스 레스턴은 이런 관점에서, 부족은 좋은 것이라고 생각했다. 그래서 그는 미국인들에게 "양을 줄이고, 속도를 늦추고, 외출을 삼가고, 이웃을 사귀고, 야채스프를 먹고, 옛 친구에게 전화를 걸어보고, 이따금 책을 읽으라"고 권했다. 그리고 물론 명상도 하고. 이 시기에는 불교도 크게 유행했다.

레이건이 대통령에 취임하고 주류전통이 돌아오자 이 모두가 사실상 민들레 홀씨처럼 날아가버린 것을 생각하면, 1970년대를 다시 살펴보며 당시의 변화가 지속될 것이라고 보았던 관점을 상기해보는 것도 흥미로운 일이다. 예를 들어 1979년에 역사가 레이 앨런 빌링턴은, 탐욕스러운 생활방식은 한계에 다다랐고, 미래의 역사가들은 1970년대를 미국문명의 전환점으로 평가할 것이라고 썼다. 또다른 역사가 리처드 브라운은 근대화란 개선을 뜻하는 것이 아니라고 하면서, 근대화가 가리키는 방향 —《1984》나 《멋진 신세계》에 묘사된 — 이 전근대의 전통사회보다 조금도 낫지 않다고 주장했다(클로드 레비스트로스의 영향을 받은 듯하다). 이러한 생각을 전개한 브라운의 책(1976년 발행)의 에필로그를 보면, 그는 사고방식에 있어서의 이 새로운 변화가 그대로 지속될 것으로 믿었음이 분명하다. 당시의 많은 사람들이 그렇게 생각했다. 요컨대 미국식 생활양식이 드디어 종말을 고하고, '작은 것이 아름답'고, '성장의 한계'가 존재하는 세계가 사실상 이제 미국의 새로운 사회·경제적 체제라는 것이었다. 브라운은 근대화의 자신감이 사라지고 있다고 썼다. 그것은 한때는 빛나는 희망이었지만 이제는 근심의 원천이었다. 미국인들은 이제 근대화를 자신의 개인적 삶과 사회, 자연환경을 파괴하는 것으로서 인식하게 되었다. 진보와 합리적 경제질서에도 의문이 제기되었다 — 이제 우리는 우리가 잘못된 길을 가고 있었다는 사실을 깨닫게 된 것이다. 이제 미국인들은 더이상 한없는 경제적 팽창을 신봉하지 않는다고 그는 결론지었다. 왜냐하면 우리는 드디어 "삶이 어떤 것이든 의미를 가지기 위해서는 존엄성과 인간적 규모가 필수적"이라는 점을 깨달았기 때문이다. 루이스 멈퍼드라도 이보다 더 잘 말하지는 못했을 것이다.[39]

바로 이러한 문화적인 분위기 — 적어도 지미 카터는 그런 분위기가 있다고 생각했다 — 에서 1979년 7월 15일, 지미 카터가 '정신적 문제들' 연설을 하게 되었던 것이다. 그것은 훌륭한 연설이었다. 내가 아는 범위에서 (미국의) 허슬링(전통)을 그 정도로 자세하게, 그것도 매우 분명하게 말한 대통령은 없다. 그러나 내가 《미국 암흑시대》에도 썼듯이, 카터는 이례적인 경우이다. 1973년까지의 미국의 역사를 생각하면 카터는 대통령으로 당선되는 것은 고사하고 후보로 지명되지도 말았어야 했다. 그러나 1974~1976년은 독특한 시기였고, 그래서 그는 거의 우연히 백악관에 들어갈 수 있었던 것이다. 그렇게 된 데에는 일단, 누추하고 부도덕한 모습의 오점을 가진 베트남전쟁의 패배가 1970년대 초에 있었다. 1974년에는 무뢰배, 마피아 같은 모습으로 퇴장한 공화당 출신 대통령의 불명예스러운 사퇴가 있었고, 그러고 나서 1975~1976년에는 CIA의 추악한 농간에 대한 상원의 청문회가 열렸다. 청문회에서는 민주적으로 선출된 칠레 대통령을 폭력적으로 몰아내는 계획에 CIA가 어떻게 관여했는지에 대한 내용도 논해졌다. 아랍의 원유 수출 중단은 수입 에너지에 의존하고 있는 현실, 즉 미국경제의 취약성을 날카롭게 드러냈다. 그리고 이것은 결국 다시 무한한 경제확장 이데올로기에 대해 의구심을 불러일으켰다. 나라가 길을 잃고 헤매고 있다는 점은 분명한 사실이었다. 미국인 자신의 눈에도 미국은 약해 보일 뿐만 아니라 추해 보이기까지 했다. (바로) 그런 때에 정치적으로 비교적 알려지지 않았던 다크호스가 나타나서 이런 모든 사실을 솔직하게 말하면서 (기독교적 수사(修辭)를 사용해가며) 미국은 진지한 성찰을 해야 하며, 나라 안부터 바로잡고 남(특히 소련) 탓하기를 멈추어야 한다고 주장했던 것이다. 개발도상국에 무기를 팔고, 독재자와 고문 체제를 지원하는 것은 미국이 할 일이 아니라고 카터는 말했다. 품위, 존엄, 인권, 민족자결권, 바로 이런 것들이 미국이 관심을 가져야 할 것들이라고 했다. 매우 짧은 시간 ― 그의 재임기의 첫 2년 정도까지는 그 메시지는 공감을 일으켰다.[40]

대통령 취임연설에서 카터는 보다 많은 것이 반드시 좋은 것은 아니라는 도전적인 선언을 했다. 이것은 이와 밀접하게 관련된 에너지 소비문제와 함께 카터 행정부의 주요 주제가 되었다. 그 자신이 존경했던 E. F. 슈마허 ― 1977년 백악관에 초대하기도 했다 ― 처럼, 이 새 대통령은 '검소한 (생활)방식'을 의도적으로 실천했다. 취임식이 끝나자 카터는 국회의사당에서부터 백악관까지 걸어서 갔다. 그는 대통령 전용 요트를 팔아버렸고, 그 외에도 공식적인 부(富)를 과시하는 요소들을 없앴으며 이어서 대통령 관저 지붕에 태양전지판(로널드 레이건에 의해 1986년에 철거되었다)을 설치했다. 그가 미국인들에게 보내는 메시지는 분명했다. 당시의 분위기와, 널리 퍼지고 있는 것처럼 보였던 완전히 새로운 삶의 방식에 대한 욕구를 생각하면, 미국사회를 돌려놓기 위한 최적기인 것 같았다.[41]

하지만, 미국인들은 기억력이 매우 나쁘고, 이 점은 카터에게 불리하게 작용했다. 1979년 즈음이 되자 미국인들은 워터게이트와 베트남의 수치로부터 회복했고, 더욱 무력에 의지한 군사적 외교정책으로 돌아가고 싶어 했다. 카터에게는 차츰 '자유주의자'(미국 정치에서의 의미로)라는 딱지가 붙게 되었는데, 그것은 마치 치욕의 표지인 것 같았다. 이때가 되어서는 미국 삶의 모든 분야에서 다시 평소대로 돌아가려는 강한 욕구가 있었다. 카터는 이런 맥락에서, 국민들에게 미국을 병들게 하고 있다고 자신이 생각한 것에 대해 연설했던 것이다. 카터 대통령이 알고 있었는지 모르겠지만, 1979년경에 이르면 그는 확실히 세상의 흐름에 역행하고 있었다. 미국이 안고 있는 문제의 근원이 가치체계의 심각한 결함이라는 카터의 신념을 생각할 때, 그가 구약성서에 나오는 예언가들처럼 되는 것은 피하기 어려운 일이었다. 카터는 연설에서 '문제들(malaise)'이라는 단어를 실제로 사용하지는 않았지만, 그는 바로 그것에 대해 이야기하였다. "근면한 노동과 탄탄한 가족, 긴밀한 공동체, 신에 대한 신앙을 자랑스럽게 여겼던 나라에서,"

이제는 너무나 많은 사람들이 방종과 소비를 숭배하게 되었습니다. 인간 정체성이 그의 행위가 아니라 그의 소유물에 의해서 규정되는 세상이 되었습니다. 그러나 우리는 소유하고 소비하는 것이 의미를 가져다주지 않는다는 사실을 알게 되었습니다. 우리는 물질을 쌓아올리는 것으로는 자신감도 목표도 없는 삶의 공허함을 채울 수 없다는 사실을 알게 되었습니다.

이어서, 우리는 "분열과 이기심으로 이어지는 길을 선택할 수도 있습니다. 그 길의 끝에는 자유에 대한 잘못된 생각, 다른 사람을 제치고 자신의 이득을 움켜잡을 권리가 있"다고 카터는 말했다. 다른 길, 우리가 가야 할 길은 "공통의 목표와 미국적 가치를 회복하는" 길 — 한마디로 공

화주의였다.[42]

이 대통령은 대체 어디에서 온 것일까? 눈에 띄는 한 가지 사실은, 그가 미국 남부 출신이라는 점이다. 이 연설은 남북전쟁을 앞두고 남부사람들이 북부를 향해서 혹은 북부에 대해서 한 말(사실 꼭 그대로 말했었다)과 같이 들렸다. 4장에서 다루겠지만 남부는 스스로를 미국적 가치와 고전적인 의미에서의 선(善)의 전통적 대변자라고 보았고, 북부는 허슬링하고, 탐욕스럽다고 보았다. 남부 백인들처럼 카터는 진실성과 단순함을 강조했다. 그리고 저명한 지성인 세 명을 새로이 고문으로 삼았다. 대니얼 벨, 크리스토퍼 래시, 로버트 벨라가 그들이었는데, 이들은 하나같이 미국식 삶의 방식의 방탕함과 쾌락주의적인 면에 대해서 우려하거나 혹은 심지어 분노하는 저술들을 발표했다. 대니얼 벨은 《자본주의의 문화적 모순》(1976)에서 '공공복리를 희생하면서 개인의 영리를 취하려는 유혹'을 비판하면서, 미국은 그 지향하는바, 본질적으로 허무주의적이라고 단언했다. 로버트 벨라는 《깨진 약속》(1975)에서 '이 사회는 잔인하고 비정한 곳'이라고 하면서, 미국에는 사람이 자기자신을 넘어서는 행동을 하게 만드는 동기가 거의 없다고 썼다. 따라서 미국의 미래는 부흥이 아니라 쇠퇴라고 그는 예견했다. 크리스토퍼 래시는 베스트셀러 《나르시시즘 문화》(1979)에서, 소비와 경쟁적 개인주의의 윤리는 만인의 만인에 대한 전쟁으로 이어졌고, 그 결과 미국문명은 끝장나고 있다고 주장했다. 래시는 후일에 미국의 생활방식을 '뿌리 없는 삶', '새로운 것에 대한 갈망과 과거에 대한 경멸', '타율적인 일상' 등등의 빛나는 구절로 묘사했다. 그것은 1930년대의 '12인의 남부인'(미국 남부 출신의 저술가, 시인, 수필가, 소설가들로 구성되어 남부의 농본주의 전통을 옹호하는 선언문 《나의 입장을 취한다 - 남부와 농업전통》을 공동으로 저술, 1930년에 출판한 그룹을 지칭, 지도자는 존 크로 랜섬 - 역주)들의 사고방식을 완벽하게 포착하고 있었다.[43]

물론 카터의 연설에는 문제가 많이 있었고, 그것들은 언론에 의해서 분해되고 논란이 되었다. 하지만 가장 중요한 문제는, 그 연설이 미국인들이 실제로 원하는 것과 너무나 동떨어져 있었다는 점이었다. 그 많은 환경보호운동에도 불구하고, 대부분의 미국인들은 소비를 계속하기를 바랐던 것이다. 미국인들은 자신들의 삶을 상당한 정도로 변화시키는 데에는 관심이 없었는데, 대통령은 바로 그것을 요구하고 있었다(달리 말하면, 이것은 케네디의 취임연설과 같이 '시'처럼 받아들여질 수 없었다). 카터는 "다른 사람들을 제치고 자신의 이익을 차지할 권리"에 반대하면서 '미국적 가치의 회복'을 요청했는데, 역사를 볼 때 전자야말로 미국의 가치체계이며 그것은 결코 최근에 생겨난 '이상한' 행동이 아니라는 사실을, 카터는 이해하지 못했던 것이다. 카터는 정말로 미국이 독립전쟁 당시의 공화주의의 맥을 이을 수 있다고 생각했던 것일까? 그는 어떤 형태의 회복을 염두에 두었을까? 소로? 멈퍼드? 남북전쟁 전의 남부(노예제는 빼고)? 흔히 하는 말대로, 이제 그만 좀 하자. 실제로 이 연설이 끝난 뒤에 몇몇 의원들이 카터의 정신건강에 대해 의문을 제기하려 했다는 사실은 놀랄 일이 아니다. 그건 아마 수사(修辭)가 아니었을 것이다. 왜냐하면 미국에서는 사익이 곧 '선(善)'이며, 공공복리에 대한 순수한 헌신은 정신이상 혹은 극단적 멍청함으로 치부되었기 때문이다. 카터가 시도했던 것은 거의 400년간의 미국 역사를 되돌리려는 것과 같은 일이었다. 환영받을 수 없었다.[44]

로널드 레이건은 이듬해에 대통령 선거기간 중, 카터와 "그의 고문들은 워싱턴의 자유주의 단체 일반이 갖고 있는 문제들을 마치 나라 전체의 병인 것처럼 오해했다"고 공격했다. 일리가 있는 말이었다. 어느 비평가가 말한 것처럼, "베스트셀러는 정치적 운동으로 이어지지도 않고, 또 일반 대중의 여론을 깊이 있게 반영하는 것도 아니"다. 《출세주의자들》의 경우에 이 말이 맞다면, 《건전한 지구를 위한 목록》과 《작은 것이 아름답다》라고 별다를 리 없었다. 환경운동의 상당부분이 거품이었다. 즉 그 생각들은 지식인들 사이에서, 칵테일파티의 화제 이상으로 깊이 나아가지 못했다. 1970년대에 일어난 변화 중에서 정말로 광범위하게 확산되었거나 지속되고 있는 것은 별로 없었다. 적어도 이때까지의 환경운동은 일종의 '금욕적인 유행'에 불과했다. 소비주의로부터 소박한 생활로 가치가 전환했다는 판단은 매우 과장된 것이었다. 미국의 대중은 성장의 한계에 대한 실교나 한탄, 태양에너지의 이점 등에는 관심이 없었다. 오히려 그들은 다시금 지독히 소비하기를 원했고, 따라서 그들에게 그렇게 할 수 있고 또 그렇게 해야 한다고 말한 레이건이 압도적인 표차(489 대 49)로 당선된 것은 실로 당연했다. 이란 인질 사건을 탓할 것도 없었다. 미국 역사에서의 주류전통을 생각하면, 레이건이 카터를 이긴 것은 식은 죽 먹기였다.[45]

취임식 후에 카터는 펜실베이니아가(街)(워싱턴의 미국 국회의사당에서 백악관에 이르는 거리 – 역주)를 걸어서 백악관으로 갔다. 그러나 레이건은 당장 리무진을 대령하라는 기세였다. 그는 결코 어디에도 걸어서 가지 않을 터였다. 레이건의 취임식 비용은 자그마치 1,100만 달러에 육박했다. 낸시 레이건의 의상에 2만 5,000달러가 들었고, 나중에 그녀는 20만 달러를 들여서 백악관의 식기세트를 새로 마련했다. 〈워싱턴포스트〉의 한 칼럼니스트는 전용 비행기, 보석이 박힌 부츠,˙ 모피코트 목록을 보고 '경악할 만한 소비주의'에 구역질이 난다고 썼다. 그러나 미국 대중은 그렇지 않았다. 그들은 카터의 검소한 차림, 카디건스웨터와 중저가 브랜드 구두에 신물이 나 있었고, 대리만족이지만 새로운 부(富)에 참여하는 것을 즐겼다. 미국 대중에게는 바로 이게 미국이었다. 몇달 후에 〈U.S.뉴스앤월드리포트〉는 "'소유한다면 자랑하라'식 생활방식이 온 나라에 번져가고 있다"고 선언했다. 대통령은 "미국이 돌아왔다"고 선언했는데, 이 말은 지쳐 쓰러질 때까지 쇼핑을 하라는 말처럼 들렸다.[46]

선거 포스터에서 말보로맨 포즈(담배는 빼고)를 취했던 레이건은 자신이 하고 있는 일을 잘 알고 있었다. 미국은 끝없는 변경, 한계 없는 세계를 상징했다. 레이건은 일국의 정부로서 그런 세계를 추구하면서, 순식간에 국채를 세 배로 만들어서 3조 달러를 넘겼다. 그는 그렇게 미국 시민들에게도 같은 것을 부추겼다. 앤드루 바세비치는 레이건을 가리켜, "방탕의 선도자 ─ 소비제국에 도덕적 허가를 내어준 정치가"라고 썼다. 레이건의 아메리칸드림에는 "신용거래에는 한도가 없고, 결제 기일은 영원히 오지 않는다"는 믿음이 포함되어 있었다. 실상을 말하자면, 레이건은 말로만 재정 보수주의를 외쳤다. 말은 그렇게 하고 행동은 다르게 했다. 그는 자신이 주장한 이데올로기를 따르지도 않았고, 한 번도 의회에 균형예산을 제출한 적이 없었다. 레이건은 "무엇이 미국인들을 움직이는지 알고 있었기 때문이다. 그들은 자기부정이 아니라 자기만족을 원했다." 제2차 세계대전 이후에는 개인저축이 가처분소득의 평균 8~10퍼센트였는데, 1985년에 이르러서는 거의 0퍼센트가 되었다.[47]

돌이켜보면 미국식 삶에 대한 카터의 '서술' ─ 기본적으로 대안적 전통에 기초한 ─ 이 레이건의 그것과 결코 경쟁할 수 없었다는 점은 분명하다. 카터는 내적인 풍요와 외적인 검약을 요청했고, 레이건은 미국인들과 매우 잘 공명하는 조합인 외적인 풍요와 내적인 공허를 주장했다. 실로 그 효력이 증명된 레이건의 공식의 가장 큰 매력은, 외적 풍요가 내적인 공허를 보상해주리라는 것이었다. 자기성찰 같은 것은 필요 없었다. 참으로 많은 면에서 레이건은 (미국 행정부의) 이후 30년, 아니 그 이상의 시기 동안 본보기로서 군림했다. 그 사이의 유일한 민주당 출신 대통령(빌 클린턴 대통령을 말함 ─ 역주)조차도 복지시스템을 없애고, 미국의 병을 해결하기 위해 경제성장에 매달린, 사실상의 공화당이었다. 2000년의 닷컴 붕괴는 이 궤도의 미미한 문제에 불과했고, 2008년 대붕괴도 레이거노믹스나 레이건식 세계관에 변화를 가져오지 못했다. 케인스를 부활시키자는 논의도 조금 있긴 했지만, 오바마 대통령은 붕괴를 유발한 바로 그 이데올로기를 신봉하는 신자유주의자들을 경제자문으로 임명했고, 공적 자금을 지원하여 은행과 부자들을 구제했다. 1980년대에 레이건이 저축과 대출 파탄에 대해서 취한 조치와 똑같았다. 그리고 2010년 1월이 되자 미국인들은 다시 소비로 돌아가서, 소비자신용 거래는 50억 달러가 증가했다. 레이건 재임기간 동안의 낭비와 거대한 부채는 그 후 수십 년 동안 반복되고, 불어났다. 이 체제의 완전한 파멸 없이는 이 추세는 계속될 것이라고 믿을 근거는 충분하다. 왜냐하면 바로 이것이 미국인들의 가장 깊은 열망 — 그들의 진정한 종교이기 때문이다. 이것이 카터가 이해하지 못한(어쩌면 직면하고 싶지 않았던) 미국 역사와 미국식 삶의 슬픈 실상이다. 지금까지도 여론조사를 해보면 미국인들은 로널드 레이건을 존경하는 대통령 중의 하나로 꼽는다. 그는 미국인들에게 하나의 동화(童話)를 제공했던 것인데, 미국인들은 그렇게 할 수만 있다면 언제나 현실보다 디즈니를 선택할 것이다.[48]

그러나 대부분의 미국인들이 믿고 있는 바와는 달리, 디즈니 버전은 현실이 아니다. 그리고 환상에 빠지면 파멸에 이르게 마련이다. 우리는 2008년에 바로 그것을 목격했다. 그러나 개리슨 케일러(미국의 풍자 작가, 방송인 — 역주)가 지적한 것처럼, 그때조차 미국인들은 "눈으로 현실을 보면서도 그 현실을 부정하는" 놀라운 능력을 갖고 있다. 그 결과란 지각이 있는 사람이라면 누구나 예측할 수 있을 것이다. 미국에는 불행한 일이지만, 미국인 중에는 분별력이 있는 사람이 많지 않은 모양이다. 일반적인 통념과는 달리 월스트리트와 메인스트리트(일반 보통사람들을 가리킴 — 역주)는 그리 멀리 떨어져 있지 않다.

제2장 월스트리트의 지배

부(富)처럼 보이는 것이, 실은 지대한 영향을 가져올 몰락으로 가는 길로 인도하는 도금된 표지일 수 있다. … 부를 획득하는 방향을 제시하는 일이 도덕적 근원에 대한 고려 없이 가능하다는 생각은 … 인간을 악덕으로 꾀어들이는 온갖 것들 중에서도 가장 뻔뻔하게 헛되다.

— 존 러스킨(Unto This Last)

경제성장으로 인류는 물질적 결핍에 대해 승리를 거둔 것이 아니다. 오히려 경제성장으로 인류는 물질적 결핍에 예속되었다.

— 리처드 이스털린(Growth Triumphant)

1980년대를 돌아보면 상당히 익숙한 광경을 보게 된다. 신문·잡지 가판대는 〈돈〉이라는 잡지와, 그와 유사한 번쩍이는 간행물들로 채워져 있었다. 여피식 라이프스타일이 늘 뉴스에 등장하고, 재무설계가 대유행이었다. 스티브 잡스, 도널드 트럼프, 빌 게이츠가 주연 영웅들이었고, 〈다이너스티〉나 〈댈러스〉 같은 백만장자들에 관한 텔레비전 쇼프로그램들이 매우 인기가 있었다. 1985년 〈비즈니스위크〉의 한 기사는, "소비자들의 소비가 경제를 건강하게 하고 있다"고 선언했다. 여피들은 퀴진아트(주방가전 상표 - 역주)나 최신 유행 식품류(그레이푸풍 머스터드, 다농 요구르트), 카폰, 소니 워크맨, VCR, 홈비디오게임 시스템 그리고 온갖 종류의 첨단기기를 어떻게든 소유해야만 했기 때문이다. 미국인들은 불과 1981년에서 1985년 사이에, 전자레인지 6,200만 대, VCR 6,300만 대, 세탁기와 건조기 5,700만 대, 승용차 및 소형 트럭 8,800만 대, 컬러텔레비전 1억 500만 대, 무선전화기 3,100만 대 그리고 전화자동응답기 3,000만 대를 구입했다. 쇼핑센터에는 70억 차례 드나들었고, 마침내 가정용 컴퓨터(PC)와 쇼핑채널 등이 이 사재기 열풍에 더해져서, 1982년에 100만 달러에 불과했던 홈쇼핑 매출이 1989년에는 14억 달러에 달했다. 1980년대 중반이 되면 한 사람이 보유한 신용카드 개수가 평균 7장이 넘었다. TV나 대중잡지의 광고들은, 매력적인 남녀들이 고급 레스토랑에서 식사를 하고, BMW를 운전하며 세련된 사무공간에서 번쩍이는 컴퓨터 앞에 앉아 있는 모습을 보여주었다. 이른바 '좋은 삶'은 확실히 계속될 것 같았다.[1]

이런 생활방식을 정당화한 이데올로기로, 뉴에이지 버전으로 재포장된 노먼 빈센트 필(목사, 《긍정적 사고의 힘》의 저자 - 역주)의 '긍정적 사고의 힘'이 있었다. 테라피, '회복'그룹, 자기계발서, 베르너 에르하르트의 'est'(집중적 커뮤니케이션 및 자기계발 워크숍인 'Erhard Seminars Train-ing'의 약자 - 역주) 등등, 그것이 어떤 형태이든 간에, 생각이 현실을 결정하며 따라서 긍정적인 사고와 결합한 개인의 노력이 성공의 열쇠라는 관념이, 레이건으로부터 클린턴까지의 미국을, 문자 그대로 뒤덮었다. 재니스 펙이 《오프라 시대》에서 보여주듯이, 그것은 신자유주의 시대에 맞는 완벽한 철학('신학'이라고 하는 것이 더 정확할지도 모르겠다)이었다. (그리고) 오프라 윈프리가 가장 눈에 띄는 대변인이었다. 오프라가 실제로 레이건을 지지한 일이 없다 해도, '끌림의 법칙'(긍정적 사고를 하면 긍정적 현실이 뒤따르고 부정적 사고는 부정적 현실을 낳는다는 법칙 ─ 역주) 뒤에는 자신의 현실은 스스로가 만든다는 생각, 즉 성공과 축재의 길을 생각해내는 책임을 개인에게 지우는 철학이 있다. 그 당연한 귀결로서, 성공을 하지 못했다면 그것은 의지박약이거나 '제대로 사고하기'에 실패했기 때문이 된다. 실제로 '자유'는 이제 세련된 소비주의, 허슬링, 사이비 종교색이 가미된 자기선전 등으로 정의되었다. 오프라는 자기자신을 가난을 딛고 성공한 궁극의 자수성가 스토리로 제시하지만, 실제로 그녀의 경력을 가능케 한 것은, 흑인의 정치활동과 공민권운동이다. 사회정치적 문맥의, 말하기 곤란한 사실들은 〈오프라윈프리쇼〉에서의 '분석'에서는 체계적으로 제외되었다. 즉 핵심적인 경제적 현실은 필연적으로 묵살되거나, 개인적 심리의 문제로 축소되었다. 마르크스주의나 사회학적 혹은 사회비판적 성격의 논의는 축소되기 일쑤였다. 부유함뿐만 아니라 가난도 결국에는 개인의 선택이라고 그녀는 되풀이하여 언명하였고, 이것은 레이거노믹스와 이후의 자유방임경제 이데올로기와 매우 잘 부합하는 것이었다(노숙자들은 그들이 원하기 때문에 노숙자가 되었다고 레이건 대통령이 말한 적이 있음을 상기해보라). 이러한 관념은 일단 여피들을 만족시켰다. 이로써 그들은 자신들의 경제적 성공이 개인적 노력과 각자의 자질(특히 정신적인)에서 비롯된 것이라고 해석할 수 있었기 때문이다. 재니스 펙이 지적했듯이, 2000년에 이르면 오프라의 '영적 자본주의'는 '매우 예외적인 소비자층'을 획득하게 되었고, 덕분에 포드, 마이크로소프트, ABC/디즈니, 그 외에도 수많은 기업들을 스폰서로 끌어들일 수 있었다(내가 보기엔 바로 이 사실이야말로 이 모두가 심각하게 잘못된 것이라는 점을 보여주는 가장 확실한 증거이다). 대중이 그녀에게 환호한다는 사실은, 미국인들이 전반적으로 자본의 축적을 삶의 목적이라고 생각하며, 소비재를 풍부하게 소유하는 것을 지향하는 것이야말로 올바른 정신자세(혹은 심지어 신(神)이 재가한 것)라고 생각한다는 증거이다. 레이거니즘과 같이, 또하나의 판타지일 뿐인 이와 같은 관점에서는, 풀뿌리 정치조직화는커녕 사회적 맥락도 별로 크게 나타나지 않는다.[2]

한편 레이건 대통령은 국가부채가 3배가 되도록 과도한 재정지출에 열중하는 것 외에 또 무엇을 하고 있었던가? 첫째로 그는 부자들을 더욱 부유하게 만들었다. 80년대에는 미국의 상위 1~2퍼센트 가구에 나라 전체의 소득이익(이자나 배당에 의한 수입 - 역주)의 대부분이 돌아갔다. 고소득에 대한 낮은 세금과 기업들에 대한 규제완화는, 미국의 상위 0.01퍼센트의 소득을 1980년에서 2007년 사이에 7배나 증가시켰다. 그러나 평균적인 미국 가정의 소득은 레이건 재임 동안에 거의 변동이 없었다. '적하효과' 경제학은 기본적으로 사기였다. '흘러내린' 것은 거의 없었기 때문이다. 미국 제40대 대통령 레이건의 실제 철학은, 윌리엄 그라이더가 지적하듯이, "강자는 독려하고 약자는 버린다"였다. 중산층은 쥐어짜이고, 빈곤율은 증가했으며, 산업별 임금은 정체되고, 미국 노동계에 대한 대대적 탄압과 함께 미국 제조업의 손실은 갈수록 증가했다. 나라는 더욱 인색해져서, 전체적인 모습은 더욱 노골적으로 유례없이 자기자신 외에는 의지할 데가 없는 각자도생의 사회가 되었다. 레이건 시대의 승리주의는 가짜였다. 끝없이 팽창하는 거품이었고, 거짓된 것이었다. 《심판의 날》에서 벤저민 프리드먼은, 레이거노믹스를 '집단적인 국가적 어리석음'으로 규정했다. 1980년에 세계 최대 채권국이었던 미국이 1986년에는 최대의 채무국으로 전락한 사실을 지적했다. "이런 식의

경제적 안녕은 환상이었다. … 미국은 멋대로 파티를 열고 그 청구서는 미래로 보냈다"고 그는 썼다.[3]

그러나 실상은 이보다 더욱 파괴적이었다.《신자유주의 역사 개관》에서 데이비드 하비는, 레이건이 염두에 두고 있었던 것은 일반적인 금융자본 － 그 자체로 이미 파괴적인 － 을 넘어서는 것이었다고 지적한다. 세계화와 신자유주의 경제학은 하나의 윤리, 즉 인간의 모든 활동을 시장이 통제해야 한다는 믿음을 구성한다고, 그는 말한다. 레이건 재임기에 미국은 바로 그 '신자유주의 국가'가 되었고, 또 미국은 이것을 세계의 다른 나라들에 수출하기로 결정했다. 필요하다면 무력을 사용해서라도(그래서 이 시기에 평시(平時)로서는 미국 역사상 최대 규모의 군사력 증강이 이루어졌다). 이런 관점에서는 국가기구의 기본목적은 자본축적이 되고, '자유'와 '자유기업'은 동일한 것이 되어버린다. 하비에 의하면, 전국에 걸쳐서 국민복지는 사라지고 사내복지로 대체되었다. 그 결과 사회적 응집력이 점점 더 약화되었다고 그는 결론짓는다. 결국 범죄와 성매매가 증가하고, 심지어 '노예제'(뉴욕에까지 노동착취공장들이 다시 돌아왔다)마저 나타났다. 무력감과 불안감이 전반적 사회 분위기가 되었고, 그런 채로 이제 상당한 시간이 경과하였으며, 미국은 이것을 다른 나라들에까지 파급시켰다. 이 윤리는, 세계적인 차원에서 수십 억의 인구는 더욱 가난하게 남겨두면서, 극소수의 엄청나게 부유한 엘리트들을 만들어낸다. 한편 중산층 － 남아 있기라도 하다면 － 에게 있어서는 삶은 곧 쇼핑으로 축소되어, "표면적으로는 신나지만 핵심은 공허한, 가짜 만족의 세계" 속에서 살게 된다.[4]

1990년대가 되어서도 이런 패턴이 사라지지 않았다. 1993년 클린턴 대통령 취임식에는 3,300만 달러라는 엄청난 비용이 들었다. 클린턴의 주안점은 경제였고, 클린턴 행정부의 암묵적 의제는 "모두 돈을 벌자!"로 요약될 수 있었다. 이때는 닷컴 거품과 그 몰락의 시기였고, 선(善)과 동일시된 부(富)의 전성기였다. 그리하여 나라 전체가 일에 과도하게 빠져들었다. 2000년의 평균적인 미국의 부부는 1990년보다 연간 7주나 더 많이 일을 했다. 사람들은 끊임없이 이익을 보려고 사기를 치고, 끊임없이 앞서 나가려고 다투고 있었으며 휴대전화, 호출기, 팩스, 음성메일, 이메일 등 온갖 것을 통해서 언제나 대기상태에 있었다. 부모들이 아이들과 보내는 시간도, 부부가 같이 보내는 시간도 줄어들었다. 미국인들이 '나 홀로 볼링'(2000년에 발간된 R. D. 퍼트남의 책 제목, 1950년 이래 미국에서 사회적 자본(인간관계)이 쇠퇴하고 있다는 내용 - 역주)을 하게 되면서, 우정은 사실상 과거지사가 되어버렸다. 시장은 신성시되었고, 경제 전문가들은 부자들이야말로 삶의 진정한 승자들이라고 떠들어댔다. 1995년에는 미국 인구의 1퍼센트가 미국의 부의 47퍼센트를 소유하고 있었고, 1995~1999년 사이의 시장상승의 86퍼센트가 가장 부유한 10퍼센트에게 돌아갔다. 1998년에서 2001년(엔론 스캔들(미국 에너지기업 엔론사(社)의 파산으로 이어진 희대의 회계 부정 사건 - 역주)이 터진 해) 사이에 천 명의 기업 중역들은 스스로에게 660억 달러를 급여와 보너스로 지급했다. 퀘스트사(社)의 임원들은 직원들의 연금으로 책정된 금액 중 23억 달러를 빼내서 착복했다. 2002년에는 퀘스트, 월드컴, AOL 외에도 수많은 회사들의 기업부정이 줄줄이 드러났다. 한편으로는 《하느님은 당신이 부유해지길 바라신다》, 《예수님, CEO》와 같은 제목의 책들이 서점의 서가를 채웠고, 《옆집 백만장자》(1996)는 200만 부 이상 팔렸고 3년이 넘게 베스트셀러 목록에 들어 있었다. 이 책들의 메시지는 누구나 부자가 될 수 있다는 것이었다. 오프라와 마찬가지로 수즈 오먼(재정 조언가, 동기부여 연설가, 텔레비전쇼 진행자 - 역주)은 돈의 흐름을 '영성'과 관련지으며, PBS방송에서 자신의 시청자들에게 거의 똑같은 내용을 이야기하였다. 그러는 동안 실질임금은 하락했다. 1990년대에 노동자들은 1960~1970년대에 비해서 형편이 훨씬 좋지 않았다. 1996년에는 개인파산 신청이 처음으로 100만 달러에 달했다. 빈곤층에 대한 대책으로 클린턴 대통령은 미국 기업들에게 불황에 빠져 있는 지역사회에 투자하기를 독려했는데, 그것이 도덕적으로 옳기 때문이 아니라 그렇게 하는 것이 기업 자신들을 부유하게 만들어줄 것이라는 이유에서였다(어쨌든 기업들은 그런 일을 하지 않았다).[5]

예상할 수 있듯이 조지 W. 부시의 재임기간은 최악에 속했다. 2001년의 취임식에는 4,000만 달러가 들었고, 2005년에도 비슷한 정도의 비용(인플레이션을 감안해서)이 들었다. 2000년 10월의 알프레드 E. 스미스 기념만찬(매년 10월, 뉴욕대주교가 주최하는 불우 어린이들을 위한 자선 모금행사, 1960년 닉슨 - 케네디 이후 미국 대통령 후보가 선거 전에 통상 마지막으로 치르는 공식 행사 ─ 역주)에서, 부시는 800달러짜리 식사를 앞에 두고 있는 청중들을 보며 농담조로 "가진 자들과, 더 가진 자들"이라고 불렀다. "여러분을 엘리트라고 부르는 사람들이 있지만, 저는 여러분을 저의 기반이라고 부릅니다"라고 부시는 말했다. 그러나 부시는 농담을 한 것이 아니었다. 그는 바로 돈에 대해서 말한 것이었다. 이라크전쟁이 진행되면서 부시는 자신의 '기반'에 대한 감세조치를 취했다. 즉 전쟁의 비용은 나머지 미국인들이 부담해야 한다는 뜻이었다(실제로 전장에 나가서 싸우다 죽는 것도 고래로 이 나머지 인구들이다). 이 시기에 사익(私益)을 위해서 공공부문에 행해진 약탈은 ─ 나중에 존 케네스 갤브레이스의 아들은 '약탈 국가'라는 표현을 쓰게 된다 ─ 전례가 없는 높이(보다 정확하게 말하면 최저 수준)에 달했다. 보통의 미국인들에 대해서 말하자면, 9·11 이후 대통령은 국민들에게 디즈니랜드에 놀러 가라고 권했으며 정치인들은 쇼핑을 하라고 몰아댔다(로버트 라이시는 이것을 '시장애국심(market patriotism)'이라고 불렀다). 앤드루 바세비치는, 전반적으로 "부시 행정부는 평균적인 시민들이 전쟁은 무시하고 다시 소비에 몰두하기를 바랐다"고 쓰고 있다. 개인저축은 계속 하락하고 있었고 총 공공부채는 2006

년에 9조 달러(GDP의 거의 70퍼센트)를 넘어서고 있었다. 바로 그 전해에 200만 명(150명에 1명꼴)의 미국인들이 파산 신청을 했다.[6]

2008년 대통령선거와 함께 바뀐 것은 거의 없다는 이야기는 이미 했다. 오바마는 선거운동 당시 "실종되었던 활력과 기업가정신"을 거론하면서 로널드 레이건을 칭송하였다. 그리고 그렇게 하는 과정에서 지미 카터가 시도했던 것을 묵살하게(그리고 오해하게) 되었다. 오바마의 취임식에는 역대 최고들과 어깨를 견주는 4,500만 달러의 비용이 들었고, 레이건식 패턴, 즉 표면의 번쩍임과 그 밑의 사람들의 고통, 공공부문에 대한 강탈은 빠르게 지속되었다. 2009년 8월에 〈뉴욕타임스〉에 실린 글에서 경제학자 폴 크루그먼은 "워싱턴은 … 여전히 레이거니즘의 지배를 받고 있다"고 지적했다. 그리고 이어서 이렇게 적고 있다. "나는 사실 레이거니즘은 현실에서 실패함으로써 끝장날 것이라고 생각했다. … 그러나 그것은 마치 좀비 같다. 죽었어야 마땅한데도 끊임없이 되살아나는 것이다. … 현재의 정치현실의 놀라운 점은, 얼마나 아무것도 변하지 않는가 하는 점이다." 앞서 지적했듯이, 오바마의 경제자문들은 신자유주의자들이고, 그중 한 명인 로런스 서머스(규제완화의 주요 지지자)는 나중에 공적 자금이 투입되도록 자신이 도와주는 은행들로부터 뒷돈(대부분 터무니없이 후한 액수의 강연료 형태로)을 받고 있다는 게 명백해졌지만, 오바마는 눈곱만큼도 질책하지 않았다(서머스는 2010년 11월에 오바마의 자문역을 그만둔다). 벤 버냉키는 2009년 연방준비제도이사회 의장으로 재임용되었는데, 그해에 발행된 재무성 백서(〈금융규제개혁〉)에는 2008년 파국이 왜 일어난 것인지에 대해서, 심지어 이해하려는 시도조차 없었다. 이런 일련의 현상들은, 오바마 행정부는 월스트리트를 어떻게 개혁할지를 알지 못하며, 어쩌면 어떤 경우에도 그런 개혁을 하고 싶지 않아 한다는 사실을 암시한다(아니면 참으로 괴이하게도, 월스트리트의 '혁신'이 문제를 해결할 수 있다고 보는 것일 수도 있다. 즉 다시금 미국은 '진보'에 의해 발생한 병폐를 '진보'가 치료할 것으로 기대한다). 어느 관찰자가 지적하듯이, "월스트리트의 상당부분은 이미, 2008년 위기 이전에 광범위하게 이루어졌던 모험적 파생상품의 창출과 매매, 그리고 매우 높은 보상을 포함한 공격적인 관행으로 돌아와 있다." 조지프 스티글리츠는 "오바마 정부는 시스템을 새롭게 설계하는 대신 기존의 실패한 시스템을 강화하는 데 대부분의 돈을 투입했다"고 덧붙인다. 처음 시작은 7,000억 달러의 긴급구제로 출발했지만 그 금액은 곧 12조로 불어났고, 결국 19조 달러가 넘었다. 또 재무성은 이 자금의 수혜자들에게 그 돈을 어떻게 사용했는지 보고하도록 요구할 수 있었는데도, 그러지 않았다. 이것은 부정과 부패의 가능성이 높음을 뜻한다. 경제전문가 딘 베이커가 지적하는 대로이다. 이것은 정부가 "가장 부유한 사람들에게 돈을 나눠 주고 있다"는 사실을 대중이 깨닫지 못하도록 하면서 은행들에 보조금을 주는 방법이다. 오바마의 전략은 기본적으로, 월스트리트에게 좋은 것은 미국을 위해서도 좋은 것이라는 것이다. 틀림없이 레이건도 찬성했을 것이다.[7]

월스트리트가 미국을 지배하고 있다는 주제는 지난 몇 년간 제법 진지한 보고서들에서 다루어졌다. 〈롤링스톤〉의 저널리스트 맷 타이비 그리고 공익에 헌신하기 위해서 골드만삭스 관리이사직을 그만둔 노미 프린스 ─ 그런 전통이 남아 있기라도 하다면 말이다, 어쨌든 그녀는 현재 진보적 싱크탱크 데모스의 선임연구원으로 있다 ─ 는, 둘 다 연방정부와 골드만삭스의 밀월 관계에 대해서 썼다. 골드만삭스는 본질적으로 자신들의 동창들로 재무성과 연방준비제도이사회를 꽉 채워서, 이제는 월스트리트가 월스트리트를 감시하는, 나아가서는 월스트리트가 정부를 감시하는 상황이 되었다. 타이비는 이를 '흡혈귀 오징어'라고 부른다. '조폭 엘리트'라는 표현도 적절할 것이다. 이것은 공적 자금 지원의 전(全) 과정이 여우가 닭장을 지키고 있는 격이라는 사실을 이해하면 훨썬 분명해진다. 그렇게 해서 골드만삭스 대표이사 헨리 폴슨이 2004년에 재무장관이 되고, 대표이사직은 로이드 블랭크페인이 승계하는데, 스스로에게 보너스로 900만 달러를 지급한 것에 대해, 오바마는 그를 '수완 좋은 사업가'라고 칭찬한다("나도, 대부분의 미국인들과 마찬가지로, 타인의 성공이나 부를 시기하지 않는다. 그것은 자유시장체제의 일부이다"). 클린턴 밑에서 재무장관을 지낸 전(前) 골드만삭스 대표이사 로버트 루빈은 오바마로 하여금 자신의 두 후배 로런스 서머스와 티머시 가이트너를 각각 선임 경제자문과 재무장관으로 임명토록 하였다. 가이트너는 골드만삭스의 로비스트 마크 패터슨을 수석보좌관으로 뽑았고, 골드만삭스의 동업자였던 게리 겐슬러를 오바마는 상품선물거래위원회 위원장으로 선택했다. 타이비가 지적하듯이, 이 모든 겹치기 인사(人事)를 알아차리거나, 또는 여기에 관심을 가지는 사람은 거의 없는 것처럼 보인다. 혹은 그렇지 않으면 그들은 경험이 풍부한 행정관들이 연방정부에서 중요한 재정적 결정을 내리는 것이 사리에 맞다고 주장한다. 타이비는 이렇게 말한다.

부시 정권하에서 '엔론'이 에너지정책에 관여하는 자리를 돈으로 하나 사면, 누구든 곧바로 그것이 무엇을 의미하는지 안다. 레이건이 악명 높은 노조탄압 전문가들을 연방 노동위원회 위원들로 임명하면, 모두 그게 무엇을 뜻하는지 안다. 그렇다면 투자은행가들에게 은행정책을 운용하게 하고, 투자은행에 공적 자금(긴급구제)을 나눠 주는 일을 투자은행가들이 맡도록 하는 일이 무엇을 의미하는지도 우리는 마땅히 알아야 한다. 그러나 무슨 이유에서인지 이 일에 대해서는 같은 식으로 보지 않는 것 같다.[8]

골드만삭스에 대한 2009년 〈롤링스톤〉의 악명 높은 폭로기사에서, 타이비는 다시 한번 골드만삭스와 연방정부 사이의 긴밀한 관계를 자세히 설명하고, 그들이 1990년대에 엉터리 주식(이익이 발생하지 않을 것이라는 사실을 알고 있었다)을 대대적으로 선전해서 결국은 닷컴 폭락사태를 가져오는 경과를 보여준다. 그리고 그 후에는 불량 담보물들을 묶어서 그것을 보험회사나 연금기금 등에 판매하여 결국은 거대한 독성 채무 시장을 만들어냈음을 보여준다. 그들에게는 노인들을 길바닥에 나앉을 위험에 처하게 하거나 미국경제를 붕괴시킬 수 있다는 사실이 아무렇지도 않았다. 타이비는 이렇게 결론 내리고 있다.

> 나스닥에서 5조 달러가 증발하는 데 기여하고, 연금생활자들과 도시 재정에 무수한 독성 담보물을 저당물로 넘기고, 휘발유 가격이 갤런당 4달러로 인상되는 데 기여하고, 온 세계의 1억 인구를 기아로 내몰고, 자신들의 예전 대표이사의 주재하에 일련의 긴급구제를 시행해 납세자들의 돈 수백억 달러를 확보한 골드만삭스는, 2008년 미국인들에게 얼마를 토해냈는가?
> 1,400만 달러였다.

이 액수는 실효세율(실제 조세부담률) 1퍼센트에 해당한다고 그는 덧붙인다. 저널리스트 크리스 헤지스가 "알카에다보다 골드만삭스 같은 기업들이 미국에 더 위험한 존재이다"라고 말하는 것은 결코 허튼소리가 아니다.[9]

한때 골드만삭스에 있었던 사람으로서 노미 프린스는, 자신의 예전 동료들이 나라 걱정은 조금도 하지 않으며, 자신들의 사적 이익과 권력에만 지대한 관심이 있다는 사실을 아주 분명히 한다. 그들이 잘 보이려고 하는 상대는 그들 서로일 뿐인데, 윤리적인 고려를 하는 행위는 그런 맥락에서 역효과를 초래할 것이다. 그들은 자신들의 특권적 위치가 운명이라고 믿으며, "대중에게 자신들의 행위를 설명하거나 회개나 겸손 비슷한 것이라도 보여야 할 필요가 없는 높은 위치에 자신들이 있다"고 생각한다고 그녀는 쓰고 있다. 2010년 4월, 마침내 상원이 골드만삭스의 경영에 대해 청문회를 열어 몇몇 임원들을 소환했을 때 그것은 사실임이 드러났다. 혐의의 목록은 꽤 광범위했다 ― 2007년 주식시장 폭락 시에 고객들을 속였다, 회사 자체의 담보물들의 가치를 떨어뜨리고, 그 담보물에 불리한 내기를 하고, 구매자들에게 자신들이 무슨 일을 하고 있는지 전혀 알려주지 않았다, 또 독성 담보자산들을 아무것도 모르는 고객들에게 떠안겼다, 등등이었다. 여러 명의 상원의원들이 골드만삭스의 내부 서류들을 소리 내서 읽었는데, 그중에는 골드만삭스 임원들이 부동산 경기 쇠퇴 속에서 회사가 이익을 내도록 자신들이 어떻게 기여했는지를 자랑하거나, 회사의 서브프라임 거래들을 외설적으로 묘사하는 것들도 있었다. 상관없었다. 골드만삭스 사람들은 자신들의 행위에 대해서 조금도 후회하는 빛을 보이지 않았고, 자신들이 무책임했으며 2008년의 위기에 책임이 있다는 점을 결코 인정하려 들지 않았다. 몇몇은 자신들이 이 금융붕괴의 피해자라고 주장했다. 그리고 실제로 골드만삭스의 관행은, 그들이 핵심적인 역할을 하고 난 뒤의 그리스 경제위기가 증명하고 있듯이, 전과 다름없이 계속되었다.[10]

이런 기업들과 개인들이 역겹기는 하지만, 앞에서 보았듯이, 이들도 400년도 더 전에 시작된 오래된 역사적 과정의 일부일 뿐이다. 처음에는 기업가정신과 자신감에서 시작되었지만, 리처드 헨리 다나가 썼듯이(이 책의 제사(題詞)를 보라), 이것은 필연적으로 매우 파괴적인 힘이 되었다. 허슬링 문화가 결국에는 조폭 엘리트들에 의해 경영되는 폭력배 문화로 진화했다는 사실은 놀랄 일은 아니다. 일편단심으로 추구하는데 결국 어디로 가겠는가? 리처드 파워스가 (1999년 최고 역사소설로) 제임스페니모어쿠퍼상을 수상한 자신의 작품 《게인(Gain)》에서 보여주듯이, 18세기

보스턴에서 비누와 양초를 만들던 작은 기업이 20세기 후반에는 거대한 제약회사가 되어, 결국 강을 오염시키고 암을 유발하면서 자신의 족적을 은폐하려고 하는 것이다. 이미 막대한 급여를 받고 있으면서 거기에 더해서 900만 달러의 보너스를 받아야겠다고 생각하는 사람의 심리는 어떤 것일까? 허슬링은 한계를 인정하지 않는 마약이고, 이제는 우리 모두를 죽이는 '흡혈귀 오징어'가 되었다.

노벨상 수상자 조지프 스티글리츠는 "금융시스템은 목적을 위한 수단이 되어야지 … 그 자체가 목적이 되어서는 안된다"고 적고 있다. 이런 발언에서 그는 존 메이너드 케인스나 심지어 어떤 면에서는 존 윈스럽(15쪽 참고)의 공화주의와 공명하고 있다. 사실을 말하자면, 우리의 금융시스템을 생각할 때, 탐욕스러운 은행가들은 그저 다른 사람들도 다 하고 있는 것 혹은 하고자 하는 것을 하고 있었던 것뿐이다. 그들은 2008년의 위기상황을 이용해서 "대중들의 지갑으로부터 갈취하여 자신들의 재산을 불렸다." 그들의 '도덕적 타락'과 빈곤층·중산층에 대한 착취는 끝이 없었는데, 그것은 돈이, 그들의 '삶의 최종 목적'이기 때문이다. 스티글리츠는 이어서 말한다. "일본이라면 회사의 파산과 수천 명 종업원들의 실직에 책임이 있는 그 회사의 대표는 할복자살을 할지도 모른다. 영국에서는 회사가 실패하면 대표는 사임한다. (그런데) 미국에서는, 자기가 받을 상여금 액수를 가지고 다툰다."[11]

이 모두가 사실이기는 하다. 그러나 다시 말하지만, 허슬링으로 정의되는 문화에서는 현금이, 말 그대로 모든 사람에게 있어서, 삶의 최종 목표이다. 바로 그렇기 때문에 골드만삭스를 비롯한 기업가 집단만을 비난하는 것은 궁극적으로 무의미하다. 왜냐하면 월스트리트와 메인스트리트(일반인, 주류 대중을 가리킴 ― 역주)는 거의 완전히 수렴되기 때문이다. 만약 당신이 이 문화의 가치를 공유하고 그것에 따라서 행동한다면, 또는 오바마 대통령처럼 로이드 블랭크페인을 존경하고 그가 받은 보너스가 정당하다고 생각한다면, 혹은 정신없이 쇼핑에 몰두하고 부를 추구하는 것이 삶이라고 생각한다면, 그리고 공공부문이나 공공복지에 대해서는 관심이 없고 소로나 지미 카터를 웃기지도 않은 농담이라고 여긴다면, 그렇다면 당신은 당신 자신의 작은 방식으로 이미 조폭 엘리트 집단의 일부인 것이다. 아무리 그들이 비난받아 마땅하더라도, 월스트리트가 되었건 어디가 되었건, 적들을 완전히 '저쪽 어딘가'에 두는 태도는 어딘가 순진하고 솔직하지 못한 측면이 있다. 그것은 "오늘 차많이 막힌다"고 불평하는 것과 비슷하다. 당신도 고속도로 위에 있다면, 실상은 당신 자신이 바로 그 정체의 일부(원인)인 것이다. 매우 적절한 제목이 붙은《신은 미국을 구원하지 않을 것이다 ─ 국가적 정신병》에서 조지 월든이 쓰고 있듯이, "한 나라의 특성은, 좋은 것이든 나쁜 것이든, 그 국민의 기질과 자질을 반영하기 마련이다. 플라톤이 말한 대로 그것들이 대체 어디서 오겠는가?"[12]

그러는 동안에 미국인들은 다시금 능력이 닿는 만큼 소비하는 데 몰두하기 시작했다. 일 ─ 그나마 일자리가 있을 때 얘기지만 ─ 과 TV 시청을 빼면, 정말이지 미국인들에게 남는 것이 무엇이 있는가. 2009년 1월호《네이션》에서 정치학자 벤자민 바버는 위의 질문에 대해서 긍정적인 답을 내놓으려고 시도하고 있다. 물론 그것은 대안적 전통을 부활시킨다는 뜻이다. 바버는 우리에게 필요한 것은 '정신의 혁명'이라고 주장한다. 그는, 오바마와 오바마 경제팀 전체의 문제 ─ 실은 온 나라의 문제이지만 ─ 는, "미국의 상업을 이끌어가도록 소비시장을 되살린다는 충동에 대해서 아무도 의문을 품지 않는다는 점"이라고 말한다. 그는 이어서 우리에게 필요한 것은 문화를 중요하게 생각하는 것이라고 말한다. 예를 들어서 창조적 사고를 배양하기 위해서 정부 내각에 예술·인문학 분야의 직책을 설치하는 것이다. "쇼핑하지 않고 우리가 할 수 있는 모든 일들 ─ 놀고, 기도하고, 무언가를 만들고, 서로 사귀고, 읽고,

걷고, 듣고, 아이를 낳고 — 예술을 창조하고, 친구를 만들고, 가정을 이루고, 사랑을 나누는 것을 상상해보라"고 그는 적고 있다. 요컨대 "이상주의가 이제 새로운 현실주의가 되어야 한다." 그러나 사실 바버 교수는 이 모두가 어떻게 현실화될 수 있는지에 대해서는, 간곡한 권고와 자발적인 노력 외에 아무런 제안을 하지 않는다. 교수 자신조차도 이 모두가 실현될 것이라고 믿지 않는 게 아닌가 하는 느낌을 독자는 받게 된다. 그의 멈퍼드류 감수성은 감탄스럽지만, 그의 글을 읽으면서 나는 솔직히 이 사람이 제정신인가 싶었다. 공익보다 사유재산을 상위에 두는 관념에 너무나 충실한 나머지, 우리는 (예를 들면) 유럽인이나 캐나다인, 일본인들이 당연하게 생각하는 것들을 상상조차 하지 못한다. 가령 의사의 왕진, 유급 출산휴가, 노동자들이 유급휴가와 유급 병가를 해마다 몇 주씩 받는 것 등이다. 정신적 삶의 측면에서 봐도 우리 미국인들은 많이 읽고, 많이 걷고, 경력보다 우정을 우위에 놓고, 예술을 창조하는 사람들이 아니다. 그러나 바버 박사가 바보는 아니다. 그는 이런 사실을 알고 있으며, 독자들도 마찬가지일 것이다. 말 그대로, 쓰러질 때까지 (2008년은 가벼운 예고편일 뿐이다) 우리는 허슬링을 계속할 것이다. 그것 하나만큼은 분명하다.[13]

말하자면 '종말'에 대해서 이야기하기 전에, 먼저 '허슬링 라이프'의 부산물에 대해서 몇 마디 하고자 한다. 우리가 대안적 전통을 거부하고 지금껏 살아온 대로 산 결과, 이 모든 실험의 맨 끝에서 이 나라에 무슨 일이 일어났을까. 당장의 경제적 상황부터 보자. 2008년의 주택 및 주식 시장 붕괴로 인해서 14조 달러에 달하는 가계자산이 소멸되었다. 공식적 통계에 의하면 인구의 10퍼센트가 실업상태라고 하지만 실제로는 20퍼센트에 더 가까울 것으로 생각된다. 월스트리트 회사들이 계속해서 스스로에게 커다란 상여금을 지급하고 있는 바로 그때에, 이전에 중산층이었던 사람들이 무료급식소 앞에 줄을 서고 있다. 2010년 초에 〈뉴욕타임스〉는 "실업자 수백만 명이 앞으로 여러 해 동안 직장을 구할 가능성이 없는 현실을 마주하고 있다"고 선언했다. 이 기사에 의하면 노동 전문가들은 "경기가 활황세를 회복한다고 하더라도 수많은 사람들이 앞으로 여러 해 동안 실업상태로 있을 것"이라고 말하고 있다고 한다. 일자리가 희귀해진 것처럼, 복지도 축소되었다. 44개(2006년 기준) 주(州)에서 3인 가족이 복지혜택을 받기 위한 자격은 월(수입) 1,383달러로 제한되어 있다. 수백만의 미국인들이 살 집을 잃어버렸다. 한편 오바마 정부는, 앞서 본 것처럼, 엄청난 액수의 돈을 전부 부자들에게 쏟아붓고 있다. 늘 그랬던 것처럼, 나머지 우리들은 스스로 살 길을 찾아야 한다. 아이들이 유아기에 죽거나 빈곤 속에서 성장할 확률이 다른 많은 선진국들에서보다 미국에서 더 높다는 사실을 알게 되더라도 우리는 너무 놀라지 말아야 할 것이다.[14]

미국의 범죄율 통계도 경악할 만한 수준이다. 전세계 총 수감자의 25퍼센트가 미국의 감옥에 갇혀 있다. 보호관찰이나 가석방까지 포함하여 교정(矯正)시스템에 구속되어 있는 사람들까지 헤아린다면 그 비율은 31명당 1명에 이른다! 1998년에서 2008년 사이에 교도소시스템에 들어간 비용은 공영주택 예산의 4배에서 30배로 불어났다. 심각한 정치적 혼란에 빠진 나라들(예를 들어 콜롬비아)을 제외하면, 미국의 살인율은 세계에서 가장 높다(2000년 기준 인구 10만 명당 5.5명). 이것은 프랑스와 영국의 4배, 독일의 6배이다. 또 주목할 만한 사실은, 유럽에서는 살인율이 점차 줄어들고 있는 반면 미국의 살인율은 애초부터 유럽보다 높았다는 점이다.[15]

극도로 탐욕스럽고 경쟁적인 사회, 믿을 건 자신밖에 없다는 철학을 신봉하는 사회에 범죄와 폭력이 난무하리라고 짐작하는 것은 그리 어렵지 않다. 예를 들어 어느 여론조사에서는 미국인의 24퍼센트가 자신의 목적을 위해서 폭력을 사용해도 된다고 생각하는 것으로 나타났다. 더

구나 랜돌프 로스(《American Homicide》)와 게리 라프리(《Losing Legitimacy》)의 저작들은, 폭력적인 범죄가 빈번히 발생하는 것이 단지 우리 문화만의 영향이 아니라 우리의 정치의 결과이기도 하다는 점을 시사한다. 범죄율과 정부에 대한 신뢰 사이에 반비례 관계가 있는 것으로 보이기 때문이다. 로스는 "통계를 보면 20세기 동안, 빈곤층을 격려하거나 국민의 신임에 따라 통치를 한 대통령 재임기간에 살인율도 낮아지는 것이 분명하게 나타난다"고 적고 있다. 이것은 또한 공익의 강조가 범죄를 억제하는 반면, 사익의 강조는 범죄를 조장한다는 사실을 시사한다고 볼 수 있다.[16]

나는 '허슬링 라이프'의 가장 심각한 부작용은 그것이 만들어낸 정서적 분위기라고 생각한다. 그리고 미국인들은 그 속에서 살아갈 수밖에 없는 것이다. 그것은 내면의 불행을 만들어내고, 또 그 불행을 반영하고 있다. 몇년 전에 나는 볼티모어에서 메릴랜드대학병원에 간 적이 있다. 화장실에 갔는데, 한 사람이 쓰러져 있고 다른 한 사람이 그를 일으키려고 애쓰고 있었다. "누구 불러올 테니 조금만 기다리세요"라고 나는 말했다. 화장실 밖에 나와서 내가 가장 먼저 마주친 사람은 경찰관이었다. 내가 상황을 설명했더니, 그는 자신은 그곳에서 일하는 사람이 아니며 그런 일이라면 병원의 입원환자 창구로 가보라고 했다. 환자 창구에서는 나를 경비담당 부서로 보냈고, 그곳에서는 119에 전화를 하겠다고 말했다. 나는 경비직원에게 어느 화장실인지를 알려주기 위해서 나를 따라오라고 했고, … 그는 나를 따라오기는 했지만 그곳을 지나쳐서 그냥 걸어가버렸다. 내가 "바로 여기예요, 여기 사람이 쓰러져 있어요!"라고 외쳤는데도 말이다. 그는 뒤돌아보지 않았고, 119에서도 결국 아무도 오지 않았다. 내가 만난 그 누구도 죽어가고 있을지 모를 사람을 도와주기 위해서 단 5분의 시간을 쓰려고 하지 않았다. 그들은 그저 자신을 내버려두기만을 바랐다.[17]

3년 뒤에 나는 TV에서, 어떤 여성이 브루클린에 있는 킹스카운티병원 대기실 바닥에 엎어져 쓰러졌는데, 한 시간이 지나서야 누군가가 확인을 했고, 그때는 이미 죽어 있었다는 뉴스를 보았다. 뉴스 화면은 같은 대기실에 앉아서 쓰러지는 여성을 보면서도 아무것도 하지 않는 사람들을 보여주었다. 보안직원이 한번씩 들여다보고는 가버렸다. 나는 그 사람들을 만나서, "그 여성이 의자에서 미끄러져 떨어져서 바닥에 엎어져 있는 걸 보면서 당신은 무슨 생각을 하고 있었나요?"라고 물어보고 싶었다. 그러나 나는 어떤 대답이 돌아올지 알고 있다. "아무 생각 없었는데요." ("내 알 바 아니죠"라는 대답도 있을 것이다.) 미국인들이여, 바로 이런 타인에 대한 무감각이야말로 미국식 삶의 본질이다.[18]

우리는 어쩌다가 이 지경까지 온 것일까? 이 중 어느 것도 미국식 삶에서 예외적인 경우가 아니다. 그렇다고 생각하면 마음은 편하겠지만 그것은 진실이 아니다. 위에서 지적한 대로 허슬링 문화는 결국 폭력배 문화로 진화할 수밖에 없고, 폭력배들은 월스트리트에만 있는 것이 아닌 것이다. 병원 대기실에서 사람이 죽어가는 것을 무심하게 지켜보고 있는 것도 폭력배이다. 워싱턴 D. C.의 정신요법 의사인 더글러스 라비어는 미국사회에 팽배한 이런 행동유형을 가리켜서, 공감결손장애라고 부른다. 이것은 기본적으로 남에 대해서는 조금도 아랑곳하지 않는 태도를 가리키는 복잡한 용어일 뿐이다. 라비어는, 공감능력은 인간이 원래 타고나는 능력(자연스런 감정)이지만, 미국사회는 부의 획득과 사회적 지위에 집착하고 내적 성찰을 피하는 사회이기 때문에, 미국인들은 어려서부터 그 능력을 상실하게 된다고 주장한다. 미국에서 살아본 나 자신의 경험에 비추어 보면 그것은 어떤 분위기, 환경을 이루고 있다. 일상생활 속에서 사람들로부터 이런 식의 '자폐적 적대감'을 느낄 수 있다. 이는 일종의 '영혼의 부재'로 드러나는데, 워싱턴 D. C.(이곳에서 나는 8년을 살았다)는 그 완벽한 예이다. 해리 트루먼이 한 유명한 말이 있다. "이 도시에서 친구를 갖고 싶다면 개를 키워라." 그러나 말할 것도 없이, 이것은 이 나라의 수도(首都)에 국한된 이야기가 아니다.[19]

경쟁과 탐욕은 공감뿐만 아니라 간단히 말하면 인간적인 애착의 가능성까지도 박살을 낸다. 미국인들은 얼마나 외로운 사람들인가! 1985년에서 2004년 사이에 '중요한 일'을 의논할 상대가 없다는 사람들의 숫자는 3배로 늘어나서 (인구의) 25퍼센트에 달하게 되었다. 그리고 2000년도 인구조사에 의하면, 전체 가구 중 25퍼센트 이상이 1인 가구였다(1940년에는 7.7퍼센트). 이는 세계적으로 매우 높은 수치 ─ 가장 높은 게 아니라면 ─ 이며, 뉴욕시의 경우엔 48퍼센트에 이른다. 문제는 애착에 대한 욕구는 인간의 심령의 중심에 있는, 선천적 욕구라는 점이다. 우울증뿐만 아니라 사회적 고립이 조기 사망의 요인이 된다는 사실을 밝힌 연구가 다수 존재한다. 우울증은 말할 것도 없다. 미국에서 우울증 비율은 1960년 이래 꾸준히 증가하고 있으며, 젊은이들의 자살률도 1960년과 2000년 사이에 3배로 늘었다. 토머스 루이스와 그의 동료들은 미국식 가치체계에서 벗어나는 데 성공한 사람만이 행복을 얻는다는 결론을 내리고 있다. "우리의 삶이 시들어 먼지로 사라지기 전에, 인간이 과연 얼마나 더 번영을 견디고 살아남을 수 있을지 곰곰이 생각해보아야 한다."(《A General Theory of Love》)[20]

〈NPR뉴스〉의 주필인 딕 메이어는 《왜 우리는 우리 자신을 미워하는가》에서, 끝없는 소비주의와 부에 대한 숭배(이 두 가지 모두 〈뉴욕타임스〉가 적극적으로 장려하고 있다고 그는 지적한다)의 문화적 영향에 대해서 매우 잘 묘사하고 있다. '감정적 영양실조'가 제일 처음 거론되는데, 미국인들은 인간관계의 결핍으로 고통받고 있기 때문이다. 우리 모두 너무 막돼먹고 공격적이 되어버렸기 때문에 ─ 운전 중 분통 터뜨리기, 몹시 불쾌감을 주는 휴대전화 사용, 폭력적인 노랫말, 무심하게 하는 저속한 행동 등 ─ 많은, 아니 어쩌면 대부분의 미국인들이 주변의 타인과의 접촉을 최소한으로 하면서 방어적인 생활로 물러났다. 미국의 문화는, 쉽게 발끈하고 걸핏하면 논쟁과 호전적 행동이 일어나는 문화가 되어버렸다. 메이어는 공적 생활이 "미묘하게 더욱 악의적으로" 변했다고 한다.

　　당신은 타인의 튀어나온 이두박근에 새겨진 '엿 먹어라'는 문신을 말없이 눈여겨봐야 한다. 당신은 레스토랑에서 옆자리에 앉은 뻔뻔한 여성이 휴대전화에 대고 자신의 산부인과 검진에 대해 시시콜콜 이야기를 늘어놓는 것을 들어야 한다. 당신은 운동복 반바지며 티셔츠, 야구모자 차림을 한 사람들과 함께 극장 공연을 관람해야 한다. 밤에는 굉음을 내며 지나가는 자동차 소리에 간이 떨린다. 그리고 이런 것들에 대해서 불만을 표출하면, 당신은 속물 취급을 받는다. 아니면 괴짜나 혹은 남의 행동까지 지배하려고 드는 독재자로 치부된다.[21]

이것이, 이제, 미합중국의 일상이다.

　미국인들이 이러한 상황에 대처하는 방법 중 한 가지가 자기개발 안내서를 보는 것인데, 그러나 실은 이것들도 동일한 이데올로기에 기반하고 있다. 사회학자 지그문트 바우만은 소비주의를 논한 자신의 책에서, 그런 베스트셀러 심리학 도서들은 우리에게 스스로를 하나의 개인 기업으로 취급해서 투자하라고 부추기며, 관계를 단절시키고 신뢰하지 말라고 권한다고 쓰고 있다. 이렇게 해서 길러지는 사람들은 돌봄이 필요하지도 않고 또 남을 돌보고 배려할 줄도 모르는 인간들이다. 거기서 이상(理想)은 개인 소비자들의 낙원, 개별 개인들이 물건들을 자유롭게 손에 넣을 수 있는 사회이다. 그러나 그렇게 되지는 않는다. 딕 메이어는, 개인들이 "자발적으로 전통과 공동체 그리고 사회로부터 단절되어 성립하는 것"은 애초에 불가능하다고 말한다. 세계의 행복도에 대한 비교연구를 보면, 미국인들은 심지어 미국이 번창하던 시절에도 별로 행복하지 않은 것으로 나타난다. 대개 다른 나라보다 한참 아래이다. 건강이나 환경보호 같은 요소까지 포함하는 지구행복지수(Happy Planet Index)에 따르면, 미국은 전세계에서 150위이다. 전세계에서 소비되는 우울증 치료제의 3분의 2를 미국인들이 구매하고 있고, 2008년 한 해 동안에만 1억 6,400만 건의 항우울제 처방전이 쓰여졌다는 사실은 분명히 시사하는 바가 있다. 미국 국립정신건강연구소(NIMH)는 매년 미국인 1,400만 명이 주우울증에 시달리고 있다고 추정하는데, 심리학자 게리 그린버그는, 이것은 미친 세상 ─ 혹은 끊임없이 허슬링하는 세상이라고 덧붙일 수 있을 것이다 ─ 에 대한 당연한 정상적 반응이라고 주장한다.[22]

아마도 이러한 존재방식이 가져오는 가장 파괴적인 결과는, 의미의 결핍이 만연하는 것이다. 그것을 크리스 헤지스는 '도덕적 허무주의'라고 부르며 다음과 같이 묘사한다.

우리는 대학교들을, 회사에서 빈둥거리는 사람을 만들어내고 국방에 관련된 보조금, 자금을 쫓아다니는 직업인을 찍어내는 공장으로 전락시켜버렸다. 한 걸음 뒤로 물러나 '의미'와 '목적'이라는 포괄적인 도덕적 질문을 하게 만들고, 구조들의 타당성에 도전하고, 자기성찰적으로 문화적 전제(前提)들에 대해 비판적이 되도록 훈련시키는 학문인 인문학은 시들어버렸다. 그런 지적이고 도덕적인 의심을 권장해야 할 언론은, 빵과 서커스를 뉴스와 혼동할 뿐만 아니라, 이런 보너스 지급이나 저런 구제금융 따위가 아니라 기업국가 자체의 치명적인 상부구조를 공격하는 비판의 목소리에는 발언권을 주지 않는다. 우리는 연민과 불운한 사람들을 위한 희생이나 정직(正直)을 일축하는 소비사회의 건축가들에 의해 정교하게 구축된 자아예찬의 문화 앞에 무릎을 꿇는다. TV 리얼리티쇼, 경영대학원, 자기개발 전문가들에 따르면, 원하는 것을 손에 넣기 위한 방법은 아무래도 좋다. 항상 돈과 권력으로밖에 정의(定義)되지 않는 성공은, 그 자체가 스스로를 정당화한다. 남을 조종할 수 있는 능력이야말로 가장 높은 평가를 받는다. 그런데 우리의 도덕적 타락은 우리의 경제적 몰락만큼이나 무섭고 위험한 것이다.[23]

많이 들어본 이야기인가? 이것이 지금 편재하고 있고, 이것은 400년에 걸친 허슬링의 결과이다. 헤지스는 기업국가는 '남을 조종하는 인물'(테오도어 아도르노를 인용해서)을 추켜세워 대중이 이상(理想)으로 삼도록 만든다고 말한다. 그럼 대체 그건 누구인가.

　남을 조종하는 인물은 뛰어난 조직능력을 갖고 있지만 진정한 인간적 경험은 할 수가 없다. 그 사람은 정서적 불구이며 과대평가된 현실주의에 휘둘린다. 남을 조종하는 인물은 시스템 관리자이다. 그 사람은 오직 기업구조를 유지하도록 훈련을 받는데, 바로 이런 이유로 우리의 엘리트들이 천문학적인 금액의 돈을 골드만삭스나 AIG 같은 기업에 쏟아붓고 있는 것이다.

　이 조종하는 인물들 ― 로런스 서머스(경제학자, 제8대 국가경제회의 위원장, 클린턴 행정부 1999~2001년 재무장관 ― 역주), 헨리 폴슨(골드만삭스 최고경영자 출신, 조지 부시 행정부 재무장관 ― 역주), 로버트 루빈(골드만삭스 회장, 클린턴 행정부 1993~1995년 경제정책 보좌관 및 1995~1999년 재무장관 ― 역주), 벤 버냉키(경제학자, 앨런 그린스펀에 이어 연방준비제도이사회 의장 역임 ― 역주), 티머시 가이트너(오바마 행정부 초대 재무장관 ― 역주), AIG의 에드워드 리디, 골드만삭스 CEO 로이드 블랭크페인은, 미국의 지배층 대부분이 그렇듯이 기업의 돈과 권력을 사용해서 우리의 학교교실과 공중파, 그리고 의회에서의 토론을 협소한 틀에 가두어놓고, 그렇게 하면서 이 나라를 약탈했다.

그러니까, 이것이 미국이다. 이것이 우리 모두가 살아가고 있는 곳이고, 정도의 차이는 있지만 이것이 우리 모두의 모습이다. 아메리칸드림의 그늘을 형성하는 우울증과 피로, 비만, 아동자살, 심장질환, 이혼, 투옥, 부채, 파산 등에 관한 통계는 이미 수많은 학자, 언론인, 분석가들에 의해서 철저하게 연대순으로 기록되었으며, 그것들은 이런 식의 삶의 결과를 분명하게 하고 있다.[24]

그럼, 이제 미국의 쇠퇴에 대해서 이야기해보자. 이 나라의 붕괴는 진행되고 있는 매일 벌어지고 있는 일이며 우리 모두의 삶에 하나의 요인이 되어 있다. 우리는 허슬링을 통해서 스스로 무덤을 향해 가고 있는 한 국가의 자살을 목격하고 있다. 그러나 이 시점에서 우리에게 필요한 것은, 로마제국과 비교하는 것(물론 그것은 맞지만)을 넘어서, 이것이 어떻게 진행되고 있는지 그 개요를 이해하는 것이다. 아래에서 나는 내가 생각하기에 우리에게 일어나고 있는 일이 무엇인지, 그 구체적인 모델을 제시하려고 한다.

첫 번째로 지적할 것은, 풍요란 언제나 상대적인 것으로 절대적인 것이 아니라는 점이다. 사람은 사회적인 존재로서, 비교를 통해서 ― 그리고 당연히 마찬가지로 상대적(그리고 주관적)인 ― 행복 혹은 불행을 느낀다. 사실은 이 점이 신자유주의 경제 이론에서 늘 봉착하는 문제였다. 신자유주의 경제 이론은, 절대적인 부가 중요하고 그런 이유로 사람들이 자신들의 경제적인 상황에 대해서 합리적인 판단을 할 것이라고 가정하기 때문이다. 그러나 이미 오래전에 케인스가 주장했듯이, 경제학은 근본적으로 비합리적이다. 그것은 다른 무엇보다도 두려움과 욕망의 작용이다. 수많은 연구들이 거듭해서 1인당 소득 증가와 함께 행복이 증가하는 것이 아님을 확인시켜준 것은 바로 그래서이다. 예를 들어, 1945

년에서 1991년 사이에 미국의 1인당 국내총생산(GDP)은 2배가 되었지만, 적어도 조사를 통해서 확인될 수 있는 한, 평균적 행복은 증가하지 않았다. 유럽이나 일본의 경우에도 비슷하다. 한마디로, 기초 수준의 물질적 안락을 넘어선 절대적 현금의 양은 주관적인 행복에 아무런 영향을 주지 않는다는 것이다. 이러한 사실을 바탕으로 데릭 복은 《행복의 정치학》(2010)에서 미국은 경제성장을 정책목표로 삼지 말아야 한다고 주장했다.[25]

상대적인 부가 중요한 것이라면 그 기제(機制)가 어떻게 작용하는지를 알기는 쉽다. 즉, 사회의 소득(수준)이 높아지면 물질적 요구수준(기대치)도 높아진다. 따라서 소득 증가의 긍정적 효과는 그것이 무엇이든 보다 높아진 새로운 기준에 의해 상쇄되고 만다. 다시 말해 소득이 높아지면 목표나 욕구도 높아져서, 행복감이 높아지리라는 기대를 무효로 만든다. 리처드 이스털린은 "성장과정 그 자체가 성장을 끝없이 이끌어내는 끊임없이 커지는 '욕구(needs)'를 낳는다"(《Growth Triumphant》)라고 쓰고 있다. 따라서 경제 사다리에서 한 단계 올라가는 것은 "그저 새로운 경제적 욕망을 자극할 뿐"이라고 그는 결론짓고 있다. '쾌락의 쳇바퀴'라고 묘사하면 딱 맞을 것이다. 경제학자 로버트 프랭크가 말하듯이, 이 구조를 움직이는 원동력은 '상대적 박탈감'이다. 즉 남들보다 뒤처지면 안된다는 불안이다. 우리 모두가 "재화 부둥켜안기 경쟁 사회" 속에 붙잡혀 있는 것이다. 자세히 들여다보면, 결국 부에 대한 추구는 일종의 중독이다.[26]

우리는 이제 왜 로이드 블랭크페인이 그토록 많은 돈을 갖고도 만족하지 못하는지 안다. 중독이라면 만족은 영원히 도달할 수 없는 것이기 때문이다. 바로 그런 이유로 기업 임원들이 2만 달러짜리 포도주나 전용 제트기를 소유해야만 하는 것이고, 당신의 이웃(혹은 당신)이 호화 냉장고시스템이나 화강암으로 된 싱크대를 가져야 하는 것도 바로 이 때문이다. 중독 상태에서는 욕망은 계속해서 움직이는 목표물을 쫓아간다. 즉 끝이란 존재할 수 없다. 미국의 정치시스템이 변화를 하더라도 피상적으로밖에 변할 수 없는 것도 바로 이런 이유에서이다. 이러한 것들은 분명히 실재하는 것이지만, 그것은 (미국을) 잡아당기는 과거의 기세이기만 한 것이 아니다. 그것은 (미국을) 끌어당기는 미래의 힘이기도 하다. 지금까지와 근본적으로 다른 일을 한다는 생각, 즉 '더 많이'를 추구하지 않는다는 생각은 공포스럽. 눈앞에 커다란 심연이 열린다. '쾌락의 쳇바퀴' 말고 우리한테 대체 무엇이 있는가? 2009년 10월, 뉴욕대학 강연에서 역사가 토니 저트는 청중에게 다음과 같은 질문을 던졌다. "왜 이곳 미국에서는, 그 역기능과 불평등이 사람들을 이렇게나 괴롭히고 있는 이 사회와 전혀 다른 사회를 상상하는 것이, 그토록 어려운 것일까?" 답은 명백하다. 아메리칸드림은 사실상 한없는 풍요에 관한 것이고, 우리가 그것을 쫓는 데 중독이 되어 있다면 그와는 다른 삶의 방식은 생각하기조차 무서운 일인 것이다. 알코올중독자에게 손에 들고 있는 위스키 잔을 내려놓으라고 말하면 어떨 것 같은가?[27]

두 번째로, 중독은 '전체에 영향을 주는' 어떤 패턴을 갖고 있고, 이것은 보통 스스로 교정할 수 없다. 자본주의와 알코올중독은 둘 다 갈수록 악화되어가는 기능장애의 되풀이, 즉 '폭주'와 붕괴라는 특징을 갖고 있다. 그리고 그 체제는 꽤 오랫동안 지속될 수 있다. 그러나 영원히 지속될 수는 없다. 결국 어떤 형태이든 파국을 피할 수는 없다. 드미트리 오를로프가 2008년의 사태에 대하여 "우리는 임종간호(臨終看護)를 받고 있다. 공적 자금의 투입은 이 세상에 남은 날이 많지 않은 환자에게 점점 더 많은 모르핀을 투여하는 것과 마찬가지라고 볼 수 있다"(《Reinventing Collapse》)라고 말하는 것도 그런 이유에서이다.[28]

내가 아는 한 중독에 관한 가장 훌륭한 분석 중 하나는 인류학자 그레고리 베이트슨이 1971년에 쓴 고전 〈'자아'의 사이버네틱스 – 알코올중독 이론〉에서 제시한 모델이다. 중독자의 비합리성은 (그 중독이 돈에 대한 것이든 다른 무엇이든) 그들이 언제나 비축을 한껏 하려고 한다는 점이다. 그것이 궁극적으로는 자기자신을 파괴하는 것인데도 말이다. 이성적으로 생각하면 '최적화'가 '최대화'보다 나은 전략이지만 그렇게 되지 않는다. 베이트슨은 "최적의 윤리와 최대의 윤리는 완전히 다른 윤리체계"라고 주장했다. 그리고 최대의 윤리는 '더 많이'라는 단 하나의 규칙밖에 모른다. 그런데 문제는, 사회를 비롯해서 건강한 유기적 조직체들은 항상성을 지니고 있어서, 즉 균형을 유지하도록 설계되어 있다는 점이다. 따라서 어느 한 가지 변수(예를 들어 부)를 최대화하려는 시도는 결국 시스템을 '폭주' ─ 스스로를 제어하지 못하는 상태 ─ 로 밀어넣을 것이다. 생리학적인 예를 들어보자. 우리는 신체가 하루에 일정한 분량만큼 칼슘을 필요로 한다는 사실을 알고 있다. "칼슘을 더 많이 섭취할수록 더 건강해질 것"이라고 아무도 말하지 않는다. 왜냐하면 어떤 성분이건 정해진 한도를 넘으면 우리 몸(시스템)에 독이 된다는 것을 알기 때문이다. 그런데 만약 우리가 칼슘중독이라면 이러한 지식이 아무 소용이 없을 것이다. 어떤 미국 기업도 "돈은 그만하면 됐으니 이제 분배에 대해서 생각할 차례"라거나, "이제 내적 의미와 삶의 질에 대해서 생각할 때"라고 말하지 않는다. 그리고 대부분의 미국인들도 이런 식으로 생각하지 않는다. 미국의 기업이나 사람들에게 부는 가까이 갈 수는 있지만 결코 도달할 수는 없는 점근선(漸近線)이다.[29]

한 가지 요소(변수)를 최대화하는 것은 절묘한 적응처럼 보일 수 있지만 결국에는 병이 된다고 베이트슨은 말한다. 호랑이의 검치(劍齒)를 생각해보라. 단기적으로는 생존가(생체의 특질이 생존·번식에 기여하는 유용성 ─ 역주)였지만 궁극적으로는 어떤 결정적인 상황에 유연하게 대처하는 능력을 약화시키지 않았는가. 검치호(劍齒虎)는 결국 멸종하고 말았다. 시스템은 '바닥을 치기' 전에는 스스로 교정하려는 시도를 하지 않는다고 베이트슨은 말한다. 예를 들어 알코올중독자는 정말 무서운 경험을 하고 나서야 그 경험이 일종의 깨달음으로 작용해서 술을 끊고 새로운 삶을 시작한다. 여기에는 항복이 포함되는데, 그것은 스스로 통제할 수 없다는 사실을 인식하는 데서 오는 것이다(2008년 금융위기 때, 경제 고문들 중에서 앨런 그린스펀만이 유일하게 이런 식의 겸손을 보였다. 그는 자신이 시장의 자정능력을 신봉했던 것은 현실을 몰랐던 때문이라고 공개적으로 말했다. 나머지 신자유주의자들은 "주문(呪文)을 되뇌면서 자신들의 도그마 속으로 더욱 깊이 후퇴했다"고 토머스 프랭크는 쓰고 있다). 알코올중독자협회(AA)의 경우에는, 이 항복은 초월적인 힘, 이를테면 신(神)과 관련된 것이다. 풍요의 패러다임과 아메리칸드림의 경우에는, 시장이 결코 합리적이지 않다고 인정하는 것이 그런 항복일 것이다. 또 부에 대한 추구가 보다 큰 도덕적·사회적 맥락 속에서 조망되어야 하고, 대안적 혹은 공화주의적 전통 같은 다른 모델을 고려하지 않았던 것이 우리에게 커다란 대가를 치르게 했으며 더이상 그래서는 안된다는 것을 인정하는 것이다.[30]

말할 것도 없이, 많은 알코올중독자들이 술을 끊었다가도 다시 마시고, 포도주와 맥주만 마시겠다고 결심하거나, 주말에만 마시겠다고 하기도 한다. 사실 많은 중독자들이 중독 증상을 지닌 채 여러 해를 지낼 수도 있다. 그러나 전반적으로는 결국 파국을 향해 가는 것이다. 시간은 결코 그들의 편이 아니다. 사실 통계적으로 보면 대부분의 알코올중독자들이 중독에서 회복하지 못한다. 보통은 '바닥을 치'고, 그 다음은 죽음이다. 근본적인 변화는 절대로 일반 통칙이 아니라 늘 예외이며, 그런 의미에서 거의 기적적이다. 과장 없이 하는 말이지만, 미국이 대안적 전통을 — 어떤 형태의 '금욕적 유행(멋부림)'으로서가 아니라 — 근본적인 전환의 경험으로서 진지하게 받아들이기 위해서는, 신의 도움 같은 것이라도 있어야 할 것이다. 달리 말하자면, 미국인들은 어느 날 아침 잠에서 깨어 여태껏 모든 것을 거꾸로 해왔다는 사실을 깨달아야만 될 것이다. 로널드 레이건은 멍청이이고, 지미 카터야말로 혜안을 가진 사상가이자 위대한 사람이었다고 말이다. 그러나 물론 이런 일들은 일어나지 않을 것이다. 랠프 네이더가 날카롭게 지적했듯이 "진보적인 세력에게는 연장이 없다." 미국에서는 진보세력이 자신들의 뜻을 이룰 도구를 가져본 적이 없는데, 그러나 실제적인 힘, 실질적인 정치적 영향력 없이는 아무것도 변하지 않을 것이다.[31]

이제 내가 지적하고 싶은 마지막 세 번째 요점에 왔다. 《세계화와 불평등》에서, 정치학자 존 래플리는, 제대로 기능하는 체제는 분배와 축적이라는 두 가지 구성요소를 갖추고 있으며, 살아남기 위해서는 그 두 가지를 모두 다 보살펴야 된다고 지적한다. 예를 들어 구소련에서는 분배는 꽤 성공적이었지만 축적이 제대로 이루어지지 않았다. 결국 이 체제는 축적의 위기로부터 회복하지 못했다. 반면 미국의 경우에는 축적은 (시스템이 붕괴할 정도로) 잘하지만 분배에 약하며, 이것이 결국 체제를 불안정하게 만들고 있다. 래플리는, 신자유주의는 일반적으로 스스로 해결할 수 없는 긴장에 기반하고 있기 때문에 본질적으로 불안정한 체제라고 말한다. 적하효과 이론은 축적을 통해서 분배의 문제를 해결하려는 시도이지만, 그렇게 되지 않는다. '모노폴리' 게임을 몇 번만 해보면, 모든 참가자들이 돌아가며 임대료를 지불해야 하지만 결국에는 단 한 사람이 모든 돈을 갖게 된다는 사실을 깨닫게 된다. 다시 말해서, 이 시스템의 축적기능은 분배의 기능장애에 기반하고 있다는 말이다. 그 결과 신자유주의 체제들은 숱한 위기에 시달려왔다. 이러한 위기들은 일시적으로, 때로는 오랫동안도 제어될 수 있다. 그러나 신자유주의 경제라는 맥락 안에서는 결국 해결될 수 없다. 시간이 지나면서 위기는 심화, 확대되어서 마침내 체제는 영속적인 불안정 상태에 빠지게 된다.[32] 최종적으로 미국 같은 나라에는 양자택일밖에 남지 않게 된다. 신자유주의 체제를 다른 것으로 바꾸든지(나는 이런 일은 일어나지 않을 것이라고 생각한다), 아니면 세월과 함께 상황이 악화되어가는 것을 지켜보는 것이다. 미국에 있어서 이것은 미국의 제도, 문화, 기반시설 등이 꾸준히 붕괴되어가는 것을 의미한다. 이 과정에는 때때로 폭력적인 사태 — 가령 9·11이나 2008년 위기 같은 — 가 끼어들기도 할 것이고, 여기에 더해서 보다 파국적인 사건들도 틀림없이 우리를 기다리고 있을 것이다. 그것만은 분명하다. 그러나 전반적으로는 날마다 더욱 나빠지는 것이 일상사가 될 것이다. 정도의 변화는 결국 질의 변화로 바뀔 것이고, 어느 순간 — 내 추측으로는 20~30년쯤 뒤에 — 우리는 우리가 전혀 다른 나라에 살고 있다는 사실을 깨닫게 될 것이다. 크리스 헤지스는 "미국은 재산을 박탈당한 최하층 계급 다수와 권력을 가진 극소수 과두 집단으로 구성될 것이며, 이 소수의 권력층은 자신들만의 안전한 구역에서 무자비하고 잔혹한 신봉건주의를 운영할 것"이라고 예측한다.[33] 이것이 사실은 바로 오늘날의 많은 제3세계 국가들의 현실인데, 이곳 미국에서도 이미 그 윤곽이 형성되고 있는 것을 볼 수 있다. 제5장에서 다루게 될 또하나의 가능성은, 미국의 분할 — 현재로서는 그러한 가능성이 거의 없어 보이겠지만 — 이다. 베이트슨이라면 이렇게 표현할 것 같은데, 어느 하나의 변수를 극대화하면 이런 일들이 일어나게 마련이다. 언제까지나 헤로인 주사를 맞고 있을 수는 없는 것이다.

그런데도 미국은 바로 그것을 시도해왔다. 우리가 계속 사용해온 주사약은 '기술혁신'이다. 조지프 슘페터가 주장했듯이, 바로 이것이 자본주의를 계속 개혁시키는 요인이며, 바로 이것이 부를 추구하게 하는 원동력이다. 거기에 더해서 기술혁신은 허슬링만으로는 결코 미치지 못하는 이념, 아니 신학(神學)이라고까지 할 만한 것을 제공하였다. 바로 '진보'이다. 분명하게 정의(定義)할 수 있는 종료점이 없는 이런 유형의 진보는 유토피아적 비전을 담고 있기 때문이다. 즉 그것은 때가 무르익으면 인류는 구원될 것이라고 말한다. 이제 이 종말론이 어떻게 전개되었는지를 살펴볼 차례이다.

제3장 진보의 환상

과학의 힘이 도덕의 힘을 능가하게 되면 그 결과물은, 유도미사일과 잘
못 유도된 인간들이다.

— 마틴 루터 킹 주니어(*Where Do We Go From Here?*)

기계의 작업이 당신에게 너무나 혐오스럽고 너무 넌더리가 나서, 더는
거기에 참여할 수 없게 될 때가 온다. 수동적으로도 참여할 수 없게 된
다. 그때 당신은 기어 위에, 바퀴 위에, 지렛대 위에, 모든 장치 위에 몸
을 던져서 기계의 작동을 중단시켜야만 한다. 또한 당신은 기계를 운영
하는 사람들과 기계를 소유한 사람들에게 알려야만 한다. "우리가 자유
롭지 않은 한, 기계는 아예 작동하게 되지 않을 것이다!"

— 마리오 사비오, 캘리포니아대학(버클리)에서 한 강연(1964년 12월 3일)

가장 많은 장난감을 갖고 죽는 자가 승자이다.

— 미국에서 인기 있는 자동차 범퍼 스티커 문구

기술이 곧 소비경제의 발동기(發動機)라는 것은, 별로 대단한 지적 발견은 못 된다. 종이클립에서 아이팟에 이르기까지, 그 증거는 우리 주변에 널려 있다. 미국식 삶의 목표가 죽기 전에 가능한 한 많은 물건을 축적하는 것이라면, 그 삶의 중심에는 기술이 놓여 있다. 왜냐하면 그 물건들은 오로지 기술과 응용과학 덕분에 존재하기 때문이다. 그리고 역사적으로 말하면 경제적 확장과 기술적 확장은 함께 진행되어왔다. '테크놀로지'라는 말은, 1829년 미국 최초로 철도가 가동을 시작한 바로 그 해에, 하버드대학의 제이컵 비글로우 교수가 새로 만든 말이다. 1830년까지는 미국에 약 117킬로미터의 철도가 놓였고, 1840년까지 5,356킬로미터, 1850년까지 1만 4,289킬로미터 그리고 1860년에 이르면 약 5만 킬로미터에 이르게 되는데, 그것은 나머지 세계 전체의 철로를 합한 것보다도 길다. 1825년에서 1850년 사이에는 약 5,955킬로미터에 이르는 운하가 건설되었다. 또 1850년에 이르면 기계부품은, 상호 호환 가능한 부품들을 무한히 복제할 수 있는 기계들에 의해 제작되고 있었다. 그것이 곧 '미국식 제조시스템'으로 알려지게 된 기술력이다. 1840년대 동안에 6,000건에 육박하는 특허가 발행되었고, 1850년대 동안에 2만 3,000건 그리고 1882년부터 해마다 이에 근접하거나 이를 능가하는 건수가 발행되었다. 이 모든 것이 진행되는 것과 동시에 철강·석유·전기 산업이 너무나 극적으로 팽창해서, 1894년에 미합중국에서 제조된 상품들의 평가가치는 영국, 프랑스, 독일의 제품을 전부 합한 것에 거의 맞먹을 정도였다. 그러니까 1927년에 텔레비전 영상을 처음으로 전송한 필로 판즈워스가, 그때 전송하고자 고른 것이 달러 기호였다는 게 어디 놀라운 일인가? 이 모든 것들의 시너지 효과는 아주 명백했다.[1]

　　한편 그보다 좀 덜 명백한 것은, 경제적 현상이면서 동시에 사회적 현상이기도 한 '허슬링 라이프'를 부추기는 데 기술이 어떤 역할을 했는가 하는 점이다. 앞에서 지적한 것처럼 지리적 변경(邊境)은 1890년에 공식적으로 닫혔다는 선언이 있었고, 그에 따른 심리적 진공상태는 재빨리 기술적 변경에 의해 채워졌다. 헨리 포드가 1913년에 최초의 이동조립 라인을 개척하고, 그때부터 미국은 내달리기 시작했다. '모델T'의 가격 이 260달러로 떨어진 1926년 한 해 동안에만 미국인들은 2,269억 킬로 미터를 여행했다. "어디에 불이 났습니까?" 당신을 속도위반으로 잡은 경찰이 그렇게 물어볼 만했다.[2]

또 2장에서 (리처드 이스털린을 인용하며) 지적했듯이, "성장과정 자 체가 계속해서 다시 성장을 유발하는 '수요'를 자꾸 만들어냈다." 그런 데 이 '쾌락의 쳇바퀴' ─ 이웃에 질세라 취하는 모든 단계가 "다만 새 로운 경제적 욕망을 자극하게 되는"─ 는, 온전히 기술혁신에 의존하고 있다. 기술적으로 새로운 것은 '허슬링 라이프'에 있어서 필수적인 것이 다. 그것은 끝없이 기어오를 '사다리'가 있다는 것을 보장하기 때문이 다. 철학자 앨버트 보르그먼이 지적하듯이, 이 확장하는 기술(주의)적 변경은 한때 확장하는 지리적 변경이 했던 것과 같은 방법으로 계층 간 의 적대감을 무마했다. 삶의 목적은 따라서 허슬링을 계속하는 것인데, 그런데 혁신에는 끝이 없으므로(언제나 새로운 소프트웨어나 전동칫솔의 변 종이 있다) 허슬링에도 끝이 없고, 그것은 기술주의적 확장처럼 그 자체 가 자신의 목적이 된다. 보르그먼은 이 쳇바퀴 도는 쥐 같은 생활양식을 섬뜩할 정도로 정확하게 묘사한다.

불평등은 기술지배의 증진과 안정에 유리하다. 왜냐하면 현실의 이 용가능도(availability)의 불평등한 수준은 많은 사람들에게 그들이 거 쳐 가기를 희망하는 풍요의 단계들을 보여주는 것이 되기 때문이다. 중간계층이 오늘 갖고 있는 것을 더 아래의 계층은 내일 갖게 될 것이 고, 또 중간계층은 부자들이 지금 갖고 있는 것을 앞으로 갖고자 한 다. … 산업화된 선진 서구 민주주의에서 볼 수 있는 기술과 불평등의

특이한 결합은, 기술이 계속해서 앞으로 전진하는 동안에만 유지될
수 있는 균형상태를 유지하고 있다.

계속해서 보르그먼은, 이러한 방식이 의심받지 않는 한, "정치는 실체가
없는 채로 있을 것"이라고 말한다. 왜냐하면 우리 삶에서 중대한 측면들
은 이미 기술에 의해 결정되어 있을 것이기 때문이다. 기술의 질서가 따
라서 '진짜'이고, 정치는 그저 메타 수준에서만 존재하게 된다. 그러므로
이러한 향락적 게임과 거기서 기술이 하는 역할에 대응하지 못하는, 공화
주의나 참여민주주의에 대한 호소는 무의미하다. "(그것은) 휴대용 계산
기에 참여를 요청하는 것이나 마찬가지이다"라고 그는 결론을 내린다.[3]
    실은 이 정도까지가 미국에서 일상적인 논의가 도달하는 깊이이다.
몇년 전에 내 친구 하나는 캘리포니아 해안을 따라 운행하는 기차를 탔
는데, 사람들이 무슨 이야기를 하는지 알고 싶어서 마지막 칸에서 기관
차까지 열차 칸을 천천히 걸어가보기로 했다. 그런데 사람들의 대화라
는 대화는 모조리 기술에 관련된 것이었다고 한다. 새로운 소프트웨어
혹은 컴퓨터 부착물, 휴대전화의 새로운 기능, TV 모니터 크기 등등. 또
(미국에서) 가장 인기 있고 세련된 잡지 중의 하나인 《와이어드(Wired)》
를 생각해보라. 새로 발명된 소프트웨어나 새로운 공학기술 따위의 주
제와 관련된 글들이 실리는 그 잡지의 유일한 목적은, '진보'를 연대순
으로 기록하는 것이다. 2010년 11월호의 내용은 미국사람들이 진보라고
생각하는 것의 완벽한 예이다. 3DTV, 아이패드를 비롯해서 유방 확대
술, 디즈니 TV 만화, 스포츠 도박 발전상, 동전 던지기 속임수, 티켓마
스터 그리고 AK-47(!)의 역사를 그 잡지는 할리우드영화나 비디오게임
에서 따온 장면들과 더불어 싣고 있다. 그런가 하면 우리는(적어도 우리
중 소수는) 도대체 어떻게 ('쾌락의 게임'과 그 속에서 기술이 하는 역할
에 대해, 틀림없이 대처하지 않을 것으로 생각되는) 근본적으로 속이 빈

인물들 — 레이건, 부시 부자(父子), 클린턴, 오바마 — 이 백악관에 입성하게 되는지 의아해한다. 솔직하게 말하면, 이 나라는 얼마나 시시한 나라인가. 장난감을 손에 넣기 위해 자기 삶을 내던져버리는 사람들로 구성된 이 나라는.

이것은 나의 다음 주장과 이어진다. 즉 진정한 정치 — 공화주의가 되었든 무엇이든, 한 나라의 도덕적 중심이 없는 상황에서, 기술이 들어와 그 빈자리를 채운다. 기술은 일종의 감추어진 종교로서 기능한다. 기술은 무한한 '진보', 즉 유토피아와 구원(이것에 관해서는 조금 뒤에 더 이야기하겠다)과 연결되어 있어서, 미합중국에 결여되어 있는 사회적 접착제를 공급한다. 허슬링 저 혼자서는 너무 천박하여 제공할 수 없는 접착제를 말이다(미국인들은 사실은 그렇지 않아도 돈 버는 것보다 더 고귀한 목표가 자신들에게 있다고 믿고 싶어 한다). 허슬링은 '저마다 제몫 챙기기'식의 생존방식이므로, 확실히 그것은 기본적으로 접착제가 아니라 용해제이다. 지그문트 바우만이 《소비하는 삶》에서 쓰고 있듯이, 우리는 "단독의 개인들로 분쇄된" 사회에서, 가족해체의 상황 속에서 살고 있다. 그렇다면 우리가 어떻게 기술을 숭배하게 되었는지는, 결코 하찮은 주제가 아니다.[4]

기술은 '무한한 진보'와 '인간이 완전하게 될 수 있다'는 생각과 연관되어 있다고 사유하는 것은, 프랑스 계몽운동에 뿌리를 두고 있다. 17세기 말이 되어서 비로소 처음으로 많은 사람들이 진보에는 한계가 없고, 세계의 물질적 힘들을 통제함으로써 인간은 자신의 운명을 통제할 수 있다고 믿게 되었다. 그리고 그와 같은 목적을 위해, 모든 지식의 기본적 사실과 원리들을 담게 되리라는 생각으로 백과사전 계획이 시작되었다. 그 첫 권이 1751년에 드니 디드로의 편집으로, 그리고 장 르 롱 달랑베르가 쓴 《디드로의 백과사전에 부치는 예비 담론》과 함께 출간되었다. 상인과 기술공(장인)들의 일이 특별히 강조되었는데, 백과전서의 편집인들은 기술이 당시의 사회변화의 열쇠이며 사실상 전반적인 행복의 열쇠라고 믿었기 때문이다. 그 목적을 위해서 책에는 도구, 기계, 공예-산업 과정들을 굉장히 자세히 보여주는 도판들이 들어 있다(1762~1772년 동안에 11권이 출판되었다). 이 모든 것은, 지적 활동을 육체노동보다 우월한 것으로 보았던, 프랑스 지적 전통과의 극적인 결별이라고 볼 수 있다. 디드로가 책의 출간 취지서에서 설명하는 것처럼(1750), 편집자들은 기계들이 어떻게 조립되는지를 정확히 묘사할 수 있도록 삽화가들을 작업장에 보내어 모든 것을 직접 보고 그리게 했다. 기계기술에 관한 항목 — 전부 약 7만 2,000개 항목 — 들을 집필한 필자들은 논의된 다양한 업종에 대해 직접적인 지식을 갖고 썼다. 돌 자르기, 원예, 수리학(水理學), 시계 제조, 광물학, 건축, 유리 제조, 양조, 염색, 목각, 활자 주조, 제재(製材) 등의 내용이 포함될 것이라고 디드로는 말한다. 무한한 진보라는 테마는 마침내 1793년에 콩도르세 후작이 쓴《인간정신의 진보에 관한 역사적 개관》에 개괄되었다. 저자는, 가령 무지와 독재 같은 진보의 장애물들이 과학, 기술 그리고 정치적 혁명의 영향으로 제거된 미래의 유토피아를 약속했다.[5]

　한편 대서양의 다른 편에서는 '혁명세대'가 시간을 지체치 않고 계몽의 시류에 편승했다. 필라델피아의 상인 텐치 콕스는 1787년 벤자민 프랭클린의 자택에 모인 '정치적 조사를 위한 협회' 회원들 앞에서 연설을 했고, 몇달 뒤에는 벤자민 러시의 요청으로 '제조업과 유용한 기술 증진을 위한 펜실베이니아 협회' 개회사를 했다. 미국의 장래를 위해서 제조업이 중요하다고 역설한 이 강의들의 내용은 "국력의 지렛목으로서의 기계기술에 대한 예언적 전망"들로 가득하다. 사실상 그것들은 "미국의 문화적 상징으로서 기계의 출현"을 예시한 것이라고 리오 마르크스는 말한다. 미합중국의 목표는 기계생산을 통해 실현되리라는 생각이 진보와 긴밀히 연결되어 빠르게 공식적 이데올로기가 되어가고 있었다. 남부에서만은 예외였다. 나머지 미국에서 기술(테크놀로지)은 갈수록 더, 공화주의적 미덕, 자유의 수호자, 민주적 문명에 필수적인 것으로서 인식되게 되었다고 존 카슨은 덧붙인다. 1820년대 이래로 미국사람들은 국가의 진보를 기술의 진보와 동일시했다. 1831년, 신시내티의 변호사 티머시 워커는 자신의 에세이("Defence of Mechanical Philosophy")에서 기술(테크놀로지)에 기초한 끝이 없는 경제적 진보라는 독트린에 대해 상세히 설명하면서, 기술적 진보를 사실상 신성한 계시로 보았다. 그는 기계는 보편적 풍요의 가능성을 나타내며, 평등주의라는 이 나라의 국가적 목표를 실현할 수 있는 유일한 수단이라고 썼다. 나중에 링컨의 국무장관이 된 뉴욕의 정치가 윌리엄 헨리 수어드는 "인기 있는 정부는 증기기관과 전신(電信)의 선례를 따른다"고 선언하는데, 그것은 (미국사회의) 지배적인 분위기를 잘 포착한 것이었다. 철도, 증기기관 그리고 (1844년 이후에) 전신(電信)이 온 나라의 강박이 됨에 따라, 많은 사람들이 이 생각에 대해 상술하는 글을 썼고, 〈하퍼스위클리〉 같은 대중잡지들은 용광로나 조면압착기 삽화를 곁들여서, 진보적 공화주의의 수사(修辭)로 가득 채워졌다. 리오 마르크스가 말해주듯이, 그 밑에 있는 가정은 계몽주의의 가정이었고, "한때 신을 향해 있던 경외감과 숭배 … [는] 테크놀로지, 혹은 오히려 기술에 의한 물질의 정복을 향하게 되었다." 1850년에 이르면 기계는 형이상학적 의의를 갖는 초월적 상징이 되었다고 그는 결론을 내린다. 미국인들은 그것을 움켜잡고, 갈구하고, 애걸하였고, "외국인 여행자들은 미국의 그러한 강박에 대해 기록했다. (나중에야 생각을 바꾼) 에머슨조차도 행동을 개시해서, 1844년에는 기계와 초월주의는 함께 가는 것이며 "철로의 쇠막대는 마술봉"이라고 대중 앞에서 연설했다. 철도에 관한 낭만적인 석판화가 제작되었고(철도회사들의 광고로서), 월트 휘트먼은 1876년, 기관차에 대하여 거의 종교적이라고 할 노래를 지었다.

현대의 표상 − 움직임과 힘의 상징 − 대륙의 맥박,

부디 와서 뮤즈에 봉사하고 시 속으로 녹아들어라, 여기 내가 그대
를 보는 그대로…

같은 해에 열린 미국 독립 100주년 기념 필라델피아 세계박람회를 묘
사한 시에서, 휘트먼은 이 점을 분명히 했다. 콜리스 증기기관(미국의 조
지 헨리 콜리스가 발명한 증기기관 − 역주) 앞에서 반 시간 동안 말없이 앉
아 있은 후에, 그는 그것을 '성스러운 산업'이라고 표현했다.[6]

그 새로운 힘은, 공화국의 원래 목표를 실현시킬 수단으로 보였다고
리오 마르크스는 말한다. 사실 그것은 국가적 '위대함'을 확인시켜주는
것으로 여겨졌다. 극소수의 사람들만이 실제로 무슨 일이 일어나고 있
는지를 이해했고, 기술이 단순히 기술이기만 한 것이 아니라 그 훨씬 이
상의 것, 즉 종교의 대용물임을 알아보았다. 소로는 "윤리학뿐만 아니라
기계학에도 초월주의가 있는 것 같다"고 썼다.[7]

기술에 대한 광적인 헌신은, 위대한 청교도주의 역사가 페리 밀러가
철저히 미국적인 특징이라고 본 것이다. 초기의 미국인들은 "기계장치
들의 일제사격으로 인하여 자신들이 영위하던 목가적 생활방식을 갑자
기 산산이 파괴당한 소박하고 금욕적이고 독실한 시골사람들"이 결코
아니었다고 밀러는 쓰고 있다. 오히려 미국인의 정신은 "기술을 만족시
키는 데 헌신할 기회를 분명히 갈망하고 있었다. 기계가 우리의 의지에
반하여 어떤 제국적인 방식으로 승리를 거둔 것이 아니다. 반대로 우리
자신이 엔진 앞에 아무렇게나 꿇어 엎드린 것이다." 토크빌의 방문기간
동안에 그는 이렇게 덧붙인다. "민주주의 그 자체가 증기기관의 의기양
양한 진동과 자신의 본질을 동일시하고 있었다." 토크빌조차도 "이 사
람들이 기술의 급류 속에 스스로를 던져 넣는 그 열정을 … 그들이 곤두
박질하며 폭포 속을 달려 내려가면서, 여기에 그들의 운명이 있고, 끝없

는 번영을 향해 그들을 쓸어갈 물결이 있다고 서로에게 외치는 것을 이해할 수 없었다"고, 밀러는 말한다. "시대가 기술의 미래를 움켜잡고, 그것을 갈구하고 있었다." 기술은 "진실로 미국의 종교이다"라고 그는 결론을 내린다.

리오 마르크스의 제자 데이비드 나이의 중요한 연구서《미국의 기술의 숭고함》이 초점을 맞추고 있는 주제는 미국의 기술숭배의 종교적 성격이다. 나이에 따르면, 숭고함이란 웅장함이나 힘의 압도하는 느낌이고, 이것이 기술에 적용되면 예컨대 콜리스 증기기관이나 금문교를 대면했을 때 느낄 만한 경외감과 놀라움의 느낌이 된다. 미국인들은 이리운하(運河)와 최초의 철도에서부터 1960~1970년대의 우주계획에 이르기까지, 해마다 거듭해서 기술에 대한 경배를 보여주었다고 그는 말한다. 그래서 예술가 조셉 스텔라는, 자신이 브루클린다리 위에 서 있을 때, 마치 "새로운 종교의 문턱에, 혹은 새로운 신(DIVINITY) 앞에" 있는 것처럼 느꼈다고 기록했다. 사실 기술은 내내 이 나라의 성체(聖體)였다. "이상적인 미국을 외부에 나타내는 눈에 보이지 않는 표지"였다(나는 1990년대에 시애틀에서 살고 있었는데, 당시 마이크로소프트 윈도우95의 '제막(除幕)'을 맞이하던 사람들의 광적인 열광을 결코 잊지 못할 것이다. 실제로 '출시'까지 카운트다운을 했다). 이러한 프로젝트들 덕분에 (미국) 시민들은 자기들이 전세계를 민주주의를 향해 이끌어가는 도덕적 선봉의 일부라고 간주할 수 있었다. 데이비드 나이는, 혁명세대는 금전적 동기에 의해 움직이는 시민들에 맞서서 새로운 형태의 시민적 미덕을 만들어내어야 했다고 주장한다. 기술의 숭고함은 사회적 결속의 결정적 요소, 즉 "두 세기가 넘는 기간 동안 미국문화의 접착제가 된 초월적 이상"으로 기능하면서, 공허함을 채우기 위해 들어왔다고 그는 주장한다. 1969년 7월 16일 아폴로 11호 발사 때 거리로 쏟아져 나온 백만이 넘는 인파와 TV로 그 장면을 지켜본 나머지 전 국민들을 생각해보면, 기술의 숭고함이 사회적, 문화적, 정치적으로 어떻게 기능하는지 짐작할 수 있다. 케이프커내버럴(케네디우주센터가 있는 미국 플로리다주(州)의 곶 — 역주)은 사실상 미국의 성지(聖地), 순례의 중심이라고 나이는 주장한다.[8]

이런 점에서 유럽과 비교해보는 것은 매우 유익하다. 유럽 나라들은 중세에서부터 이어지는 사회적 접착제를 가지고 있다. 그들은 기계(류)에서 숭고한 경험이나 국가적 목적을 찾을 필요가 없다(앞서 보았다시피, 18세기 프랑스인들이 그런 쪽으로 꽤 가까이 가기는 했다). 유럽인들은 마천루들로 이루어진 수직의 도시를 수용하지 않았고, 전광판은 금지하거나 제한했고, 핵폭발을 관광지로 삼지 않았고, 우주로 발사되는 로켓을 보려고 여행을 하는 일도 드물었다. 이 모든 것들은 사회적 접착제가 약하고, 공동체생활이 사실상 존재하지 않는 나라에서나 필요한 것이다.[9]

그러나 기술적 진보에 대한 믿음의 중심에 종교, 초월(성), 유토피아가 있다는 이 문제는, 더 자세한 관심을 받을 만하다. 게다가 그것은 18세기 프랑스 계몽주의 사상가들보다도 더 깊고 더 복잡한 가계도를 가지고 있음이 드러났다. 이 사람들은 얼마나 정말로 근대적이었는가? 계몽주의(세속적이고 근대적인)에 대한 고전적 해석의 놀라운 반전을 보여주면서, 역사가 칼 베커는 1932년에, 그 운동의 '진보적'이고 유토피아적 열망은 실제로는 기독교적 내세론이 세속의 근본주의로 전환된 것이라고 주장했다. 기독교가 쇠퇴함에 따라 그것의 혁명적 유토피아주의라는 핵심이 세속적인 변종으로 형성되었다고, 베커는 썼다. 그러나 이것은 특별히 놀라운 일은 아니다. 서구문명은 결국 기독교문명이고, 그 사실은 그것이 천년왕국설의 생각에 지배를 받는다는 것을 의미한다. 《백과사전》과 콩도르세의 《개관》은 사실은 세속적 구원의 한 형태일 뿐이라고 베커는 말한다. 즉 그의 책 제목이기도 한 '18세기 철학자들의 천국'이라고 말이다.[10]

더 근래로 오면 영국의 철학자·사회비평가인 존 그레이가 자신의 책

《검은 대중》에서 이런 내용을 다루었는데, 그는 베커가 계몽주의사상의 핵심 모순, 즉 그것이 기본적으로 종교적이라는 점을 정확히 지적했다고 결론지었다. 기술을 통한 진보라는 생각, 세상의 악(惡)이 이성과 응용과학에 의해 말살될 수 있고 말살될 것이라는 생각은, 궁극적으로 현대식 옷을 입은 기독교 내세론인 것이다. 결국 기술이 우리를 더 나은 곳으로 데려다준다는 증거는 전혀 없다. 사실은 그 반대를 암시하는 증거가 많이 있다. 진보에 대한 이론들은 과학적 가설들이 아니라 오히려 '의미'에 대한 인간의 요구에 대답하는 신화 ― 구원과 재림이라는 기독교신화처럼 ― 라고 그레이는 말한다. 바로 그런 이유로, 증거가 무엇을 암시하든 간에 우리는 그것들을 놓지 못하는 것이다. 같은 이유로, 미합중국에서의 기술에 대한 헌신은, 소비주의를 부추기고, 사회경제체제를 원활히 하고, 계층 간 갈등을 덮어놓는 것 이상으로 훨씬 더 깊다. 이 믿음의 시스템이 없다면, 미국인들에게는 말 그대로 아무것도 없다. 왜냐하면 이것이 미국의 꿈과 끝없이 과시되는 미국적 생활방식의 중심에 있기 때문이다. 무한한 성장이라는 환상을 벗겨버리면 이 나라는 집단적 신경쇠약에 걸릴 것이다(바로 이것이 지미 카터를 미국인들이 용인할 수 없었던 가장 중요한 이유이다. 그는 중독증 환자들로 이루어진 나라에다 대고, 의존성을 직시하고 방향을 바꾸라고 요청하였으니, 미국인의 정신적 관용을 한계에까지 밀어붙였던 것이다). 그레이에 따르면, 세계화는 신자유주의와 함께 이 착각의 가장 최신 구현물에 불과하며, 그리고 그 깊은 종교적인 뿌리야말로, 2008년 (금융)붕괴로 자유시장경제를 통한 무한한 발전이라는 개념이 거짓임이 드러난 뒤에도 그 추종자들이 흉포한 행동을 계속하는 현상을 설명해준다. 우리는 미래가 과거보다 나을 것이라고 믿고 싶지만 그럴 것이라는 증거는 하나도 없다. 특히 아래에서 내가 논의할 터이지만, 과학적 진보는 곧 도덕적 진보가 아니다. 오히려 그 반대라고 주장해야 타당할 것이다. 사실을 말하면, 중세의 조상들보다

(현대의) 우리가 더 미신적이라고, 그레이는 결론을 내린다. 그것을 우리가 인식하지 못할 뿐이다. 또한 동시에 우리가 이러한 믿음들을 버릴 가능성도 별로 없다. 유토피아가 아니면 파멸이다. 파멸 쪽의 가능성이 훨씬 크다고 할지라도.

우리가 1장과 2장에서 보았듯이 소비주의와 풍요의 추구를 비판하는 사람들은 그리 많지 않았는데 '기술의 종교'를 비판하는 사람은 더욱 적었다고 단언할 수 있다. 결국 한 줌밖에 안되는 불만 가득한 지식인들뿐이었다. "당신의 생활이 기계를 멈추기 위한 마찰저항이 되게 하라"고 소로는 1849년에 썼다. 마치 묘하게 마리오 사비오를 예견한 듯하다(이장(章)의 제사(題詞)를 보라). 《월든》에서 소로는 새로운 기계류를 "개선되지 않은 목적을 위한 개선된 수단"이라고 불렀다. 리오 마르크스는, 소로의 진정한 적(敵)은 기술주의적 세계관이 널리 스며들어 있는 문화였다고 말한다. 그것을 그는 '반(反)생명'이라고 칭했다. 소로는 이 모두가 누구에게 이익을 주기 위한 것인지 모르지 않았다. "그 주된 목적은 의심할 나위 없이 기업들을 부유하게 만드는 것이다. 인류가 제대로 그리고 정직하게 옷을 입게 하려는 것이 아니다"라고 그는 썼다. 에머슨의 경우에는 1839년부터 이미 기계문화에 대해 회의적인 어조를 살살 내비치기 시작한다. 당시 그는 그것이 "바빌론이나 로마보다도 더 독재적인, 새로운 전세계적인 군주제"를 세울 수 있다고 썼다. 1851년 콩코드에서 행한 연설에서 그는 미합중국이 형이상학적으로 약화되었고, 기관차와 전신은 그것을 보상할 수 없다고 주장했다. 에머슨은 전반적으로 기술을 공화주의적 이상의 대체물로 사용하려는 시도는 실패할 운명임을 보게 된 것이다.[11]

허슬링, 기술에 끌려가는 생활방식의 자기파괴적인 성격은 이즈음 미국의 위대한 작가들의 공통 주제였다. 예를 들어 에드거 앨런 포의 소설들(특히 〈함정과 진자(振子)〉) 또는 에이햅의 고래에 대한 편집광적 집착이 피쿼드호의 파괴로 이어지는(5장에서 더 논의한다)《모비딕》에서, 그것을 은유적으로 볼 수 있다. 배가 고래와 부딪쳐 가라앉을 때 떠돌이 선원 이스마엘은 살아남지만 "사회가 침몰할 때 현장의 주변에서 무력하게 떠다니는" 말하자면 고아와도 같다고 리오 마르크스는 쓴다. 너대니얼 호손도 〈이선 브랜드〉와 〈삶의 행렬〉과 같은 단편에서, 양심에서 유리된 편협한 과학추구의 위험을 강조하였다. 후자의 이야기에서 그는 "기계의 악마가 영혼을 절멸시킨다"고 쓰고 있다. 그리고 호손은 좀더 가벼운 기분으로, 〈하늘철도〉(1843)에서 주위 도처에서 목격하는 기술에 대한 맹목적인 믿음을 풍자했다. 거기에 나오는 승객들은 자신들이 '천국'으로 가는 기차를 타고 있다고 믿는다. 그들의 안내자 '무마하기 씨(Mr. Smooth-it-away)'가 승객들의 의심을 떨쳐버리기 위해 함께 가는데, 그는 또 알고 보면 그 회사의 대주주임이 밝혀진다. 도중에 승객들은 선로 옆을 걸어가는 먼지투성이 여행자 두 명을 목격하게 된다. "현대적인 개선된 수단을 이용하는 대신 힘든 오솔길을 따라 신음하고 비틀거리며 가는 이 정직한 사람들의 터무니없는 고집이, 우리의 보다 현명한 형제들을 몹시 재미있게 했다"고 호손은 쓰고 있다. 그러나 보다 현명한 형제들은 바보 집단임이 드러난다. 왜냐하면 안내자는 실은 악마이고, 그는 기차가 진짜 목적지인 지옥에 도달하기 전에 기차에서 뛰어내린다. 근대기술이 약속한 구원의 여행은 완전한 환상인 것으로 밝혀진다.[12]

20세기 초의 이러한 관점의 위대한 대변인은 헨리 애덤스(존 애덤스의 증손자)였다. 특히《교육》에서 그렇다. 애덤스도 소로처럼 그 게임을 꿰뚫어 보았다. 즉 그는 기술에 의한 진보가 제시하는 질서란 허구라는 점을 이해했다. 애덤스가 보기에 그런 믿음들은 다만 헛된 것일 뿐이다. 그는 제25장 '발전기와 성처녀'에서 그 문제를 아주 뚜렷하게 제기하였다. 애덤스는 1900년 파리 국제박람회의 기계 전시관에서 발전기(다이너모)의 힘에 강한 인상을 받고, 그것을 샤르트르대성당의 성처녀상과 비교하게 되었다. 기계에 대한 숭배는 진정한 영적 믿음 앞에서는 아무것도 아니라고 애덤스는 말했다. "기술의 힘에 대한 숭배는 유아론(唯我論)의 종점, 즉 우리 자신에 대한 숭배로 끝났다"고 애덤스는 보았다고, 잭슨 리어스는 말하고 있다. 애덤스는 가톨릭교도는 아니었지만, 성처녀를 진정한 신앙의 대변자로, 발전기에 대한 숭배는 불모의 막다른 길로 보았다.[13]

이번에도 우리는 이 모든 문헌이, 주류의 미국식 사고방식과는 얼마나 동떨어져 있었는지를 분명하게 인식해야 한다. 20세기와 마찬가지로 19세기에도, 그것은 미국 대중의 실제 행동에 아무런 영향을 미치지 않았다. 사실 리오 마르크스가 지적하듯이, 남부 밖에서는 러다이트의 입장이 아무런 사회적·정치적 영향력도 없었다. 기술이라는 새로운 종교에 반대하는 사람들은, 그때도 지금처럼 "주변부 너머에 있는 소규모의 광신적, 문학적 몽상가 집단"으로 간주되었다. 기술의 숭고함에 대한 수사(修辭)는 《노스아메리칸리뷰》나 《사이언티픽아메리칸》 같은 주류 출판물에 실린 반면, 그 반대자들의 글은 눈에 띄지도 않고 무엇을 변화시킬 역량도 없는 집단, 소규모의 조직된 소수 언론에 실렸다. "반대자들은 목소리를 내더라도 소리가 작았고 … 애석하게도 효과적이지 못했다"고 페리 밀러는 쓰고 있다. "그들은 실제 사용할 수 있는 저항의 프로그램들을 … 제공해주지 못한다." 오늘날 '기술 종교'는 너무나 확고히 자리를 잡고 있어서, 그 비판자들은 대체로 눈에 보이지도 않지만 히피(아직 남아 있다면)나 환경운동(변변한 것은 못 되지만), 소수의 대학교수들 그리고 그 악명 높은 유나바머(Unabomber) 시어도어 카진스키를 포함해서 갖가지 '신기술 괴짜'들로 치부된다. 이렇게 하여 기술주의 문명은, 기본적으로 자기만족적이고 독단적인 그 전제들에 대한, 유포되어 있는 근본적인 비판을 그럭저럭 피해간다.[14]

말할 것도 없이, 미국 기술문명에 대한 20세기 최고의 비평가는 루이스 멈퍼드다. 그의 몇 가지 작업에 대해서는 이미 논의했다. 자신의 선구적 저서 《기술과 문명》에 대해 1959년에 쓴 글에서 멈퍼드 자신이 지적하듯이, 그 책이 정말로 놀라운 점은, 그 책이 나온 1934년이 될 때까지 아무도 기술(테크놀로지)에 대해 폭넓은 역사적이고 비판적인 연구를 할 생각을 — 적어도 영어로는 — 하지 않았다는 점이다. 멈퍼드는 그 책이 "본래 갖고 있던 특별함을 불행하게도 지금도 지니고 있다. 적극적인 영향은 못 미칠지언정 역설적 기념비로서 여전히 홀로 서 있다"는 말로 글을 마친다.[15]

이것은 전혀 헛된 지적이 아니다. 기술은 미국에서 그렇게나 외곬으로 찬양되고 있었고, 그래서 심지어 1959년이 되어서까지도 그것을 비판의 대상으로 보는 일은 사실상 불가능했다. 기술을 비판하는 일은 어떻게 보면 공기(空氣)를 비판하는 것과 같았고, 그로부터 10년이 더 지난 뒤에야 일어나기 시작했다. 아닌 게 아니라, 멈퍼드가 1967년에 《기계의 신화》의 첫 권을 출판했을 때, 〈타임〉은 그 책을 신석기시대 문화로 되돌아가자는 요청이라고 규정했다. 이 나라에는 기술문명의 안개가 너무나 짙어서 기술문화가 무언가 잘못된 것일 수 있다는 암시는 무엇이든 몰이해나 무시하는 언설에 마주칠 것이다.[16]

멈퍼드는 1922년에 이미 《유토피아 이야기》에서 자신의 중심 테마 — 서구에서의 기계와 기계적 사고방식의 부상 — 를 추구하기 시작했다. 프랜시스 베이컨의 《새로운 아틀란티스》로부터 에드워드 벨라미의 《뒤돌아보기》까지의 서구 유토피아 전통을 재검토하면서, 멈퍼드는 이 비전들이 얼마나 일차원적인가를 알아챌 수밖에 없었다. 그것들은 좋은 삶을 가져오기 위해 기술에 의존하는, 본질적으로 기계시대의 유토피아였다고 그는 지적한다. (경제적) 자유주의와 사회주의가 둘 다 아주 분명하게, 똑같은 비전에 동의하였다. 즉 기술혁신으로 정의되는 '진보'가 끝없이 증가하는 물질적 팽창을 낳는다는 비전이다. 이 비판은 《기술과 문명》에서 더욱 발전하여, 거기서 멈퍼드는 이런 종류의 '진보'에는 인간을 기계숭배에 예속되도록 만드는 결함이 있다고 주장했다. 중세 시기에는 기술(technics, 즉 산업기술 그러나 기술혁신에 관한 한 사회의 습관과 목적을 포함하는)은 삶에 봉사하는 데 — 예컨대 도시나 성당의 건설에 사용되었다고 멈퍼드는 말한다. 그것은 균형 잡힌 문명이었다. 그러나 18세기 산업혁명과 함께 시작된 '구(舊)기술(paleotechnic) 시대'에 규정된 생각은 모든 인간경험을 기술체제 밑으로 가져오는 것이었다. 기이하게도, 멈퍼드는 이 모든 것을 되돌릴 수 있다고 믿었다. 즉 이 체제는 우리 가치관의 산물이므로 우리 가치관을 바꿈으로써 사회를 바꿀 수 있다는 것이다. 간단히 말해서, 정신의 혁명이, 기계가, 다시, 인간의 목적을 향하게 되는, '신기술(neotechnic)' 문명을 가져올 것이다.[17]

'힘의 펜타곤'(1970)이라는 제목이 붙은 《기계의 신화》 제2권은 미국의 '거대기계'는 일종의 뇌물제에 기초를 두고 있다고 주장하면서 이 테마를 상세히 설명한다. 즉 개인들은 이 체제에 무조건적인 충성을 바치면 기계자본주의적 생활방식의 혜택을 누릴 수 있다는 것이다. 그렇다면 답은 명백하다. 그 뇌물과 기계의 신화를 거부하면 전체 구조물이 카드로 지은 집처럼 무너질 것이다. "기술지배라는 감옥의 문은, 우리가 거기서 걸어 나오겠다고 선택하는 순간, 자동적으로 열릴 것이다"라고 멈퍼드는 썼다. 그러나 멈퍼드의 전기(傳記)를 쓴 작가 도널드 밀러도 언급하듯이, 이 시점이 되면 (멈퍼드의) 낙관주의는 진심으로 느껴지지 않는다. 멈퍼드는 미국인들이 기술에 등을 돌릴 것이라고 믿지 않았다. 그는 자주, 오직 기적만이 우리를 구원할 수 있다고 말했다(글로 쓰지는 않았다). 그는 1969년, 친구에게 "지난 반세기 동안 일어난 그 모든 일을 보건대, 배는 침몰할 것이라고 나는 생각한다"고 써 보냈다. 이미 지적했듯이, 멈퍼드가 점점 더 비관적이 된 것은 이해할 만하다. "그는 자신이 대표하는 가치와 이상들을 완전히 거부한 문화 속에서 살고 있었다." 멈퍼드의 필생의 작업은 포괄적이고, 훌륭하고, 절실하게 필요한 것이었다. 그러나 (전후 맥락을 고려하면) 불행히도 돈키호테식이었다. 요컨대 멈퍼드는 가장 좋은 의미에서 비(非)미국적이었다. 1장에서 보여준 것처럼, 진보를 기계적 용어가 아니라 인간적 용어로 다시 정의하자는 요청은, 그 말을 온전히 이해할 능력이 없는 한 나라에 의해서 완전히 무시되었다.[18]

멈퍼드의 작업은 깊이 있고 독창적이지만, 그러나 그가 완전히 단절된 상태에서 혼자 생각해낸 것이라고 말할 수는 없다. 특히, 그는 중세의 '균형 잡힌'(안정된) 문명과, '불균형한'(끊임없이 확장하는) 산업경제의 부상에 의한 전자의 붕괴, 그리고 그에 따른 '의미 상실'에 대해서 강조하고 있는데, 그것은 오랜 지적 계보가 있다. 1960년대와 이후에 일어난 기술에 대한 다양한 비판들을 살펴보기 전에, 우리는 이 전통에 대해 어느 정도 알 필요가 있다. 왜냐하면 당대의 기술사회에 대한 사실상 모든 비판의 중심에는 '기술적 질서'와 '도덕적 질서' 사이의 갈등이 자리하고 있기 때문이다.

전근대(혹은 민속)사회의 생활방식과 질적으로 다른 근대(혹은 산업)사회에 특징적인 생활방식이 있다는 생각은, 적어도 독일 사회학자 막스 베버에까지 거슬러 올라간다. 베버가 말하기를, 근대사회는 관료체제에 의해 통치된다. 즉 '합리적 사고(rationalization)'가 지배적인 사회정신이고, 그것에 의하여 모든 것이 과학적 이성의 지시에 따라 기계화되고 관리된다. 베버가 이 상황을 '철창(iron cage)'에 비유한 것은 유명하다. 이런 사회의 시민들이 그들의 구속으로부터 벗어날 수 있는 방법은 없다는 것이다. 다른 한편, 전근대사회들은 애니미즘, 마술과 정령에 대한 믿음에 물들어 있었고, 통치는 관료체제가 아니라 특출한 지도자들의 카리스마를 통해 이루어졌다. '근대성'으로의 이행에 수반된 마법의 쇠퇴를, 베버는 세계의 탈주술화(die Entzauberung der Welt) — 세계가 마

법에서 풀린 것이라고 일컬었다.[19]

그에 뒤따른 몇십 년간 이 두 가지 근본적으로 다른 유형의 사회질서의 차이는 다양한 연구 속에 나타났다. 그리하여 또다른 사회학자 페르디난트 퇴니스는 그 두 가지를 게마인샤프트(공동사회) 대 게젤샤프트(이익사회, 특히 상업문화)의 관점에서 보고, 전자에는 친족이나 친구 관계의 결속이라는 특징이 있는 반면, 후자에서는 비인격적인 혹은 계약상의 관계가 우세하다고 지적했다. 언어학자 에드워드 사피어는, 다시 그 두 가지를 '진정한' 문화 대 '가짜' 문화로 보고, 전자의 활동에는 정신적 의미가 배어 있는 데 반해 후자는 조화롭지 못하고 공허하다고 주장하였다. 마지막으로 미국의 인류학자 로버트 레드필드는 이 이분(二分)을 도덕적 질서 대 기술적 질서로 다시 이름 짓고, 전통사회 혹은 민속사회에서는 '의미'가 주어지는 데 반해 근대사회에서는 '의미'를 만들어내어야 한다고 주장했다. 도덕적 질서 속에서 개인들은 소속감을 갖고 있었고, "바로 그런 것이 도덕적 질서인 것이다"라고 썼다. 한편 기술적 질서 속에서는, 사람들이 본질적으로 길을 잃은 느낌, 우주 속에서 고아가 된 느낌을 갖는다. 레드필드는, 인류가 궁극적으로 기술적 질서에서는 커다란 진척을 이루었지만, 도덕적 질서 — 이를테면, 어떻게 살아야 하는가 하는 것에 대한 지식 — 에서는 사실상 아무런 진보도 이루지 못했고, 그 때문에 인류의 전망은 좀 어둡다고 믿었다.[20]

레드필드의 인류학 연구의 중심에는, 기술적 진보 그것만으로는 무익하다는 확신이 있다. 기술적 질서 속에서, 인간들은 물건들에 묶여 있거나 그 자신이 물건이라고 그는 주장했다. 만일 이 체제가 전통사회에 채택(더 가능성이 높은 것은 '강요'되는 것이겠지만)된다면, 그것은 그 사회들을 갈가리 찢어버릴 것이라고 그는 주장했다. 그리고 말할 것도 없이, 바로 그와 같이 되었음을 역사는 보여준다. "5만 혹은 7만 5,000년 전의 모든 문명 이전의 사회는, 기술적 질서를 하위에 둔 도덕적 질서를 가지고 있었다"고 그는 썼다. 세월이 지나면서, 그러나 이 방정식이 뒤집어졌다. 그 결과는 명백하다고 그는 결론을 내린다.[21]

이 지점에서 두 가지를 언급해야 마땅할 것 같다. 첫째는, '도덕적 대 기술적'이라는 대비는 (이 점은 레드필드도 인정했는데) 조금 너무 극단적인 '이상형'에 기초를 둔 것이라는 점이다. 노르웨이 인류학자 토마스 힐란드 에릭센이 지적하듯이, 전통사회들 사이에도 중요한 차이가 있다. 그렇기는 하지만 그래도 첫 어림셈으로 그것은 크게 틀리지는 않다고 레드필드는 덧붙인다. 즉 중세 유럽이나 멜라네시아 벽지 마을의 삶은, 오늘날 뉴욕의 삶과, 과거에도 지금도 크게 다르다는 것이다. 그리하여 다음에 나열하는 것들은 초근대사회에서는 희귀해졌다.

느린 시간 ; 정적
안심 ; 예측가능성
소속감 그리고 개인의 정체성
일관성 ; 이해
유기적 성장
진정한 경험(즉 대중매체가 전달하지 않는 것들)
죽음이 삶의 일부라는 인식

반면 다음의 것들은 새로 생겨난 것들로, 언제나 당신 눈앞에 있다.

전자칩과 컴퓨터
유비쿼터스 이동통신
유전자 조작
전자체계에 의해 통합된 세계금융시장
지구 전체를 아우르는 서로 연결된 자본주의경제

도시노동력 대다수가 정보처리 분야에 종사하는 현상

지구 인구 대다수가 도심지역에 살고 있는 현상[22]

둘째는, 기술적 질서 속에 있는 우리들이 도덕적 질서 속에서 살았던 사람들보다 자기자신의 운명을 통제하고 있다고 느끼며 살고 있는지 전혀 분명하지 않다는 점이다. (아이러니컬하게도) 기술은 특히 통제와 관련된 것인데 말이다. 사실 이 차이를 위의 두 목록에 대입하여 본다면, 온전한 정신을 가진 어떤 인간이 두 번째 목록의 세계에서 소속감을 찾을 수 있겠는가. 그런데도 이 점을 지적하면, 루이스 멈퍼드의 생애가 증명하고 있듯이, 진지하게 받아들여질 수가 없다. 지그문트 바우만은, "사회적 결속과 공동체의 유대를 계속해서 분해하고 무너뜨리는 데에, 거의 모든 '근대화' 수단들이 하나도 빠짐없이 역할"을 한다는 사실이, 공적 논의에 누락되어 있다고 썼다. 혹은 〈뉴요커〉의 기자 애덤 고프닉이 썼듯이, "지극히 중요한 어떤 것이 세상으로부터 빠져나가고 있다는 느낌이 있는데, 그런데도 이것을 막으려고 하면 그 즉시 시대에 역행하는 것으로 분류된다." 인간적으로 가치 있는 모든 것이 과거지사가 되어가고 있는 동안, '아이패드'가 '진보'를 대변한다고 생각하는 문화를 구하기 위해, 대체 무슨 일을 할 수 있을까? 이 문화가 진보에 대한 자신의 정의를 언젠가 재고할 수 있을 가능성은 얼마나 되는가? 이런 설의법이 다 무슨 소용일까?[23]

여러모로, 미합중국에서 이 모든 것이 끓어오르게 한 것은 '베트남'이었다. 1960년대의 급진주의자들이 레드필드를 읽으며 많은 시간을 보냈다는 것이 아니라, 기술적 질서가 도덕적 질서를 말살시키고 있다는 생각에, 확실히 이른바 대항문화가 동조되어 있었다는 뜻이다. 그와 같은 생각은 대표적으로 허버트 마르쿠제(《일차원적 인간》)나 아서 케스틀러(《몽유병자들》) 그리고 자크 엘륄(《기술사회》) 등, 다수의 진지하면서도 인기가 있는 저자들을 통해 전달되었다. 하이퍼기술사회가 네이팜탄과 산탄폭탄으로 농민문화를 흙 속으로 두들겨 넣고 있는 상황에서, 보다 젊은 세대 가운데 몇몇은 명백한 인과관계를 깨우치기 시작했다. 이것은 확실히 1장에서 논한 시어도어 로잭의 거대한 인기와, 제한된 것이지만 그래도 목소리를 내고 있는, 이제는 인구의 작은 부분이 된 사람들이 본질적으로 비인간적인 것으로 간주하는 과학과 기술에 대해 혐오감을 갖는 이유를 설명해준다. 이것은 중대한 문제이며 잠시 후에 그것에 대해 이야기하겠다.

1장에서 지적했듯이, 가장 당선 가능성이 낮은 후보였던 지미 카터를 대통령직에 올려놓은 공은 부분적으로는 베트남의 붕괴에 있었다. 그는 대중문화 속의 이들 흐름을, 특히 환경운동이 그것들을 받아들였으므로, 잘 알고 있었다. 그리고 기술자로 훈련받은 사람으로서, 그는 기술에 관련된 문제들에 민감했다. 나는 이미 그가 경제학자 E. F. 슈마허의 추종자였고, 1977년에 그를 백악관에 초대했음을 언급했다. 슈마허는 미국인들이 '허슬링 라이프'로부터 멀어지도록 방향을 바꾸려 시도했지만, 그에 못지않게 사람들이 기술에 대해 다르게 생각하도록 만드는 데 관심이 있었다. 막대한 영향력이 있는 저서 《작은 것이 아름답다》에서 슈마허는 자신이 '적정기술' — 지역적, 분산적 맥락 속에서 작동하는, 수공예 기술 지향적인 멈퍼드풍의 제안 — 이라고 부른 것을 옹호했다. 그런 기술은 침입적이지 않을 것이라고, 즉 생태적으로 민감하고, 자신이 기반하고 있는 공동체를 존중하는 기술일 것이라고 그는 생각한다. 그것들은, 예를 들면, 보다 단순한 장비를 사용할 것이고, 사람들이 살고 있는 곳에 작업장을 만들 것이다. 그리고 값(비용)이 비싸지 않고, 소규모의 적용에 맞을 것이다. 그리고 그것들은 단순한 기술과 그 지역의 재료를 사용할 수 있게 할 것이다. 이 비전을 따라서, 카터는 AT프로그램(당시에는 그렇게 불렸다)과 국립적정기술센터를 설립하기 위해 2,000

만 달러를 미국 국제개발기구에 지원했다. 이 모든 것은 1981년, 레이건이 대통령직을 맡자 곧 재빨리 폐지되었다. 사실상 AT운동은 태어나기도 전에 죽어버렸다.[24]

그러나 그 운동의 실패는 레이건의 반대보다 더 깊은 뿌리를 가지고 있었다. 역사가 캐럴 퍼슬이 지적하듯이, 카터의 임기 동안 주정부와 중앙정부의 AT프로그램 계획에도 불구하고, 예컨대 핵발전에서 태양광발전으로 보조금 지원을 전환하는 데에는 커다란 저항이 있었다. 카터 또는 환경운동이, 군산복합체에 더해서 농산업, 민간 공익사업, 주요 제조기업들과 대결해서 승리할 가능성은 낮다. 그러나 퍼슬은, 기득권 문제 이상으로 '연성(soft)' 에너지에 대한 대응 개념으로 '경성(hard)' 에너지의 배후세력들은, "패권적 문화로서 작동하는 기술의 일정 종류와 이해에 헌신하고 있었다"고 믿는다. 달리 말해서, 하나의 생활방식, 하나의 상징체계가 위태로워진 것이다. 주류문화의 눈에 AT는 전복적인, 아주다른 가치체계로 보였다. 어쩌면 '여성적' 이라고 부를 수도 있었을 것이다. "기술을 재정의하려는 시도에서, 적정기술 옹호자들은, 그 주제의 패권적 개념을 만든 바로 그들의 힘에 직접적으로 도전을 한" 것이라고 퍼슬은 쓰고 있다. 한마디로, 일종의 수공예 기술(기교)에 기반한 기술로의 전환(혹은 그저 그것을 옹호하는 것)은, 미국인들이 소비주의가 아니라 영성에서 성취감을 발견하도록 하자는 1979년 카터의 제안만큼 커다란 정신적 전환이었다. 애초부터 별로 가망 없는 일이었다.[25]

물론 AT는 본질적으로 비인간적인 기술의 범주에 맞아 들어가지 않았다. 지적했듯이 그것은 기술이라기보다는 기교(수공예 기술)였고, 그것의 구체적인 목표는 어떤 맥락에서든 이미 존재하는 삶의 방식을 근본적으로 변경하는 것이 아니라 더욱 향상시키는 것이었다. 산업사회들의 지배적인 기술적 방식에 대해서는 같은 말을 할 수 없다. 그러나 심리적이고 문화적인 이유 때문에 사람들이 이것을 파악하기는 어려웠다. 특히 미국과 같은 사회에서 살고 있는 개인들이 기술이 중립적이지 않다는 생각을 갖는 것은 거의 불가능하게 보일 것이다. 대중의 마음속에는 기술이 면도날과 같이 작동한다는 생각이 뿌리 깊이 박혀 있다. 즉 면도날로는 면도를 할 수도 있고, 손목을 그을 수도 있다. 이 짐작건대 상식적인 관점에서는, 기술은 그저 도구에 불과하고 ─ 가치중립적인 ─ 그것을 어떻게 사용할 것인지를 결정하는 것은 인간에게 달려 있다. 그것은 긍정적으로(가령, 평화로운 핵에너지) 쓰일 수도 있고, 부정적으로(핵폭탄) 쓰일 수도 있다 ─ 결정은 우리에게 달렸다.

이 이론의 유일한 문제는, 그것이 틀렸다는 것이다. 로버트 레드필드에서, 루이스 멈퍼드, 마셜 매클루언, 사회연구를 위한 프랑크푸르트학파(허버트 마르쿠제를 포함하는), 현대의 기술비평가들에 이르기까지, 그들 모두가 동의하고 다양한 방법으로 입증할 수 있었던 한 가지는, 기술이 '도구'에 불과하다는 이론이 구제불능으로 순진하다는 것이었다. 그것은 대부분의 기술들이 '적정'하지 않다는 사실을 무시한다. 오히려 기술은 일단 문화 속에 도입되면 그 문화를 영원히 바꾸어버리는 사고방식(정신구조)과, 생활방식을 함께 가져온다. 레드필드가 발견한 것처럼, 멕시코의 작은 마을에서 소에게 예방접종을 시작하면, 마법의 전통, 토착의 치유법은 사라지기 시작한다. 그와 유사하게 매클루언은, 1960년대에 그를 일약 명사(名士)의 지위에 올려놓은 일련의 저서들(《The Gutenberg Galaxy》, 《Understanding Media》, 《The Medium is the Massage》)에서, 통신기술이 그것이 도입된 사회들을 근본적으로 변화시켰다고 주장했다. 그런 것들이 중립적이라고 믿는 것은 일종의 '몽유병'이라고 매클루언은 썼다. 순전히 기술의 용도만이 문제라고 생각하는 것은 "기술주의적 백치의 멍청한 태도"라고 그는 말을 이었다. 예를 들어, 중세의 구술문화는 근대의 인쇄문화와 근본적으로 다르고, 그것은 또한 포스트모던 영상문화와 또 다르다. 매체는 메시지일 뿐만 아니라 마사지(massage)

이기도 해서, 강력한 방법들을 통해서 문화를 주형한다. 그래서 망치를 갖게 된 사람은 돌연 모든 것을 못인 양 보게 된다는 속담이 있는 것이다. 인쇄문화는 중세의 청각적이고 감각적인 세계를 주변으로 밀어내었고, 스벤 버커츠가《구텐베르크 비가(悲歌)》라고 적절히 제목을 붙인 책에서 아주 설득력 있게 예를 들어 보여주고 있는 것처럼 그와 꼭 마찬가지로 디지털/가상의 문화는 지금 내향적이고 명상적인 인쇄문화의 세계를 밀어내고 있다. 그리고 현대기술이 하는 일은(꼭 미디어기술만 그런 것이 아니다), 사람과 인간의 삶을 포함해서 모든 것을 기계장치(사이버 기계장치를 포함하여)의 기제로 번역하는 것이다. 당신이 허슬링 사회 속에 산다면 모든 것은 상품이다. 기술사회에서는 모든 것이 수단이요 도구이다. 여기에 '중립적'인 것은 아무것도 없다.[26]

이 한 가지의 강력하고 정확한 논지가 매클루언-멈퍼드 시대와 그 너머의 기술문명에 대해 비판적인 모든 이들, 폴 굿맨, 시어도어 로잭, 랭던 위너, 제리 맨더, 커크패트릭 세일, 웬델 베리, 앨버트 보르그먼, 닐 포스트먼, 시어도어 카진스키(유나바머) 그리고 가상정보사회에 대한 21세기 비평가 크리스틴 로젠과 니콜라스 카 같은 사람들의 저술에까지 관통하고 있다.[27] 그러므로 이 모든 저자들의 작품들을 리뷰할 필요는 없다. 대체로 단일 주제의 변주들을 보게 되기 때문이다. 예를 들어, 위너는 1970년대 이래로 기술의 정치학에 대해서 써왔는데(《Autonomous Technology》,《The Whale and the Reactor》), 기술이 생활방식 전체를 함축하며 생활방식은 결코 중립적이지 않다고 되풀이하여 진술한다. 그가 (매클루언을 따라서) '기술주의적 몽유병'이라고 지칭하는 이 현실에 대한 근본적인 무지가, 우리가 처해 있는 혼돈의 근저에 있다. 그는 한 사회에 대한 비전이 기술혁신과 분배의 진로를 결정해야지 (지금처럼) 그 반대가 되어선 안된다고 주장한다. 기술의 발전은 "의식하고 있는, 비판적으로 평가된 형태와 한계의 기준에 따라서" 앞서 이끌어져야 한다. 위너는 멈퍼드식으로, 우리가 소규모 기술(technics)과 솜씨(craftsmanship)의 옛 전통으로 돌아갈 수 있다고 믿지는 않는다. "그 전통을 옹호하고, 그것에 의미를 부여한 세계가 사라져버렸"기 때문이다. 그러면 어떻게 해야 하는가? 간곡한 권고와 우리의 (내 생각에는 존재하지 않는) 보다 나은 감수성에 호소하는 것 외에, 위너도 그 주제에 관해 저술한 다른 저자들이나 진배없이 구체적인 믿음직한 계획(프로그램)을 갖고 있지 않은 것이 사실이다. 게다가 그는 이것을 잘 알고 있다. "문명된 삶이란 온전히 자각하고 있는, 지적이고 스스로 결정하는 사람들이, 정보에 근거하여 목적과 수단에 대한 선택을 하고, 그 기초 위에서 행동을 취하는 것으로 이루어져 있다는 생각은 한심한 환상인 것으로 드러났"고 그는 쓰고 있다. 이것은 물론 결국, 상황이 어떻게 전개될 것인가라는, 내가 5장에서 다룰 내용에 대한 질문을 야기한다.[28]

미국이 어떻게 표류하게 되었는지("문화가 기술에 항복하다")에 대한 탁월한 분석을 제공하는 닐 포스트먼의 작업(《Technopoly》)에 대해서도 비슷한 이야기를 할 수 있다. 포스트먼은 문화를 세 가지 유형 ─ 즉 도구사용문화, 기술주의사회(technocracy), 기술지배사회(technopoly)로 나눈다. 17세기까지는, 세계의 모든 문화가 첫째 범주에 속했다고 그는 말한다. 도구는 특정 문제를 해결하기 위해서(예를 들어, 풍차) 혹은 상징적 목적에 봉사하기 위해서(예를 들어, 성당) 발명되었다. 그것들은 그것들이 발명된 문화의 전통을 지속시켰다. 그런 문화에서 "기술은 자유로운 것으로 간주되지 않았고, 구속력이 있는 어떤 사회적 혹은 종교적 시스템의 관할하에 있었다." 물론 가끔 멀리 미치는, 의도하지 않은 영향이 있었다. 그렇게 14세기의 기계시계는, 종교적 의식을 위한 '도구'였던 것이 영리사업의 도구로 바뀌기도 했다. 그래도 전반적으로 이 새로운 발명품들은 침입자가 아니었다. 그것들은 그 문화의 세계관을 심각하게 거스르지 않는 방식으로 문화 속에 통합되었다. 한마디로 그것은 '적정

한' 것이었다.[29]

기술주의사회(테크노크라시)에 관해서는 그렇게 말할 수 없다. 테크노크라시에서 도구들은 그 문화의 세계관에서 중심적 역할을 한다. 그것들은 그 문화에 통합되기보다는 그 문화를 공격한다. 그들은 문화가 '되려고' 한다. 인쇄기와 망원경이 이 범주에 속한다. 우리에게 진보라는 개념을 주고 세계에 속도를 붙인 것은 테크노크라시라고 포스트먼은 말한다. 그래도 테크노크라시에서는 19세기 미국에서 그랬던 것처럼, 한동안 도구를 사용하는 이전의 것들과 공존하는 것이 일반적이었다. 그러나 기술지배가 부상하자 앞선 문화는 사라진다. 기술지배는 '전체주의적 기술주의' 혹은 '기술적 신학(神學)'이다. 자기 외의 나머지 모두를 제거한다.

포스트먼은 이러한 전개가 미국의 축이 되는 중요한 인물, 헨리 포드와 프레더릭 W. 테일러의 출현과 때를 같이한다고 본다. 이미 지적했듯이 이동식 조립라인은 1913년에 처음 출현하고, 테일러의《과학적 관리의 원칙》은 이보다 두 해 앞서 출판되었다. 테일러는 효율성을 인간 삶의 목표로 보았다. 그의 책과, 그의 산업 시간동작연구(시간과 작업 능률과의 상관 조사 ― 역주)들은, 사람이 기술에 예속되었을 때, 그 반대의 경우가 아니라, 사회에 가장 잘 봉사한다는 최초의 분명한 선언이었다. "과거에는 사람이 최우선이었다. 미래에는 시스템이 첫째가 되어야 한다"고 그는 썼다. 기술주의사회에서는 사람이 때때로 기계처럼 다루어져야 한다는 이해가 있지만 이것이 철학의 수준으로 올라가는 일은 없다. 반면 기술지배사회에서는 그렇게 된다. 포스트먼은 기술지배는 "모든 형태의 문화생활을 기교와 기술의 지배에 예속되게 만드는 것이다"라고 말한다. 그것은 본질적으로 광기의 한 형태이고, 도덕적 토대가 없는 문화를 만들어낸다(히틀러와 레닌이 모두 테일러를 크게 칭찬한 것은 놀랍지 않다). 문화는 기술 그 자체를 방향과 목적의 근거로 사용하려 하지만, 그것은 실패할 수밖에 없다. 왜냐하면 그것은 비유하자면 질병을 치유책으로 만드는 것과 같기 때문이다. 위너의 경우와 마찬가지로, 포스트먼도 진정한 해결책을 갖고 있지 않다. 책의 마지막 장(章)에서의 진술도 역시 권고의 말이다. "당신은 애정을 갖고 있는 저항투사가 되고자 노력해야 한다." 사람들을 고무하기보다는 현실을 안타까워하는 말이다.[30]

애정을 갖고 있지 않은 저항투사의 최근의 가장 좋은 예는, 유나바머로 더 잘 알려져 있는 시어도어 '테드' 카진스키이다. 그의 경우는 근대적 삶에서 기술이 하는 역할에 대하여 미국이 어느 지점에 있는지 하는 측면과, 〈뉴욕타임스〉와 〈워싱턴포스트〉에 실린 그의 '선언문'과 미국 대중이 그를 어떻게 보는가 하는 양 측면에서 모두 알려주는 바가 매우 많다. 사제(私製) 우편물 폭탄으로 세 사람을 죽이고 스물세 명을 다치게 한 후에, 카진스키는 1995년 4월 24일 뉴욕타임스에, 〈뉴욕타임스〉나 〈워싱턴포스트〉가 기술문명에 관한 자신의 선언문 '산업사회와 그 미래'를 게재키로 하면 더는 공격을 하지 않겠다는 편지를 보냈다. 그것은 1995년 9월 19일에 두 신문 모두에 실렸다.

일면만 보면, 지난 16년 동안 무작위로 공격목표를 선택해온 표면상 미친 사람이 썼다는 사실 말고 뭐 그리 소란을 피울 일인가, 의아할 수 있다. 그 글은 — 무겁고 지루한 — 주로 환경과 관련된 상투 어구들과 통속 심리학의 혼합물이다. 논지에 일관성이 없고 산만하며 주장이 빈약하고 베버, 마르쿠제, 엘륄, 올더스 헉슬리 같은 저자들(글을 말함)을 그들의 이름을 언급하지도 않으면서 뒤섞어 제공하고 있다. 여기서 '문제'는(정말 문제가 있다면) 적어도 내 관점으로는, 그 선언문에는 동의하지 못할 내용이 별로 없다는 점이다. 시작 부분을 보자.

산업혁명과 그 결과들은 인류에게 재앙이다. 그것들은 '선진'국들에 살고 있는 사람들의 수명을 크게 연장시켰지만, 사회를 불안정하게 만들고, 삶을 불만족스럽게 만들고, 인간에게 모욕을 주고, 심리적 고통을 초래하고(제3세계에서는 육체적 고통도) 자연세계에 심각한 손상을 가했다. 계속된 기술의 발달은 상황을 악화시킬 것이다. 그것은 확실히 인간에게 더 큰 수모를 주고 자연세계에 더 큰 손상을 가할 것이며 아마도 더 큰 사회적 불화와 심리적 고통을 초래할 것이고, '선진' 국가들에 육체적 고통을 더 많이 가져올 수 있다.

저자는 계속해서, 그 체제가 존속할 방법은 "오직 인간과 많은 다른 생명체들을 공학적으로 조작된 것으로, 그리고 사회기계(social machine) 내의 단순한 톱니로 영원히 전락시키는 대가를 치르"는 길밖에 없을 것이라고 말한다.[31]

사람을 '사회기계 내의 톱니'로 만드는 것이 100년 전 프레더릭 테일러의 분명한 목표였던 것을 생각할 때, 그리고 그 목표가 상당히 성취되었음을 생각할 때, 카진스키의 분석을 극적이거나 전례가 없는 것으로 보기는 어렵다. 게다가 산업혁명이 지구에 무자비한 재앙이었다는 것도 대부분의 환경단체들이 두루 하는 말이다. 그들은 기술문명이 사람들에게 진정한 안정을 제공하지 못하고, 공동체와 가족의 결속을 깨뜨리고, 오래된 문화를 부수고, 우리를 지옥 같은 악몽 쪽으로 데리고 간다는 카진스키의 말에 틀림없이 동의할 것이다. 그 글의 논지는 정말로 두 가지, 즉 1) 기술사회가 인간의 자유를 크게 구속한다는 것과 2) 그것이 인간의 행위를 충분히 통제할 수 있게 되어야(예컨대 정신병 약을 사용해서) 존속될 것이라는 점으로 정리된다. 그렇지 않으면 그 체제는 아마도 불과 몇년 안에 붕괴될 것이라고 카진스키는 말한다.

그러나 요점은, 1995년에 커크패트릭 세일도 그렇게 썼지만, 이런 식의 생각이 대부분의 환경단체들 사이에는 잘 알려져 있지만 미국인 대다수는 그런 내용에 친숙하지 않고, 따라서 이런 문제들이 대중들에게 알려지고 공개토론의 초점이 되어야 한다는 것이다(대서양 이쪽에서는 녹색당이 세력도 지지자도 별로 갖고 있지 못함을 주목하라). 내가 덧붙여 말하는데, 환경주의자들조차도 기술이 가치를 담고 있다는 점을 분명하게 인식하고 있지 못하다. 그렇기 때문에 환경주의자들일지라도 최신 전자기기를, 그것이 바로 자신들이 비난하는 산업적 생활방식에 매끈하게 짜여들어간다는 인식 없이 구매하리라고 믿어도 좋은 것이다. 카진스키 자신은 그렇게 순진하지 않았다. 각각의 기술혁신들이 그것 자체로서는 바람직하고 자유를 증진시키는 것으로 보일지 모르지만, 전체로 보아서는 이런 '전진'('진보'로 잘못 간주되는)들이 사실상 우리의 자유를 좁히고, 시스템과 그것을 운영하는 기업들에게 더 큰 힘을 준다는 점을 알아보았다. 한편, 사람들은 새로운 전진이 있을 때마다 이런 장치에 더욱 의존하게 — 사실상 노예가 된다고 그는 덧붙인다.[32]

독자들은 유나바머의 선언문과 앨 고어의 저서 《위기에 처한 지구》에서 뽑은 인용문 중에서 어느 것이 어디에서 나온 것인지 알아맞히는 온라인상의 퀴즈를 해볼 수 있다. 예를 들면 이런 것이다.

우리는 산업문명의 매력적인 도구와 기술들 속으로 후퇴한다. 그러나 그것은 우리가 점점 더 서로로부터 고립되고, 우리의 뿌리로부터 단절됨에 따라서 새로운 문제들을 만들어내기만 할 뿐이다.

현재 조직되어 있는 대로의 현대 산업문명은, 지구의 생태계와 격렬하게 충돌하고 있다. 지구에 대한 현대 산업문명의 공격의 사나움은 깜짝 놀랄 정도이고, 끔찍한 결과들은 너무나 빠르게 일어나고 있어서, 우리가 그것들을 알아보고, 그것의 전세계적 의미를 이해하고, 적절하고 때늦지 않은 대응을 조직하는 것을 불가능하게 한다. 이 불가항력적 존재를 직접 경험한, 고립된 채 저항을 계속하고 있는 투사들이, 고무적이지만 그러나 그 결과를 보건대 통탄할 만큼 부적절한

방법으로 반격하기 시작했다.[33]

둘 중에 어느 것이 유나바머가 쓴 것인가? 사실은 둘 다 아니다. 둘 다 전 부통령이며 노벨상 수상자가 쓴 것이다. 퀴즈에는 전부 열두 개의 인용문이 있는데, 그 퀴즈를 풀기 시작하면서 나는 내가 완전히 자의적으로 답을 하고 있음을 깨달았다. 나는 누가 무엇을 말했는지 몰랐고, 결국 33퍼센트라는 창피한 점수를 받았다. 마구잡이 추측으로도 그보다 나은 점수를 받았을 것이다.

그러나 선언문의 생각이 환경단체들의 진부한 문구이라거나, 그것이 때때로 앨 고어의 글과 구별하기 어렵다는 사실로 인해 우리가 실제로 무슨 일이 벌어지고 있는지를 보지 못해서는 안될 것이다. 〈뉴요커〉는 우리 모두 속에 조금씩의 유나바머가 들어 있다고 말한 적이 있는데, 그런데 그것은 정말로 무엇을 뜻하는가? 내가 말했듯이, 기술이 중립적 도구가 아니라는 생각은 미국사회에 거의 퍼져 있지 않고, 환경주의자들의 산업문명에 대한 비난은 그들의 구체적인 매일의 행동과 반드시 일치하지는 않는다. 나는 실제로 몇년 전 '자발적 소박함' 운동의 한 거물이 포르쉐 자동차를 소유하고 있는 것을 알았는데, 그녀가 특별히 색다른 경우라고 생각하지 않는다. 현대기술에 대하여 모순적 태도(정신분열성 사고)를 갖기는 아주 쉽다. 1960년대 초, 수백만의 사람들이 밴스 패커드의 저서들을 탐독하고도 수많은 소비상품들을 사대었던 때나, 혹은 1980년대 초에 《작은 것이 아름답다》나 10년 전의 《건전한 지구를 위한 목록》의 엄청난 인기가 결국은 아무 소용이 없었던 때와 우리는 지금 비슷한 상황에 있다. 미국인들의 일상적인 행동을 근거로 해서 그들을 소비적 생활방식의 열렬한 옹호자로 볼 수 있다면, 기술에 관련된 그들의 행위에 대해서도 같은 말을 할 수 있다. 당신이 앨 고어나 빌 맥키벤의 글을 얼마나 많이 읽었는지는 중요하지 않다. 요컨대 만일 당신이 친구와 대화를 중단하고 휴대전화를 받는다면 당신은 무례한 것만이 아니다. 당신은 당신 자신의 목과 사회의 목을 조여오는 기술의 손아귀에 힘을 보태는 것이다. 다른 대안이 없을 때, 사실상 나라 전체가, 기술문명의 편에 있을 뿐만 아니라 기본적으로 이게 무엇이 걸린 일인지도 알아보지 못한다.[34]

바로 이 때문에 뉴스매체들은 카진스키를 온전한 정신이 아닌 것으로 그려야 했다. 그는 제정신이었다. 국선변호인들은 정신이상 참작을 탄원하고자 했다. 짐작건대 그것이 산업사회에 대한 지성적 비판보다 더 쉽게 이해되거나 받아들여질 것이라고 생각했을 것이다. 일반적으로 미국인들은 미국식 생활방식에 반대하는 사람 — 예컨대 9·11 공격자들 — 은 누구나 정신이상자로 분류한다. 왜냐하면 이성적인 사람이라면 도대체 누가 우리가 갖고 있는 것을 원하지 않을 수 있는가? 그러나 테러리스트들이 반드시 정신이상인 것은 아니다. 그들은 자신의 믿음의 논리적인 결과를 따라갈 만큼 헌신적일 수 있다. 그래서 세일은 유나바머의 선언문에 대하여 "그것은 자신의 명분에 깊이 헌신하고 있는 이성적이고 진지한 사람의 진술이다"라고 쓴다. 물론 카진스키가 이유를 공개적으로 설명하지도 않고 16년간 무작위로 폭탄을 보내는 행위가 자신의 주장대로 "사람들을 이해시키"는 데 도움이 될 거라고 믿었다면, 그가 얼마나 분별력이 있는지 의심하는 것은 당연하다. 그렇지만, 어느 시점에 누군가가 FBI에 그에 대한 제보를 했을 때, 유나바머는 운만 믿고 덤비지 않고 꼬박 6년 동안 활동을 중단했었다. 미치광이의 행동이라고 보기 어렵다. 그 선언문의 문장은 미친 게 아니라 미숙해 (훌륭한 편집자가 절실해) 보인다. 그러나 뉴스매체들은 그 사람을 완전한 미치광이로 낙인찍으려 많은 투자를 했고, 그것에 성공했다. 미국 대중도 역시 그를 그런 식으로 보기를 원했다. 왜냐하면 다른 가능성 — 즉 그가 기술사회와 미국식 생활방식에 대한 오래된, 그리고 아주 존경할 만한 비판의 전통을 이어오고 있다는 생각 – 은, 우리가 타당하다고 결코 집단적으로 인정하지 않을 만한 것이기 때문이다. 의식에 그런 비판이 잠시 떠올랐다고 해도, 우리는 거의 그 즉시 진지한 고려의 대상이 아니라고 치부해버릴 것이다. 커크패트릭 세일은 이 문제에 대하여 대중의 관심을 요청했지만 나는 절대로 사람들이 귀를 기울일 것이라고 생각하지 않는다. 왜냐하면, 아이러니컬한 일이지만, 만약 그런다면 이곳은 미국이 아니고, 처음부터 그런 공적인 토론이 필요하지도 않았을 것이기 때문이다. 우리는 진퇴양난의 딜레마에 봉착해 있다.[35]

카진스키의 비전은, 내가 미국문명의 진로에 대해 '피쿼드 이론'이라고 이름 붙인 바로 그것이다. 그에 따르면, 이 나라의 변화의 메타서사를 정확하게 포착한 것은 미국 최고의 작가 멜빌이다. 강박적으로 고래를 뒤쫓는 것은 간단히 말하면 배(피쿼드호)가 산산조각으로 부서지는 것으로 끝날 것이다. 카진스키는 변증법적 귀결의 가능성이 높다고 믿는다. 즉 우리가 빠져 있는 이 생활방식, 그것의 악화는 불안정성과 자기파괴적 경향들을 충분히 낳아 결국 자체의 붕괴를 가져온다는 것이다. 나는 이것이 터무니없다고 보지 않는다. 오히려 명백한 일이라고 본다. 확실히 그 과정은 상당히 진행되어 있다.

실례로, 기술이 바로 그 자신의 기준에서 실패하고 있는 구체적인 경우 – 가령 효율성을 높이는 것이 아니라 낮추는 – 를 살펴보는 것이 도움이 될 것이다. 이 현상은 '기술혁신의 부메랑'이라고 하면 잘 표현될 것 같다. 그런 예로 토마스 힐란드 에릭센은 1980년 이후의 기간에 소위 시간절약기술이 굉장히 발달했지만, 진실을 말하자면 우리는 지금처럼 자유시간이 없었던 적이 없다고 지적한다. 인터넷은 사용할 수 있는 정보를 거대하게 확장할 수 있었지만, 자료들에 따르면 대중은 갈수록 더 무지하다(이것을 기록하고 있는 마크 바우어라인의 《가장 멍청한 세대》 같은 책은 점점 더 흔해지고 있다). 항공여행은 너무나 혼잡해서 2000년이 되어서는 유럽의 주요 도시를 연결하는 항공편의 50퍼센트가 지연되었다. 미합중국에서는 1970~2000년 기간에 도로 교통량이 3배가 되었고, 평균 주행속도는 해마다 떨어졌다. 실제로 2000년에 뉴욕시에서 자동차 평균속도는 시간당 약 11킬로미터였다. 오늘날은 심지어 그보다 더 느릴 것이라는 사실을 우리는 짐작할 수 있다. 무슨 말인지 알 것이다.[36]

기술-부메랑의 또다른 예는, 이른바 인터넷의 사교적 기능, 가상공동체에 대한 약속(어쩌면 매클루언의 '지구촌'의 변종)이다. 우리는 겨우 한 줌의 친구가 아니라 수백 명의 친구를 가지고 행복하게 서로서로 이어져 새로운 친밀한 관계를 만들어내게 될 것이었다. 그리고 물론 '그물망(the Net)'은 이제 페이스북, 유튜브, 마이스페이스, 트위터 기타 등등을 포함한다. 너무 많아서 탈이다. 그렇지만 '빈곤'이 진상에 더 가깝다. 이 모든 사이버활동은 사회적 고립을 가져왔다. (사이버활동 중이더라도) 당신이 혼자 집에서 화면을 마주하고 있다면, 당신은 혼자 있는 것이다 (잡지 《슬레이트》에서 마이클 킨슬리는 이러한 사이트들을 '거대한 유아론(唯我論) 축제'라고 부른다). '가상공동체'는 완전히 모순어법이다. 왜냐하면 온라인상의 우정은 보통 물리적 근접성이나 진정한 친밀함을 수반하지 않기 때문이다. 실례로 1998년에 카네기멜론대학교의 한 연구팀은, 온라인에 접하고 1~2년 내에 사람들은 사교상의 약속이 줄어들고 심리적 건강이 나빠지는 것을 경험한다는 사실을 나타내는 '인터넷 역설'이라는 제목의 실증연구를 발표했다. 연구자들은 또한 인터넷을 더 많이 사용하는 것이, 가족 간의 의사소통이 줄어들고 지역의 사교모임도 줄고, 외로움이 증가하고 우울증의 비율이 높아지는 것과 관련이 있다는 것을 밝혔다. 연구자들은, 인터넷을 사용함으로써 사람들은 "더 좋은 관계를 더 질이 낮은 사회적 관계로, 즉 강한 결속을 약한 결속으로 대체하"고 있으며, 그에 따른 부정적 영향을 나타낼 것이라고 결론을 내렸다.[37]

1979~2009년 기간에 미시간대학에서 수행한 보다 최근의 연구는, 그

기간 동안 대학생들의 감정이입(공감)능력은 48퍼센트 떨어지고, 다른 사람의 관점에서 사물을 보는 능력은 34퍼센트 감소했음을 드러냈다. 그런데 그것은 대부분 최근 10년 동안 일어났고, 따라서 그 현상은 개인기술(personal technology)과 대학생들의 생활에 아주 큰 부분이 되어버린 인기 있는 사회적 네트워킹 사이트 사용에 따른 고립과 관련되어 있다고 보는 게 일반적 해석이다. 그 연구는 "개인적인 욕구와 자기표현이 중심이 되는 기술이 무성한 세계"에서, 이것은 놀라운 일이 아니라고 말했다. 그러나 또한 문제가 되는 것은 기술의 성격이다. 왜냐하면 인터넷과 전자매체들은 속도와 기분전환(집중을 방해하기), 빠르게 주의를 옮기는 것에 기초를 두고 있기 때문이다. 공감과 연민 같은, 보다 고차원의 감정은 본질적으로 느린 신경계 작용에서 나온다. 우리의 주의가 분산되어 있을수록 그런 감정을 경험하거나 타인의 관점에서 사물을 볼 능력이 줄어든다는 사실을 각종 연구가 밝혀주었다. 간단히 말해서 이들 기술이 우리의 도덕심을 파괴하고 있을 수 있는 것이다. 최소한 그것들이 공동체를 증진시킨다고 주장하기는 어렵게 된다.[38]

부메랑 현상의 또다른 예는 2008년 붕괴이다. 〈금융위기와 과학적 사고방식〉에서 폴 셀라는, 미합중국에서 지난 20년 동안 이루어진 자본투자는, 그림자금융 시스템이라고 알려져 있는 투기부채라는 아주 복잡한 구조에 의해 조종되어왔다고 주장한다. 그림자금융은 "세계의 부채담보 시장을 엄청나게 확장하기 위해서 연산력과 확률모델링을 결합한 기술혁신"이다. 이 기술은 이런저런 대출금들을 이리저리 자르고 재포장하여 (소수에게) 거대한 이익을 발생시키는 한편, 실제로는 전체 경제를 위험에 빠뜨리는 부채문화를 만들어냈다. 신용파생상품, 신용-부도스와프(CDS), 차입매수(차입금에 의한 기업 매수) - 이런 것들이 컴퓨터를 이용한 수학적 모델의 기술적 산물이며, 그것들은 더욱 많은 부(富)라는 그 모두의 표면상 목적이 아니라 경제 붕괴를 가져왔다. 더욱이 이 관행들은 그놈의 붕괴에도 불구하고 아직도 계속되고 있다. "현대 기술문명의 무모한 웅장함의 상당부분은 금융위기의 특징 속에 분명하게 드러난다"고 셀라는 쓰고 있다.[39]

사실은 그 기술-부메랑은 훨씬 더 큰 패턴, 기술 전반의 부정적 부산물의 특정 부분집합으로, '기술의 역습'이라고 이름 붙일 만한 것이다. '정치적 역습' ― 즉 테러리즘(어떤 이들은 이것을 제국이 치러야 하는 대가라고 했다) ― 의 경우처럼, 이 결과들 역시 부작용이 아니다. 오히려 그 시스템이 기능하는 방식에 필수적인 것이다. 워너나 포스트먼이나 유나바머가 이 체제가 자멸하고 있다고 주장할 때 그들은 이런 유형의 역습을 말하고 있는 것이다. 이것을 말해주는 사례들은 열거하자면 책으로 여러 권이 될 만큼 많이 있다. 나는 두어 가지 유형만을 열거하려 한다.

현재 가장 심각한 유형의 기술의 역습은, 전자통신장치(TD)의 빠른 보급에 원인이 있다. 스크린, 휴대전화, 관련 장치들의 영향을 분석하는 문헌들을 검토해보면 특히 두 가지 문제가 부상한다. 즉 부분적으로는 이 장치들이 일으킨 두뇌 신경회로의 변화의 결과로 새로운 유형의 인간이 만들어진 것과, 그것과 함께 생겨나는 다른 유형의 사회의 출현이다. 이 두 가지는 현실상황에서 분리하기 어려운 경우가 많지만, 새로운 기술이 개인의 의식과 행동에 미치는 영향부터 설명해보겠다.

특히 TD의 확산에 의해 고무되고 있는 활동에는 다중작업(멀티태스킹), 즉 동시에 여러가지 일을 하는 것이 있다. 오늘날에는 누군가에게 전화를 해서 대화를 하다가, 상대방이 나와 통화를 하면서 컴퓨터에서 무엇을 확인하거나 TV를 시청하고 있다는 사실을 알게 되는 일은 흔히 있다. 당신은 그것이 무례하고 불쾌한 일이라고 볼지 모르지만, 대개 상대는 비록 대화를 반만 듣고 있더라도 자신이 시간을 잘 활용한다고 생각한다. 멀티태스킹은 처음에 향후의 생산성과 효율성의 열쇠로서 과장선전(TD세계의 모든 것이 과장선전된 것 같다)되었고, 내가 아는 한 지금도 맹위를 떨치고 있다. 그러나 진실은 다른 것으로 드러났다. 2007년에 연구조사 회사 '바섹스'의 선임 분석가 조너선 스피라는 다중작업은 생산성을 감소시켜 미국경제에 매년 6,500억 달러의 손해를 입힌다고 추산했다. 이메일과 휴대전화로 주의가 분산되는 노동자들은 대마초 피우는 사람이 경험하는 것의 두 배 이상의 IQ 하락을 겪는다고 밝혀졌다(2005년 런던대학교 연구). 미시간대학교가 행한 조사는 더 나아가 다중작업이 단기 기억상실을 일으킨다는 것을 밝혔다. 이 업무에서 저 업무로 왔다 갔다 하면서 초점을 잃어버린다는 것이다. 일을 바꿀 때마다 하고 있던 일로 되돌아가기 위해, 계속 "엔진의 회전속도를 올려"야 하는 것이다. 전형적인 기술-부메랑 유형으로서, 다중작업은 효율성을 낮춘다.[40]

월터 컨은 "다중작업은 여러 방면에서 두뇌를 방해한다"고 쓴다. 끊임없는 주의 전환은 두뇌의 기억과 학습에 관련된 부분에 악영향을 끼친다. 그렇게 해서 그것은 우리의 사고를 느리게 하고, 사물을 분석하는 (지속적인 주의를 요구하는) 능력을 방해한다. 텔레비전이든, 휴대전화든, 노트북 컴퓨터이든 간에, 스크린기술이 물론 이것의 큰 부분이다. 그리고 최근의 신경학 연구는 "스크린을 내내 보고 있는 사람들"은 많은 양의 도파민에 노출되게 되는데, 그것은 전두엽 피질의 활동 억제를 초래할 수 있다는 것을 발견했다. 다중작업은 또 스트레스에 관련된 호르몬(코르티솔, 아드레날린) 수치를 높이고, 신체(시스템)를 피로하게 하여 조기노화를 가져온다. 종합하면 "다중작업은 우리를 멍청하게 만들고 우리를 미치게 한다"고 그는 결론을 내린다.[41]

니콜라스 카는《피상적 인간들 ─ 인터넷은 우리의 뇌에 무슨 일을 하고 있는가》에서 그 증거를 수집하고 상술했다. 문제는 다중작업에만 제한된 것이 아니라고 카는 쓰고 있다. TD 전반의 사용이 문제라는 것이다. 매클루언은 두뇌는 그것이 사용하는 기술의 특성을 따라 한다고 주장했는데, 지금 우리는 그것을 인쇄매체에서 스크린으로의 문화적 전환

속에서 목격하고 있다. 인터넷의 주안점은 검색과 훑어 읽기[泛讀]에 있지, 진짜 독서나 사색(명상)에 있지 않기 때문이다. 그 결과로 우리가 이제는 아는바 두뇌의 상대적인 가소성(적응성)을 고려할 때, 반성하거나 상황의 미묘한 차이(뉘앙스)를 파악하는 능력은 한쪽으로 밀려나고 있다. 인터넷(Net)은 문자 그대로, 우리 두뇌 속의 경로를 변경하여 우리의 사고과정을 점점 더 얄팍하게 만든다고 그는 말한다. 즉 그것은 글의 내용을 검색할 수 있는 덩어리들로 쪼개고, 그것을 다른 내용으로 둘러싼다. 그래서 인터넷상의 페이지는 인쇄된 페이지와 크게 다른 것이다. 후자에서는 집중과 주의의 요소가 높은데 전자에서는 낮다. 게다가 '링크'가 있어서 우리의 주의를 어떤 한 가지에 집중시키지 않고 이런저런 내용으로 건너뛰도록 부추긴다. 그래서 어느 한 항목에 대한 우리의 관심은 일시적이고 단편화된다. 인터넷은 기본적으로 '방해기술의 생태계'이다.[42]

인쇄물은 한편 침착한 주의 집중의 특성이 있다. "조용함이 의미의 일부였다"라고 시인 월리스 스티븐스는 표현했다. 인쇄된 내용이 전자장치로 옮겨지면 그것은 웹사이트 같은 것으로 변한다고 카는 말한다. 즉 침착한 주의 집중은 사라지고 그 대신 반복적이고 강렬하고 중독성을 갖는 자극을 전달하며 아주 피상적인 이해를 조장한다. 사람들은 기본적으로 스크린에서는 정말로 읽지 않는다. 그것은 여기저기 들여다보기, 대충 훑어보기, 핵심어(키워드) 찾아내기 등, 읽기와는 다른 종류의 활동이다. 그리고 다중작업을 더 잘할수록 깊이 생각하기나 창조적으로 생각하기는 잘할 수 없다. 우리는 얇고 납작한 '팬케이크 인간'(극작가 리처드 포먼의 말)으로 되어가고 있다고 그는 결론 내린다.[43]

인쇄물에 대한 관심 결여와 그에 상응하는 TD에 대한 관심 증가는 특히 젊은이들 가운데에서 두드러진다. 2009년에 미국의 평균적 10대는 한 달에 2,272건의 문자메시지를 보내거나 받았다. 나는 TV에서 열여섯

살짜리 두 명이 하루에 200건 이상 문자메시지를 보낸다고 말하는 것을 본 기억이 있다(그들은 그것을 상당히 자랑스러워했다). 한편 2008년에 25세에서 34세 사이의 평균적인 미국인이 인쇄물을 읽는 데 보낸 시간은 1주에 49분이었다. 터프츠대학교의 매리앤 울프가 설득력 있게 표현한 것처럼, "(지금) 멸종 위기에 처한 '독서하는 두뇌'가, 지난 5000년간 발달해온 과정에서 맞은 최대의 위협은, 디지털세상일지 모른다." 크리스틴 로젠은 종합해보건대, 이것이 우리가 지금 목격하고 있는 비극의 종점이라고 덧붙인다.

우리 문명에서, 우리에게 가장 큰 힘을 준 성취인 문해능력이, 막연하고 제대로 정의되지 않은 '영상 상식'으로 대체될 참이다. 근대성을 건설한 도구인 책은, 단편화되고 분명치 않은 정보에 밀려 사라질 참이다. 모두 진보의 이름으로.[44]

사회의 '구글화(Googlification)'가 빠르게 진행됨에 따라, 우리는 구글 회사의 '종교'(니콜라스 카의 표현), 즉 그 지적 윤리가 '테일러주의', 즉 '진보'의 화신이라는 사실에 주목해야 될 것이다. 여기서 제1의 가치는, 생각에서조차도, 효율성이다. 그 회사 스스로 그들의 목표는 사용자들이 빠르게 들어오고 나가게 하는 것이라고 언표한다. 사실 회사의 수익이 그 과정에 달려 있다. 논쟁이나 이야기(서술)의 진행으로 주의를 길게 끄는 일은 그들의 적(敵)이다. "구글이 가장 바라지 않는 일은, 여유 있게 읽기나 느리고 집중된 생각이다"라고 카는 쓰고 있다. "구글은 정말 문자 그대로 주의를 분산시키는 사업을 하고 있다." 구글은 프레더릭 테일러를 좇아서, 지능이 단지 기계적 과정의 산물이라고 믿는다. 이 세상에는 "깊은 독서로부터 생각에 잠김, 사색의 어렴풋한 무목적성" 같은 것의 자리가 없다고 카는 지적한다. 구글의 테일러식 세상에서 "모호성은 통찰을 위한 통로가 아니라 고쳐야 되는 결함"이라고 그는 말을 잇는다. 그렇게 되면, 개인적 충격을 따라 문화적 충격이 온다. 요컨대 우리가 목격하고 있는 것은 복잡한 내면의 다양성이 문화적 유산이라는 감각이 전혀 배제된 새로운 종류의 자아로 대체되는 것이다. TD가 어릿광대들의 나라를 만들어내고 있다고 말해도 지나치지 않을 것이다.[45]

어릿광대 같은 행동(익살 부리기)은, 독자들이 잘 알듯이 이런 기계들의 사용에 의해 특히 고무된다. 그리고 많은 경우 의도적 - '수동적 공격성'의 행동 - 이다. 그러나 그것은 또 (이 경우에도 역시) 몹시 중독성이 있는 기술의 본성 속에 있다. 딕 메이어가 《왜 우리는 우리 자신을 미워하는가》(2장에서 언급)에서 쓴 것처럼 "사람들은 휴대용 기기들을 묵주 알처럼 늘 손에 쥐고 있다. 그들은 사람을 대면하고서도 이메일을 확인해야만 된다." 이 '테크노 촌놈'들은 공공장소에서 다른 사람들을 의식하지 못하며, 그 모든 것이 '무례한 좀비세상'을 만들어내었다고 하면서, 메이어는 계속해서 무선기술에 대해 다음처럼 주장한다.

사람들이 어디에서든 인터넷 탯줄에 걸려들게 해서 커피숍, 공항, 공원, 서점들은 노트북 훌리건들로 가득하다. 숙련된 사람은 커다란 공간을 뜻대로 쓸 수 있다. 이런 종류의 행동은 가령 "나는 아주아주 중요해, 나는 너보다 더 중요해, 나는 언제나 연결이 되어 있어야 해" 같은, 병적으로 자기중심적인 메시지를 시사한다.

그래서 상점에서 휴대전화 통화를 하고 있는 사람은 점원에게 고맙다는 말을 하거나 그들의 존재를 알은 체하지 않아도 되고, 이런 종류의 무례는 실제로 이제 용납이 되고 있다(우리는 날마다 그것을 목격하고 있다). 이것은 결국 '테크노-공격성'이 되어서, 상식적인 예절과 우리사회의 사회자본을 크게 파괴한다고 메이어는 결론 내린다.[46]

크리스틴 로젠은 〈우리의 휴대전화, 우리 자신〉이라는 글에서, TD가, 심리학자들이 아동기로부터의 '이행대상'이라고 부르는 것, 가령 담요나 곰인형 같은 기능을 한다고 주장한다. 바로 그래서 그것들이 그토록 중독성이 큰 것이다. 즉 깊은 심리적 불안에 뿌리를 두고 있기 때문이다. "우리는 끊임없이 그것을 꺼내고 만지작거리고 치웠다가 다시 꺼내고 방향을 재조정하고 문자메시지를 보내고 한다." 휴대전화는 우리의 (외면상의) 정서적 성취를 주위에 있는 모든 사람에게 광고할 수 있게 한다. "보라. 내가 얼마나 인기 있는지, 내 삶이 얼마나 충만한지."(생각해보면 정말 슬픈 일이다.) 로젠은 그 모두의 무례한 면에 대해 메이어와 같은 의견이다. 예를 들어서, 전화의 사용(이번에도 역시 기술에 내재된)은 우리에게, 공적 공간을 지배하고 사실은 그것을 침범하여, 결국 (이제 보이지 않게 된) 다른 사람들에게 그들이 그것에 대해 아무것도 할 수 없음을 보여주는 것을 가능하게 한다. 케네스 거겐은 이런 행동을 '부재의 존재(absent presence)'라고 불렀는데, 몸은 그곳에 있지만 정신은 다른 데 있는 것을 말한다. 그것은 세상을 배경으로 취급하고, "공적 영역으로부터의 근본적인 이탈"을 일으키는, 그리고 주위의 사람들을 평가 절하하는 방법이다. 그리고 바로 그것이 이제 도처에 있다. 이 나라 전역에서 휴대전화는 영화, 콘서트, 강의, 공연을 방해한다. 어느 순간에라도 당신 주위에서 길을 걷고 있는 사람의 적어도 25퍼센트는 주위를 의식하지 않고 귀에 전화를 붙이고 있다. "무선기술의 언어 자체가 매체로서의 그것의 이기성을 말한다"고 로젠은 말한다. 그런 사회의 상스러움과 자기도취증은 더이상 심할 수가 없다.[47]

TD의 영향하에서 사람들의 두뇌가 변하고 있다는 사실은, 또하나의 문화변동, 즉 하이데거의 표현으로 기술사회의 전반적인 '광란상태'를 초래한다. 이 장치들이 가져온 집단적인 영향은, 미국 삶에서의 허슬링 성격이 기하급수적으로 증가한 것이다(그리고 우리가 보았듯이 그것은 처음부터 이미 상당히 높았던 것이다). 로젠의 표현대로, '기술-사회 다위니즘'의 병리적 환경 속에서 고요함을 위한 시간은 없다. 이 모든 용감한 신인간들은 혼자서 생각을 하는 능력과 침묵의 중요성을 이해할 능력을 결여하고 있다. 이 모든 개수작의 소음이 다른 모든 것을 집어삼킨다. 언젠가 나는 동료 한 사람과 멕시코시티에서 자동차를 타고 가다가 거대한 휴대전화 광고판을 보았다. 거기에 1미터는 될 대문자로(무슨 이유에선지 영어로 쓰여 있었다) "KILL SILENCE"(적막함을 깨부숴라)라고 쓰여 있었다. 나는 동료에게 "흠, 저 사람들은 그래도 정직하긴 하네요"라고 말했다. 그는 "아, 당신은 기술에 집착하고 있군요"라고 대꾸했다. 아닌 게 아니라 사실 그는 하루 24시간 언제나 휴대전화를 붙들고 있는 사람이다. 그렇지만 나는 아주 똑똑한 사람들조차도 이 상황을 이해하지 못하고, 그리고 조지 슈타이너가 현대성을 '침묵에 대한 체계적인 억압'이라고 했을 때 그게 무슨 뜻인지 모른다는 생각을 하지 않을 수 없었다. 어쨌든 침묵은 모든 자기인식과 또한 많은 창조성의 근원인 것이다. 그러나 창조성과 생산성을 혼동하고 끊임없는 소음을 활기라고 생각하는 사회들은 정적을 전혀 소중하게 생각하지 않는다. 실제로는 기술에 집착하는 것은 '사회'인데 그것이 사실상 우리가 숨 쉬는 대기를 이루고 있기 때문에 그 집착이 '정상'인 것처럼 보인다. 그 결과, 우리는 인간성의 근본적인 면들이 사라지고 있는 것을 알아채지 못한다. 윌리엄 데레지비츠는 자신이 예일대에서 가르치던 시절에 학생들에게 고독이 그들의 삶에서 어떤 자리를 차지하고 있느냐고 물었다. 학생들은 누구든 혼자 있고 싶어 한다는 데 대해 어리둥절한 듯한 반응을 보였다. "오늘의 젊은이들은 고독에 대한 욕구가 없고, 그것에 대해 들어본 적도 없고, 그것을 갖는 것이 왜 가치가 있는지(좋은지) 상상할 수가 없는 것 같다. 사실 이들이 기술을 사용하는 것은 … 고독의 가능성을 물리치려는 끊임없는 노력과 관련된 것 같다." 창조성의 세계, 상상의 세계, 깊이 있는

자아의 세계는 문이 닫히고 있다.《멋진 신세계》에 그려진 사회가 분명히 다가오고 있다.[48]

이것은 기술이 관련된 한 정말로 문제가 되는 유일한 질문으로 우리를 이끈다. 즉 진지하게 따지면 무엇이 과연 진보인가? 몇년 전에 스위스 화가 요르그 뮐러는 1953~1976년 기간의 전형적인 스위스나 독일의 소도시의 '진화'를 보여주는 여덟 편의 도판이 있는 화집《변하는 도시》를 제작했다. 기술과 시장의 힘의 압력하에 게마인샤프트(공동사회)였던 본래의 소도시는 천천히 변하여 마지막에는 사람의 모습은 하나도 보이지 않는, 엘리트 호텔, 초고속도로, 주차장들의 집합인 악몽의 게젤샤프트(이익사회)가 되었다. 본래는 개성과 목적이 스며 있던 장소가 이제는 아무것도 갖고 있지 않다. 완전히 삭막하다. 온전한 정신을 가진 사람이라면 누가 그것을 '진보'라고 하겠는가? 그러나 그 답은 쉽다. 미국사람들이다.[49]

옥타비오 파스는《고독의 미로》(1950)에서, 미국사람들에게 있어서 진보란 기본적으로 새로움이라고 지적했다. "그들은 새로운 발명품을 향유하지만, 그들의 생명력은 억지웃음으로 고정되어, 노년과 죽음을 부정하면서 삶은 움직임 없는 돌덩이로 변해버린다"라고 그는 썼다. 미국에서 진보는 삶의 질과 거의 아무런 관계도 없다. 오히려 진보는 조이스 애플비의 표현대로 "버릇없는 '더 많이'의 역학"을 가리킨다. 모든 것에 있어서 또 무엇이든지 '더 많이'를 추구하는 것이다. 이러한 정의에서는, 정말 아무 '의미'가 있을 수 없다. 근본적으로 아무 생각이 없다. 허슬링은 기술의 종교에 힘입어서 우리를 의미가 배제된 빈곤한 장소로 데려왔다. 이 생활방식에 대한 비판자들은 완전히 무시되었고, 방송 전파들은 우리가 (지금) 하고 있는 것을 계속하라는 권유로 가득 차 있다. 그러나 이 정신없이 돌아가는 활동 밑에는 커다란 슬픔이 있다. 허슬링과 기술은 그 슬픔을 억누르도록 고안되어 있고, 또 실제로 그렇게 하지

만 영원히 그렇게 할 수는 없을 것이다. 위의 논의가 암시하듯이 표면이 이미 부서지고 있다.[50]

미국 역사에서, 부르주아 자유주의와 그것이 이끈 삶의 방식에 대한 조금이라도 중요한 정치적 반대자는 오직 하나밖에 존재하지 않았고, 그것이 미국 남부였다는 것을 깨달으면 정신이 번쩍 든다. 노예제라는 낙인 때문에 — 그리고 나는 노예제를 어떤 방식으로든 경시하려는 게 아니다 — 남부의 바깥에서 대안적 생활방식으로서의 남부의 가치를 깨닫는 데 거대한 저항이 있었다. 실제로 남북전쟁은 노예제를 둘러싼 전쟁이었지만 갈등은 그보다 더욱 깊었다. 그것은 '문명의 충돌'을 나타내었다. 물론 남부인들이 프레더릭 테일러와 로이드 블랭크페인 같은 사람들을 예고할 수는 없었을 것이다. 그러나 어떤 측면에서 그들은 예고를 했다. 말하자면 그들은 그런 유형을 알았던 것이다. 1860년 링컨 공화주의자들의 선출과 함께 그들은 점점 더 북부의 특징이 되어가고 있는 허슬링이, 진보에 대한 잘못된 개념과 여유로운 삶에 대한 몰이해와 함께 오직 더욱 심해질 것이고, 이 모든 것의 결과는 남부를 경제적 식민지의 지위로 추락시키는 것임을 이해했다. 바로 그래서 — 그들은 "자신들의 입장을 분명히 했"던 것이다.

제4장 역사의 반성

과거는 항상 현재를 질책한다. … [그러나] 그것은 미래에 대한 어떤 꿈보다도 나은 비난이다.

— 로버트 펜 워런

농업국가였던 미국은 1865년 이래, 지구상의 모든 재화와 그것을 팔 항구(港口)들의 정복에 몰두하는 산업제국으로 변했다. 이것은 전쟁, 시장을 차지하기 위한 아귀다툼을 의미하고, 결국 국가 간의 실제 무력충돌로 이어졌다. … [이것은] 사회구성체에 더욱 치명적인 갈등을 불러왔는데, 그것은 사람들의 목숨을 앗아가지는 않지만 삶을 박탈하고, 정치의식에서 '자유'라는 개념을 제거하고, 행복의 추구를, 제 꼬리를 쫓는 개의 논리조차도 없는 불안한 뛰어다니기로 바꾸어놓았다.

— 앤드루 넬슨 라이틀("The Hind Tit")

[남부의 유산]은 풍요, 성공, 순진성이라는 국가적 전설보다, 인류 공통의 운명과 훨씬 더 궤를 같이한다. 남부는 한때 스스로를 '특이한 사람들'이라고 생각했다. 그러나 여러 면에서 오히려 현대의 미국이 더 그런 묘사에 적합하다.

— C. 반 우드워드("The Search for Southern Identity")

그러니까, 진보 — 테크놀로지와 '허슬링 라이프'를 포함하는 — 가 만들어낸 환상이 있다. 즉 문제들은 해결될 수 있고, 지금까지와 똑같은 것을 좀더 더함으로써 상황이 극적으로 개선될 수 있다는 환상이다. 더 많은 경제적 팽창, 더 많은 기술혁신 — 어쩌면 단 하나의 기술적 '조치' — 만 있으면 우리는 정상궤도에 들어서서 우리가 정말로 원하는 유형의 사회를 갖게 될 것이라는 믿음이다. 신념체계로서 그것은 상당히 매력이 있다. 다만 이 나라의 한 부분, 남부가 여기에 찬동하지 않는다는 점만 빼면 그렇다. 이미 언급했듯이 미국 남부는 실제적인 정치적 위력을 가진, 이 이데올로기에 대한 유일한 대립자였다. 그리고 그런 이유로 북부는 남부가 격파되어야 한다고 생각했던 것이다.

생각해보면 현대 미국 역사의 거의 모든 것이 남북전쟁을 축으로 돈다. 왜냐하면 내가 지금까지 묘사해온 이데올로기('신화' 혹은 '대서사'로 부르는 게 더 정확한데)는 우리에게 전통사회들을 '고치'고, 진보의 장애물을 제거하라고 요구하기 때문이다. 남북전쟁에서 이 두 가지 목표가 합해져서, 남북전쟁은 우리가 이 두 가지 과제를 어떻게 수행해낼지, 혹은 수행하려고 시도할지에 대한 전형이 되었다. 북부가 남부에게 행했던 일은 실은 미국이 일반적으로 '뒤떨어진'(즉, 전통적인) 사회에게 한, 그리고 하고 있는 일의 견본이다. 할 수 있다면 말이다. (미국은) 북아메리카의 토착민을 거의 전멸하고, 멕시코의 절반을 빼앗고, 일본의 거대한 인구를 말 그대로 증발시켜버렸으며, 베트남을 폭격하여 "석기시대로 되돌려보냈"(커티스 르메이의 불멸의 표현)고, 이라크 민간인들에게 "충격을 주어 두려움을 자아내었"고, 예는 끝없이 있다. 그래서 이제부터 나는 전형적인 미국 역사교과서에 나타나는 것과는 완전히 다른 방식으로 남북전쟁을 조망하고자 한다. 그것은 노예제를 정당화하려는 것이 아니라(그것은 정당화될 수 없다고 나는 생각한다), 북부와 남부의 갈등이 우리 대부분이 깨닫고 있는 것보다 훨씬 더 '장대한' 것임을 말하려는 것이다. 거기에 달려 있었던 문제는 궁극적으로 의미 있는 삶이란 무엇인가에 대한 정의였던 것이다. 사실상 이것이 남북전쟁 4년간의 전투와 62만 5,000명의 죽음을 낳은 에너지를 발생시켰던 것이다. 이제부터 이 논의를 자세히 설명하겠다.

북부가 남부를 어떻게 보았는지에서부터 시작하자. 흔히 전쟁 전 남부의 모습으로 알려져 있는 이미지는, 내가 북부에서 고등학교에 다닐 때 역사교과서나 수업에서 제시되던 것이나 지금 가르쳐지고 있는 것이나 별로 다르지 않다. 다시 말해서, 우리는 모두 남부는 노예제도의 본고장으로서, 낙후되고 부도덕한 곳이며 남부가 노예제도를 포기하지 않은 것이 남북전쟁의 원인이라고 배웠다. 즉 에이브러햄 링컨(거의 성인(聖人)으로 묘사되는)의 지휘하에 고결한 연방군(북군) 군대가 사악한 남부연합 군대를 무찔렀고 드디어 노예들은 해방되었다. 대체로 이것이 오늘에 이르기까지 남북전쟁에 대한 진보적(자유주의적) 학문적 관점일 뿐만 아니라 '정치적으로 올바른' 관점으로 여겨지고 있다. 많은 역사가들이 그것을 상당하게 수정하긴 했지만, 그 갈등이 근본적으로 도덕적인 것이었다는 생각은 주요 역사교과서들의 제목에서 보전되었다. 제임스 맥퍼슨이 쓴 남북전쟁에 관한 가장 널리 읽히는 한 권짜리 역사책 《자유의 함성》이 보여주듯이.[1] 그리고 선생님들 중 누구도 분명하게 그렇게 말한 것으로 기억하지는 않지만, 어떻든 남부는 멍청하다는 이미지가 우리 학생들에게 주입되었다. 남부인들은 말을 느리게 하고 일관성이 없으며 ─ 그들의 소위 근친상간과 인종차별 철폐에 대한 완고한 반대 등을 근거로 ─ 흔히 '미치광이', '촌놈들'로 언급된다. 북부의 관점에서는 남부는 국가적인 수치였다.

물론 노예제는 야만적인 시스템이고, 남부가 최후까지 그 제도를 고수하려 한 것도 틀림없는 사실이다. 다만 이 일반적인 이미지가 문제인 이유는, 남북전쟁의 원인은 아주 복잡하고 노예제도라는 단일의 문제보다 훨씬 크며, 남부는 아주 풍성한 지적 전통을 갖고 있었으며, 또한 노예제도에도 불구하고 북부의 이른바 '미덕'보다 어떤 면들에서 더 우월한 그들만의 미덕을 가지고 있었다는 점 때문이다. 우리 대부분은 이런 생각에 깜짝 놀랄지 모른다(솔직히 내게는 놀라웠다). 그러나 실은 남부를 상당히 솜씨 좋게 변호한 재능 있는 역사가들이 상당수 있었다(그것도 남부 출신들만이 아니다). 사실 앞에서 열거한 부정적인 상투형들을 넘어서 남부를 자세히 보면, 대단히 뉘앙스가 다른 그림, 전체로서의 국가의 성격에 대해 많은 것을 말해주는 그림이 드러난다. 여기서 문제는 미국인들이 그 미묘한 차이(뉘앙스)보다 슬로건들에 훨씬 더 관심이 있고 — 내 고등학교 교육이 암시하는 것처럼 — 이것이 국가의 성격에 대한 수준 높은 통찰을 다소 예외적인 것으로 만들었다는 점이다. 그러나 미국 역사에서 단순한 흑백논리로(문자대로건 비유적으로건) 설명될 수 없는 사건이 하나 있다면, 그것이 남북전쟁이다.

나는 그러나 바로 이 특정의 경우에 특히 슬로건이 매력적이라는 점을 충분히 이해한다. 남북전쟁에 관한 문헌들은 너무나 방대하고, 너무나 복잡하게 엉켜 있고, 특히 너무나도 요령부득이어서 몇 달간 그것을 공부하고 나면 한두 시간 동안 머리를 어딘가 격렬히 들이받고 싶은 유혹이 몹시 강해진다. 50년 남짓 전에 이 문헌들을 요약하면서 데이비드 포터는 이렇게 썼다.

　이 모든 문헌이 공통적으로 가지고 있는 가장 보편적인 특성은, 그 모두가 여전히 분명하게든 암시적으로든 논란의 여지가 있다는 점이다. 역사가들은 노예제가 전쟁의 기본적 동기를 제공했는지 아니면 그것이 기본적 동기들을 감추기 위한 연막을 제공했는지에 대해 의견 일치를 보지 못했을 뿐 아니라, 옛 남부사회의 성격, 노예제의 성격, 반노예제운동의 동기와 성격 그리고 전쟁 발발에 앞서 일어난 일련의 부분적 충돌들과의 관련성에 대한 해석에서도 의견을 달리했다. 방대한 사실들이 밝혀지고, 계속해서 학문적 연구가 심화되고 있는데도 불구하고 이러한 의견 불일치가 여전하다는 사실은 역설적이다.[2]

앞에서 보았듯이 이 혼란스러운 상황은 우리시대에 와서 정치적으로 올바른 자유주의적 학문의 새로운 조망을 통해서 해결된 것처럼 보인다. 즉 남부가 그저 부도덕하게 노예제를 보호하기만 한 것이 아니라 북부가 흑인(노예)들을 노예상태에서 해방시키려는 오직 그 하나의 목적을 위해 수십만 명을 희생시켰다는 지적이다. 그러나 이것은 진정한 해결이 아니다. 왜냐하면 다른 요인들(경제적 동기, 연방을 유지하려는 욕망, 주(州)의 권리에 관련한 투쟁 등)에 관한 주장들도 무시할 수 없을 뿐만 아니라, '자유의 신장(伸張)'이라는 입장의 대명사로 볼 수 있는 제임스 맥퍼슨과 에릭 포너 같은 역사가들조차도, 그들의 주요 저작들의 마지막에서 (남북전쟁을) 보다 큰 맥락에서 '문명의 충돌'로 봐야 한다는 쪽으로 돌연 입장을 수정하였기 때문이다. 그리고 그와 같은 사실로부터, 나는 훨씬 더 복잡한 후자의 주장이 다른 모든 요소들을 이해하기 위한 더욱 정교하고 분석적인 구조일 수 있겠다고 생각하게 된다. 포너가 말하듯이 "이 요소들 중 어떤 것도 따로 떨어져 있을 수 없고 서로서로 속에 녹아들어 있다. 그 전체가 이데올로기로서 나타난다."[3] 그렇다면 결정적인 질문은 "무슨 이데올로기이냐"이다. 내가 말하는 이 '문명의 충돌'은 무엇인가? 그리고 그것이 어떻게 남북전쟁에 대한 설명이 되는가?

이들 질문에 대답할 수 있기 전에, 그러나 우리는 도덕적 문제로서의 노예제도가 전쟁을 초래한 근본적 요인이 아니었을 수 있다는 가능성을 고려해야 한다. 전쟁 중에 그리고 전쟁 후에, 이렇듯, 갈등은 실제로 도덕적 문제로서의 노예제도보다는 주(州)의 권리나 경제적 목표에 관한 것이었다고 주장하는 논의를 편 남부연합의 역사가들이 몇 있었다. 이 중 많은 것들은 남부 옹호론으로서 나온 것이지만, 토머스 프레슬리가 지적하듯이, 북부는 노예해방령(1863년 1월 1일) 이전에는 전쟁의 결과로서 흑인(노예)들의 신분에 대해 여하한 변경도 제안하지 않았다. 이러한 사실은, 북부의 진정한 목적은 노예제 폐지가 아니라 남부를 지배하려는 시도였다는 남부연합의 주장(제퍼슨 데이비스를 포함해서)에 얼마간 무게를 주는 것이 사실이다. 더욱 극적으로, 마르크스주의 역사가 찰스 비어드는 그 전쟁을 두 상충되는 경제 간의 충돌, 즉 남북전쟁은 미국 역사에서 농업시대와 산업시대의 분기점이라고 보았다(《The Rise of American Civilization》, 1927). 그에 따르면 노예제는 전쟁에 대한 일종의 보충 설명일 뿐 중요한 요인이 아니었다. 비어드가 말하길, 결국 전쟁의 가장 분명한 결과는 북부 자본주의가 우세해지고 미국에서 금권정치가 출현한 것이다. 존 칼훈 같은 농장주들이, 그런 세력들이 연방정부를 지배하게 되면 재앙, 즉 '기업들의 승리'[4]가 될 것이라고 예견했던 것은 충분한 근거가 있었다고 그는 주장하였다.

이것은 장점이 많은 주장이다. 그러나 역사가 존 애쉬워스가 지적하듯이, 비어드는 불행히도 이것을 지나치게 단순화하여 말했다. 그는 경제적 관점에서 주장을 펴기 위해서는 노예제는 고려할 요소가 아니라고 주장해야 한다고 생각했는데, 그건 오류였다. 실은 노예제는 경제 논의에서 필요불가결한 부분이다. 왜냐하면 노예제는 남부경제의 기초였기 때문이다. 노예제를 공격한 사람들도 비호한 사람들도 갖가지 이유로 그렇게 했지만, 거기엔 다른 무엇보다 경제학이 가장 중요한 이유였다고 애쉬워스는 말한다. 제임스 맥퍼슨이 우리에게 말해주듯이, 노예제가 없었다면 공화당이 남부의 생활방식을 위협할 일도 없었을 것이다. 비어드의 이분법은, 따라서 경제학의 측면에서든 노예제의 측면에서든 틀렸다.[5]

그럼에도 대부분의 북부인들 역시 적어도 처음에는 남북전쟁은 도덕적 문제로서의 노예제에 관한 것이 아니라고 믿었던 것이 사실이고, 링컨이 그에 관해 한 발언을 보건대, 북부는 노예들을 해방시키기 위해 전쟁을 시작한 것이 아니라는 사실을 알 수 있다. 링컨은 1861년 7월 4일 의회 특별회기에서 행한 연설에서 "나는 노예제가 존재하는 주(州)들에서 직접적으로든 간접적으로든 그것에 개입하려는 의도는 없습니다"라고 하면서, 앞서 같은 해에 대통령 취임연설에서 이미 했던 말을 되풀이하였다. 링컨은 계속해서, 연방은 어떤 대가를 치르더라도 보존되어야 하므로, 남부 주들의 연방 탈퇴가 진짜 문제라고 말했다(연방의회는 이 모든 것을 지지하는 결의안을 통과시켰다). 링컨은 이미, 사회적·정치적 평등권을 '어떤 방식으로든' 흑인(노예)에게 주는 것은 지지하지 않는다는 점을 분명히했고, 흑인들을 중앙아메리카로 송환하는 등 사실상 식민지 건설의 주요한 지지자였다. 게다가 북부에서도 남부에서도, 다수를 차지하는 유력 인사들은 노예제에 대해 찬성이든 반대든 근본적인 입장을 취하기를 피했다. 그리고 몇몇 공화주의자들에게 있어서는, 노예제에 대한 도덕적 반대는 하찮은 주제여서, 그 문제에 대한 정치적 견해를 밝혀야 할 필요를 느끼지 못했다.[6]

연방군 병사들로 말할 것 같으면, 그들은 자신들이 연방을 위해서 그리고 반역이라고 생각되는 것에 맞서서 싸우고 있다고 생각했다고, 맥퍼슨은 지적한다. 1862년에는 오직 소수만이 흑인들의 자유를 위해 싸우는 데 관심이 있었다고 그는 말한다. 많이 불렸던 북부인들의 전쟁노래가 그 분위기를 꽤 잘 포착한다.

> 힘차게 기꺼이 싸우자
> 검둥이가 아니라 충성스러운 공민권을 위해

따라서 전쟁 중 주인에게서 도망쳐서 북군 진영에서 은신처를 구한 노예들('밀수품들')에 대해, 양키들은 일반적으로 무관심하거나 아니면 심지어 학대까지 했다. 북부 병사들은 흔히 그들을 사실상의 노예로 삼아 자신들의 잡역을 대신하게 했다. 때때로 여성들은 강간이나 학대를 당했다.[7]

비록 링컨 자신은 노예제가 도덕적으로 옳지 않다고 생각했지만, 그의 주된 동기는 사회적인 것과 경제적인 것이었다. 그의 비전은 한계가 없는 경제적 기회와 사회유동성 — '자유노동' 혹은 나중에 '아메리칸드림'으로 알려지게 될 그것이었다. 그는 남부에 관해 특별히 부정적인 편견을 갖고 있지는 않았다고 일라이 긴즈버그와 알프레드 아이흐너는 썼다(《The Troublesome Presence》). 링컨의 목표는 노예제가 서부(현재의 중서부)에서 더욱 확대되는 것을 중단시킴으로써 백인들이 자력으로 더 나은 삶을 구축할 수 있도록 하게 하는 것이었다. 물론 소수의 사람들에게는 이것은 충분하지 않았다. 호러스 그릴리(《뉴욕트리뷴》의 편집자) 같은 노예제 폐지론자들은 1862년에 더 강경한 입장을 취하지 않는 것에 대해 링컨을 비난했다. 링컨의 대답은, 적어도 그 시점에서 그 문제에 대한 그의 입장이 어떤 것이었는지 의문의 여지를 남기지 않는다.

이 투쟁에서 나의 최우선 목적은 연방을 지키는 것이다. 노예제를 지키려는 것도 파괴하려는 것도 아니다. 단 한 명의 노예도 해방시키지 않고 연방을 지킬 수 있다면 나는 그렇게 할 것이며, 모든 노예를 해방시킴으로써 연방을 지킬 수 있다면 그렇게 할 것이다. 그리고 만일 노예 일부를 해방시키고 나머지는 그대로 둠으로써 연방을 지킬 수 있다면, 역시 그렇게 할 것이다. 내가 노예제와 유색인종에 관련해서 하는 일은 그것이 연방을 지키는 데 도움이 된다고 믿기 때문에 하는 것이다. 그리고 내가 삼가는 일은 그것이 연방을 지키는 데 도움이 되지 않는다고 생각하기 때문에 삼가는 것이다.[8]

한마디로, 도덕적 논의는 비록 다른 요인들을 한 덩어리로 합치는 구심점 역할을 하긴 했지만, 전쟁의 원인으로까지 끌고 갈 수는 없다. 모든 증거는 노예제와 맞서 싸운 북부의 '숭고함'이란, 사후 오래 뒤에 만들어진 정당화임을 나타내고 있다. 그 갈등을 패덕에 대한 도덕과 평등의 승리로 그리려는 시도였다. 그것은 사람들을 흥분시키는 주제이지만 결국에는 먹혀들지 못한다.

그럼 경제적 논의는 어떤가? 여기가 바로 에릭 포너가 묘사한 바로 그대로 문제가 특히 어려워지는 지점이다. 다른 모든 것에 대해 이야기하지 않으면서 한 가지에 대해서만 이야기할 수는 없고, 결국은 모두가 한군데로 녹아들어가 거기서 이데올로기 ─ 문명의 충돌 ─ 가 생겨나는 것이다. 달리 말하면, 농업적 노예경제 ─ 신봉건적 혹은 '부르주아 이전'(몇몇은 이렇게 지칭했고, 많은 사람들이 거기에 반대했다) ─ 와 산업적 자본주의경제 사이의 갈등은 근대화(전통적 게마인샤프트 생활방식을 산업지향의 게젤샤프트 생활방식으로 대체하는) 문제와 더불어, 지역적 논쟁(노예제가 서부에까지 확산되어야 하는가에 대한)과 직접적인 연관이 있었다. 여기서 반걸음만 나가면 남북전쟁이 근본적으로 세계관들 간의 경합이었다는 결론에 이른다. 내가 말했듯이 맥퍼슨과 포너는 둘 다 거의 무의식중에 이 결론에 도달하는 것처럼 보인다. 포너는 이렇게 표현한다. 모든 요인들은 뒤섞여서 결국,

> 북부와 남부는 가치관, 관심, 미래에 대한 전망이 날카롭게, 어쩌면 목숨을 걸고 갈등하는 두 개의 사회체제를 대표한다는 확신이 든다. 공화주의자들이 남부를 보면서 느끼는 상이함, 괴리감 그리고 점점 커지는 적대감은 아무리 강조해도 지나치지 않다. … 따라서, 단순히 노예제도만이 아니라 남부사회 자체에 대한 공격이 공화주의자들의 정신세계의 중심에 있었다.[9]

포너는, 에이버리 크레이븐이 1860년에 이르면 노예제가 하나의 상징이나 은유, 지역적 갈등의 매개체가 되었다고 쓴 것(《An Historian and the Civil War》, 1964)을 지적한다. 그리고 노예제를 서부지역으로 확산시키는 문제에 한정한다면, 그것은 정말로 더 포괄적인 이념투쟁의 일부였다고 덧붙인다. 북부와 남부, 각자의 이데올로기는 "자신의 존속을 위해서뿐만 아니라 상대가 대변하는 모든 악의 확산을 막기 위해서도, 자신의 사회체제가 확장되어야만 한다는 신념"을 담고 있다. 그 갈등은 이원론적인 것으로 되어, 둘 중 한편의 열망만이 이길 수 있었다. 남부가 링컨이 (대통령에) 당선된 이후에도 연방 내에 잔류하기로 하자면 "링컨과 공화주의자들이 그 특이한 제도[노예제]에 관해 통과시킨 '궁극적으로는 소멸시킨다'는 판정을 받아들여야만 했을 것"이라고 포너는 말한다. 따라서 분리독립은 "그들(남부)의 이데올로기에 부합하는 유일한 선택지"였다고 그는 덧붙인다. 이탈리아 역사가 라이몬도 루라기의 말대로, "어떤 사회도 자살을 하리라고 기대할 수는 없다."

나는 곧 '문명의 충돌' 논의로 돌아갈 것이다. 그러나 당장은 전쟁을 초래한 다양한 요인들을 분리해서 논의하는 것이 거의 불가능함을 다시 말하고 싶다. 그 결과로, 나는 결국 만들어지는 요리는 두 개의 서로 화해할 수 없는 세계관과 생활방식이라는 사실을 염두에 두면서, '도가니' 속을 할 수 있는 한 잘 항해해보려 노력할 것이다. 1850년대에 이르러서는, 각자는 상대편의 존재방식을 다만 괘씸하게 보았다.

자, 다시 경제 논의로 가자. 찰스와 메리 비어드가 무대를 마련했다. 남부경제는 농업적이고 북부는 산업적이며 시간이 지남에 따라 점차 갈등을 일으키게 되었다는 것이다. 몇십 년을 건너뛰어서 배링턴 무어는 1830년대 이후에는 더이상 북부의 경제를 목화가 주도하지 않았고, 북부는 기본적으로 제조업 지역이 되었음에 주목한다(《Social Origins of Dictatorship and Democracy》). 북부와 서부(역시 중서부를 말한다)는 남부에 덜 의존하게 되었고 서로에게 더 의존하게 되었으며, 북부의 제조품들은 빠르게 성장하던 서부에서 더욱더 많이 팔려나갔다. 북부의 사업적 이해는 연방을 위한 전쟁을 지지하지 않았다고 무어는 말한다. 후에 역사가들이 수정한 시나리오이긴 해도, 경제적 갈등은 남부의 대농장 노예제와 북부의 산업자본주의 사이의 갈등으로 보인다. 이런데 전쟁 말고 무슨 결과를 기대할 수 있겠는가? 무어의 말대로, "역사상 두 개의 지역이 정반대의 원칙에 기초한 경제체제를 발전시키고도 각 영역에 진정한 권위를 존속시키는 단일 중앙정부하에 남아 있는 경우를 발견하기는 어렵다." 어쩌면 라이몬도 루라기의 다음과 같은 말이 더욱 요점에 맞을 것이다. "어느 곳에서도 산업혁명이 … 농업에 대가를 지불하도록 강요하지 않고서 성취된 일은 없다."[10]

산수를 해보기로 하자. 1800년과 1860년 사이 북부에서 농업에 종사하는 인구 비율은 70퍼센트에서 40퍼센트로 떨어졌다. 남부에서는 80퍼센트로 꿋꿋이 유지되고 있었다. 남부의 인구 10분의 1이 도시지역에서 살았고 북부에서는 그 비율이 25퍼센트였다. 상업에 종사하는 인구는 북부 대 남부가 3 대 1이었고, 기술자와 발명가의 경우는 6 대 1이었다. 1850년에 전국의 수로의 14퍼센트만이 남부 주들에 있었다. 그 주들에는 인구의 42퍼센트가 살고 있었지만 제조능력은 겨우 18퍼센트였다. 매사추세츠주 로웰시는 1860년에 미래의 남부연합 주 11개 모두를 합한 것보다 더 많은 직조생산을 하고 있었다. 그렇다면 경제적으로 북부는 확실하게 남부보다 앞서 나가고 있었다.[11]

한편 이 시기의 후반부 동안 링컨이 무엇을 하고 있었는지를 살펴보는 것이 알려주는 바가 있을지 모른다. 《링컨과 아메리칸드림의 경제학》에서 가보르 보릿은, 그 일리노이 출신 정치가의 경제적(그리고 기술주의적) 견해가 그의 정치철학의 핵심이었음을 꽤 설득력 있게 논증한다. 그는 링컨이 일리노이주 농촌지역에서 처음 두각을 나타냈던 것은, 개선

된 수송력(운송수단)의 지지자로서였다고 말해준다. 일리노이주 하원의
원(휘그당)으로서 링컨은 1835년에 주립은행 설립뿐 아니라 강, 운하, 유
료 고속도로 그리고 철도 건설에 종사하는 수많은 민간회사들의 창설을
지원했다. 보릿에 의하면, 링컨의 비전은 끝없는 물질적 진보, 즉 우리
가 말한 대로 아메리칸드림이었다. "미국의 주안점이 경제였으므로, 그 나
라의 성공의 척도 역시 경제일 수밖에 없었다"(강조는 인용자)고 보릿은 썼
다. 따라서 링컨의 관점에서는 노예제의 확장은 반대할 수밖에 없었다.
왜냐하면 그것은 그 경제적 목표에 정면으로 달려들어 그것을 불구로
만들 가능성이 있었기 때문이다. 링컨이 가장 확고히 방어하려고 했던
것은 단연코 경제적 측면에서의 연방이었다. 링컨에게는, 연방은 "나눌
수 없는 하나의 경제적 단위를 이루고" 있었다. 사회경제적 용어로 말하
면, 링컨은 "무엇에도 방해받지 않는 사회적 상향 이동성을 미국이 추구
하는 가장 중요한 이상(理想)으로 보았다." 종합하여, 보릿은 링컨이 다
른 어떤 문제보다도 경제적 문제에 더 많은 주의를 기울였다고 말한다.[12]

이 모든 것은 공화당의 이데올로기에 대한 포너의 일류 연구와 꽤 잘
통합된다. 《자유로운 땅, 자유노동, 자유인》의 핵심 주장은 이것이다.
즉 자유노동이 사회적·경제적으로 노예노동보다 우월하다는 생각과,
그리고 "임금노동자들에게 재산을 소유한 독립적 지위로 올라갈 기회를
제공하는 것이 북부사회의 두드러진 특징"이라는 관념을 통해서 공화당
은 결속되어 있었다는 것이다. 공화당이 1850년대 내내 정치적으로 주
창한 것은, 자유는 번영, 진보, 사회유동성을 뜻하는 반면, 노예제는 이
모든 것의 방해물이라는 것이었다. 만일 노예제가 확대된다면(즉 서부
로) 자유 ─ 즉 자유노동, 독립노동자 '계층' ─ 가 수축될 것이라고 그
들은 주장했다. 링컨은 이들 그룹의 완벽한 대표자였다. 실제로 그는
1860년의 선거유세 여행에서 자신을 하나의 본보기로 내세웠다. 그의
생애가 자수성가 이데올로기를 체현하였기 때문이다. 그리고 그 이데올

로기는 다음 세기에 호레이쇼 앨저의 소설들(9쪽 참고), 앤드루 카네기, 빌 클린턴, 빌 게이츠, 오프라 윈프리 등등의 자기선전에 의해 계승된다. 기본적으로 성공적인, 독립기업가들의 이상화된 세계인 자유노동 이데올로기는, 확장하는 자본주의사회로 가는 열쇠로 여겨졌다. "사회적 진보를 향한 보편적 욕망이 미국식 삶에 정신없이 돌아가는 움직임과 활기의 면모를 부여했다"고 포너는 썼다. 그는 링컨이 "삶은 경주(競走)"라고 말했을 때(1850년대에) 그것은 북부사회의 경쟁적 성격을 요약한 것이라고 말한다. 링컨과 공화주의자들은 오늘의 노동자들이 내일의 자본가라고 보았고, 누구든 자신의 신분 위로 올라가지 못한다면 오직 그 자신의 탓이라고 생각했다. 그것은 결코 시스템의 결점이 아니라고 링컨은 말했다(여러 해 뒤에 존 스타인벡이 지적했듯이, 미국에서 가난한 사람들이 스스로를 '일시적으로 곤경에 처한 백만장자'라고 생각하는 것은 여기서 유래한다).[13]

그런데, 그로부터 한참 뒤도 아닌 전쟁 전 시기에, 이미 자수성가한 사람, 즉 시궁창에서 용이 나는 이야기는 말 그대로 신화일 뿐임이 드러났다. 예를 들어, 그 시기에 뉴욕시 주민의 4퍼센트가 시의 부 50퍼센트를 통제하였고, 부자들 중 극히 소수만이 정말로 자수성가한 사람이었다. 간단히 말해서, 사회유동성은 상당히 제한되어 있었다. 부유한 개인들의 압도적 다수는 부유한 집안에서 태어났다. 자유노동(자율적인 노동이든 기업가의 노동이든)에 관해서 말하자면, 현실은 거기엔 임금노동(공장이나 다른 유형의 고용)이 포함되었고, 그런데 임금노동은 먹지 않기를 선택한 경우에만 '자유'로웠다. 링컨은 1859년에 임금노동이 노동력(노동인구)의 8분의 1에 미치지 않는다고 주장했지만, 그것은 확실히 사실이 아니다. 노동력의 거의 60퍼센트가 고용되어 있었고, 경제적으로 독립한 상태(자기고용상태)가 아니었다. 임금노동은 자유노동으로 가는 도상에서의 일시적인 단계일 뿐이라는 링컨의 주장은 19세기 후반에 이르면 더는 계속될 수 없었다고 포너는 지적한다. 그리고 노동운동은, 사실 노예제에서와 마찬가지로 산업적 자본주의에도 강압이 내재한다고 주장했다. 남북전쟁 이후 대호황시대에 많은 사람들이 '임금노예제'라는 말을 썼는데, 그것은 수십 년 앞서 남부인들이 썼던 개념이다. "북부의 육체노동자 계층 전부와 이른바 직공 모두가, 노예이다"라고 사우스캐롤라이나 상원의원 제임스 해먼드가 선언했다.[14]

한마디로 남부인들은 링컨식으로 '삶은 경주'라고 보는 시각을 기괴하다고 생각했다. 이성이 있는 자라면 대체 누가 그런 식으로 살기를 원하겠는가? 그들은 북부에서 정신없는 움직임과 이기심과 탐욕의 사회 — 간단히 말해서 허슬링 사회를 보았고, 거기에 참여하고 싶지 않았다. 1855년에 〈뉴욕타임스〉가 북부의 독자들에게 말했듯이, 남부인들은 "현재의 상태에 만족"했다. 남부사람이 이 기사를 읽었다면 틀림없이 칭찬으로 받아들였을 것이다. 이 시기에 남부를 여행하면서 프레더릭 로 옴스테드(센트럴파크 등을 설계한 미국 조경건축가 — 역주)는, 남부사람들은 "삶 자체를 즐기고 … 존재하는 것에 만족"하는 한편, 북부사람들은 무언가를 하고 있고, 즉 어떤 종류의 '진보'를 이루고 있지 않으면 행복할 수 없다고 말했다. 대체적으로 북부는 남부를 — 1858년 〈신시내티가제트〉가 표현한 것처럼 — 게으르고 타락하고 산업이 없는 '죽은 사회'로 보았다. 이런 판단은 북부에 대한 남부의 두려움을 확인해줄 뿐만 아니라 또한 미국의 제국주의적 세계관의 본질을 표현한다. 즉 "너희한테 무엇이 최선인지 우리가 안다(그것은 '허슬링 라이프'이다), 그리고 너희가 거기에 합류하기를 거부한다면, 우리는 너희를 우리 모습으로 재편성할 수밖에 없다"는 태도이다. 거기에 더해서, "해외에도 제국을 개발하여 미국의 영향력을 전세계에 전파할 수 있도록, 너희가 이것을 하는 것이 우리에게 필요하다. 그렇게 하여, 우리의 국가적 위대성이 실현될 수 있다"는 것이다(윌리엄 헨리 수어드는 1850년대 후반에 이것을 분명

하게 말했다).[15]

실제로 북부가 남부를 다룬 방법은 미국이 적으로 간주한 나라들을 다루는 방법과 똑같았다. 땅을 초토화하는 정책뿐 아니라 '영혼을 초토화하는' 정책(물론, 아메리카 원주민 말살은 이것의 시연(試演)이었다)까지도 같다. 일본에서 이라크에 이르기까지, 패턴은 (가능한 범위까지는) 똑같았다. 처음에는 물리적으로 그 장소를 파괴한다(특히, 남북전쟁 중에 북부가 남부에 했듯이 거대한 수의 민간인을 학살하고 — 1865년까지 5만 명이었다 — 그러고 나서 그곳을 '미국화'한다). 굴욕을 주고, 패배자들의 정체감을 파괴하는 것은 항상 그 주요 부분이다. 그래서 1858년에 〈신시내티가제트〉는 또다시 남부는 새롭게 태어나야 하며, 그렇게 할 유일한 방법은 '북부의 생활체계'를 도입하는 것뿐이라고 언명했다(물론, 이것은 나중에 미국과 똑같기를 원하지 않을 만큼 어리석은 나라들에게 미국식 생활방식을 강제하는 것으로 바뀐다). 2년 앞서 〈뉴욕트리뷴〉은 '북부의 자본가, 제조업자, 상인들'이 버지니아로 유입될 것을 요청했다. 그런데 바로 그것들은 기본적으로 남부인들이 지옥이라고 생각하는 것이다. 링컨 자신이 1862년 내무성의 한 관리에게 말하기를, 1863년을 기점으로 "전쟁의 성격이 변할 것이다. 그것은 정복전쟁이 될 것이다. … 남부는 파괴되고 새로운 제안들과 새로운 생각들로 대체될 것이다." '남부를 북부화(化)'해서 남부가 드디어 현대세계로 들어갈 수 있게 하는 것이 필요하다는 주제가 끊임없이 반복되고 있다. 공화당의 급진파의 지도자인 하원의원 새디어스 스티븐스는 이것은 "남부의 황폐화를 수반"할 수밖에 없을 것이라고 믿었다. 1865년의 연설에서 그는 이렇게 말했다. 남부의 제도들을 "반드시 부수어버리고 다시 설치해야 한다. … (그리고) 그것은 남부인들을 피정복민으로 취급할 때에만 가능하다." 그보다 몇해 전에 찰스 섬너(매사추세츠주 상원의원, 노예제 반대운동 지도자 — 역주)는, 미합중국이 "모든 것을 정복한다"는 것을 세상에 보여주는 데 노예경제가 장애물이 되고 있다, 그러나 "인류의 상황을 혁신"할 책임이 미국에 있다고 말했다. 그런데 인류가 이 '너그러운 제안'을 거부하겠다면, 그때는 어떻게 되는 가? 북부의 심리작용과 '북부화'된 미국이, 미국이라는 한 나라와 또 어쩌면 전세계에 무엇을 의미하는가에 대한 남부의 평가는 정확하게 옳았다. 노예제를 갖고 있는 남부로서도, 북부를 윤리적인 사회로 보기 어려웠다. 그리고 물론, 그 반대도 마찬가지였다.[16]

1864년, 윌리엄 티컴서 셔먼 장군의 애틀랜타로부터 사바나로의 행군은, 땅의 초토화와 영혼의 초토화라는 목적의 의도적인 정책이었다. 제임스 맥퍼슨은 그것이 분리독립(노예제가 아니라)에 대한 보복이며, 약탈과 방화의 전쟁이라고 썼다. 셔먼 스스로도 자신의 목표는 조지아주를 공포에 떨게 하여 사기를 떨어뜨리는 것이라고 말했다. 전쟁에 의해 남부가 입은 물리적 손상을 말하면, 1865년에 이르러 남부는 '경제적 불모지'가 되어 있었다. 군대에 갈 수 있는 나이의 남부 백인 남성 4분의 1과 남부의 가축의 40퍼센트가 비명횡사했다. 전쟁은 또 남부의 농장설비 50퍼센트와 수천 킬로미터에 이르는 철도를 파괴했다. 1860년에 국부(國富)의 30퍼센트를 남부가 보유했던 것에 비해, 1870년에는 오직 12퍼센트만을 갖고 있었다.[17]

여기에 '문명의 충돌'이 포함되어 있다는 생각은 지금까지의 논의로 이미 분명하다. 그러나 그것을 상술하기 전에, 전쟁을 일어나게 한 지역적 갈등(sectional controversy)과 근대화의 과정을 간략히 살펴볼 필요가 있다(이번에도 역시 모든 것이 서로 연관되어 있다는 포너의 경고를 염두에 두자). 지역적 갈등의 문제는 결국은 서쪽으로 개척되는 새 영토가 어떻게 될 것인가로 요약이 된다. 우드로 윌슨과 프레더릭 잭슨 터너 둘 다, 미국 역사를 제대로 이해하기 위해서는 '서부로부터의 관점'과 변경의 확장 문제가 고려되어야 한다고 믿었다. 따라서 그들은 결정적인 세 번째 요소로서 서부를 추가함으로써, '역동적 북부 대 정체된 남부'라는 전형적인 이분법을 거부했다. 노예제 자체는 연방을 분열시키지 않았을 것이라고 윌슨은 주장했다. 노예제의 진정한 중요성은 그것이 국가가 새로운 땅을 확보하는 일과 얽히게 되었다는 점에 있다(링컨도 확실히 이에 동의했다). 그리하여 노예제는 사라질 징후를 보이기는커녕 더욱더 문제가 되어가고 있었다. 터너는 실은, 확장할 서부지역이 없었더라면 노예제는 아마도 저절로 사라졌을 것이라고 주장했다.[18]

이것은 사실, 남북전쟁의 원인은 노예제의 미래와 관련된 지역적 갈등이었다는 맥퍼슨의 주저(主著)의 주장과 거의 같다. 미시시피강 서쪽의 약 500만 제곱킬로미터를 포괄하는 이 지역이 자유롭게 될 것인가 노예가 될 것인가? 노예문제를 그렇게나 폭발적인 것으로 만든 것은 서쪽으로의 확장이었다. 터너와 윌리엄 애플먼 윌리엄스가 우리에게 가르쳐준 대로, 확장은 이 나라의 생명줄이다. 서부는 미래를 상징했고, 따라서 그 논쟁을 비등점까지 끌어올린 것은 '명백한 사명설'(32쪽 참고)이었다(1848년에 멕시코의 절반을 획득 — 실은 도둑질 — 한 것은 명백히 이것의 주된 부분이었다). 바로 그래서 그 갈등은 사라지지 않았고, 미주리 타협(1820년에 의회를 통과한 연방 법안의 단서 조항, 미주리주를 제외한 북위 36도 30분 이북의 루이지애나 영토 내에 장차 설치될 주(州)에서는 노예제를 폐지하기로 정하여 노예주와 자유주가 동수를 유지할 수 있었다 — 역주), 윌모트 건의안(1846년 펜실베이니아주 출신 하원의원(민주당) 데이비드 윌모트가 하원에 제출한 수정안, 멕시코로부터 획득한 영토에 노예제 도입을 금지하는 내용 — 역주), 관세 논의, 드레드 스콧 판결(흑인노예 드레드 스콧이 자유주(州)로 이주한 것을 이유로 해방을 요구한 데 대하여, 1857년 최고 재판은 노예는 소유물이지 시민이 아니라며 각하했다 — 역주) 등에서 계속해서 불거져, 결국 그것을 해결할 방법은 전쟁밖에 남지 않게 되었다. 존 칼훈은 1849년의 〈남부연설〉에서 바로 그렇게 암시했다. 즉 남부에 미국 전역으로 노예제를 확산할 기회가 주어지지 않는다면, 노예제가 있는 주들은 스스로를 보호하기 위해서 (연방으로부터) 탈퇴할 수밖에 없었다. 이것은 또 제퍼슨 데이비스의 "우리가 요구하는 것은 우리를 그냥 내버려두라는 것뿐이다"라는 유명한 말이, 궁극적으로 솔직하지 못한 이유이다. 북부의 자본주의체제가 확장하는 세력이었다면, 남부의 노예체제도 마찬가지였다. 그 싸움은 적어도 부분적으로는 두 개의 팽창주의 체제 간의 갈등이었고 쌍방이 모두 이기는 것은 가능하지 않았다.[19]

조금 더 깊이 들어가보자. 터너는 1893년 변경(邊境) 가설을 난데없이 만들어낸 것이 아니다. 남북전쟁에 이르는 몇년 동안, 도시빈민문제에 대해 공화주의자들이 내놓은 해법은 기본적으로 서쪽으로의 이주였다. 공화주의자들은 그것을 안전밸브로 보았다. 그것은 또 북부의 노동자들을 유럽의 노동자들이나 남부의 노예들과 관련되게 하는 불명예로부터 보호해주었다. 더욱이 서부지역으로 노예가 유입되면 북부사회의 특징인 사회유동성이 결정타를 입게 된다. 요컨대 독립자영농민의 경제는 번성하는 노예경제에 의해 분명히 약화될 것이다. 한편 남부의 편에서 보면, 노예체제의 확장은 그만큼 중요했다. 왜냐하면 농업적으로 남부가 살아남기 위해서 처녀지가 필요했기 때문이다. 유진 제노비즈의《노예제의 정치경제》에 의하면, 단일작물 대농장체제는 지력을 소진시켜 땅을 기름지게 하는 일도, 윤작도, 거의 불가능하게 만들었다. 시장자본주의와 자유노동을 위해서 노예제의 확산을 제한하려 한 북부의 시도는, 따라서 남부의 경제 전체를 위협하였다(비록 갈등이 경제적인 것만은 아니었지만). 이 시점에서 (연방에서) 탈퇴하지 않는 것은 정치적 자살행위였을 것이라고 제노비즈는 말한다.

이것과 또다른 이유들(예를 들어 북부와 서부 간의 증가된 교역량 등) 때문에, 새로운 주(州)들에 대한 관심은 지대했다. 한 주가 노예주가 되느냐 자유주가 되느냐에 따라 힘의 균형이 한쪽으로 기울게 될 터였다. 따라서 양측이 모두 무엇이 되었든 상대의 유리한 점을 증가시킬 수 있는 일에 대해선 과도하게 경계하고 있었다. 종합적으로 말해서, 전쟁의 중요한 원인은 상대가 서부영토로 확장해가는 것을 저지하려는 쌍방의 시도였다.[20]

이제 '문명의 충돌'의 문턱에까지 거의 왔다. 빠진 부분은 '근대화'라는 요인이다. 여러 면에서 그것은 지역적 갈등(sectional conflict)의 문제를 포괄한다. 사실 어떤 역사가들은, 우리가 남북전쟁을 너무 심각하게 역사적 분기점으로 보았고, 전 지구적인 관점에서 보면 그것은 근본적으로 근대화 과정 속의 한 '사건'에 불과하다고(극적인 것이긴 해도) 주장했다. 다른 말로, '재건의 시대'는 이미 진행되고 있었고, 남북전쟁은 부르주아혁명의 정점이요, 미국이라는 나라가 근대사회로 이행하는 과정의 투쟁이었다. 문제가 되는 것은 앞에서 언급한 공동사회와 이익사회의 차이, 역동적인 자본주의사회와 전통적인 신봉건사회의 차이이다. 이 양극단의 것들은 하나의 이상적 유형으로서 기능한다. 즉 어떤 사회도 전적으로 이쪽이거나 저쪽일 수는 없다. 북부와 남부 사이의 현대적 대 전통적이라는 원래의 이분법은 지난 몇십 년 동안 크게 수정되었다. 그러나 본래의 대립의 일부가 남아 있고, 전쟁 전 시기에는 확실히 그러했다. 비교를 위해 우리는 뉴질랜드나 멕시코의 마오리나 마야 마을이, 예를 들어서 텔레비전을 보유하고 있다고 하더라도 그래도 여전히 그곳의 삶은 뉴욕이나 파리의 그것과는 아주 다르다는 사실을 말할 수 있을 것이다. 그러면 그것을 수정하려 하기 전에 — 제노비즈가 여러 해에 걸쳐 자신의 견해를 수정한 것처럼[21] — 이 이분법의, 말하자면 전형적인 모습을 간단히 그려보겠다.

제노비즈가 원래 주장한 것은, 어쨌든 옛 남부는 전근대, 어쩌면 신봉건 상태였고, 그리고 북부에서 진행되고 있던 근대화에 경악했다는 것이다. 남부사람들은 무엇보다도 "자신들을 으스러뜨릴 근대성을 피하려는 목적으로" 분리독립을 했다고 그는 썼다. 같은 맥락에서 몇십 년 전에 남부의 역사가 프랭크 오슬리는 "남부가 기계의 발전을 방해했기" 때문에, 남부를 파괴하는 것은 북부의 분명한 목표였다고 주장했다. 근대화에 관한 자신의 책에서 리처드 브라운은 남부사회의 귀족적 에토스와 북부의 부르주아적 에토스를 대비시킨다. 예를 들어, 전자에서는 옛 것에 대해 공경하는 태도가 지배적이었던 반면, 후자에서는 노동력이 기술혁신을 추구하고 있었다. 북부의 문학은 기술 진보, 경쟁행위, 자본 축적을 낭만적으로 묘사하였고, 남부는 이 모든 것을 신사답지 못한 것으로 보았다. '허슬링 라이프'에 대립해서 남부는 명예와 전통을 옹호했다. 셔먼 장군의 바다로의 행군은 남부의 전통적 생활방식을 파괴하려는 것이었고, 그것은 성공했다. 그 후 북부의 비전은 국가의 비전이 되었고, 전통적인 비전은 '실패한 것'으로서, 남부의 이른바 '봉건적 공상적 삶'과 동일시되었다고 브라운은 말한다(여기서 'whistling Dixie'라는 표현이 나왔다: '무책임한 말을 하다', '낙관적인 공상에 빠지다'라는 뜻으로 쓰이는 관용어, 딕시(Dixie)는 미국 동남부 주들을 가리킴 - 역주). 좋은 삶이란 이제, 개인적 성취와 경쟁 그리고 사회유동성을 말했다. 남부연합은 여유롭고 유기적이고 계층이 있는 삶의 최후의 보루였다고 브라운은 주장한다. 이후 "전통사회의 이상은 미국의 삶에서 지워져버렸다." 남부도 역시 근대화하고 있었던 것은 사실이지만 북부에는 크게 뒤떨어져 있었고, 브라운에 따르면, 바로 이 간극, 북부의 변화 속도와 그에 동반한 선전이 남부를 위협했고, 남북전쟁을 초래한 것이다.[22]

라이몬도 루라기는 이 모든 것을 전 지구적인 산업적 식민주의 과정의 일부로 본다. 그와 유사한 일이 이탈리아 통일에서도 일어났다고 주장한다. 기본적으로 산업적 확장은 거대한 자본투자를 요구하고, 그것은 궁극적으로 근대화를 수반한다. 그것은 은행시스템, 철도, 공동 통화, 통일된 도량형 체계, 관세, 세금 그리고 근대화 과정을 논리적으로 완성하기 위한 군사적 점령과 테러까지를 일반적으로 포함한다. 옛 봉건적 질서는 지역주의와 깊이 관련되므로 파괴되어야 한다. 이탈리아의 경우에는 남부(*Mezzogiorno*)가 식민지의 지위로 강등되었다. 산업혁명이 19세기 동안에 전세계로 확장되면서 농업사회에 대한 공격이 수반되어 일어났다. 미국 남부의 파괴와 재건은 이 진반적 과정의 일부였던 것이다. 미국 남부도 북부의 경제적 식민지가 되었다.[23]

앞에서 나는 《자유의 함성》(1988)에서, 제임스 맥퍼슨은 '자유의 성장'이라는 입장을 표명하지만, 그것이 책의 말미에 가서 '문명의 충돌'이라는 입장으로 변질된 것에 대해 말했다. 맥퍼슨의 저작에서 전례가 없지는 않다. 그는 이 생각을 1983년에 '전쟁 전의 남부 예외론'에 관한 뛰어난 에세이에서 이미 전개한 바 있다(그중의 일부가 《함성》의 마지막 부분에 그대로 반복되어 있다).[24] 남부 예외론은 남부가 미국적 경험의 주류에서 벗어난 별개의 독특한 정체성을 가지고 있다는 믿음이라고 맥퍼슨은 말한다. 그는 많은 역사가들이, 북부가 그 정체성을 위협한 것이 남북전쟁의 근원적 원인이라고 주장했음을 지적한다. 따라서 명예, 가족, 여유로움처럼 자본주의 발전의 주류와는 다른 가치를 강조하는 관습과 함께, 남부의 지배계층은 반(反)부르주아적 정신을 가지고 있었다고 제노비즈는 주장한다. 남부의 특수성이라는 생각에 반론을 펴고자 하는 데이비드 포터조차도 결국 남부는 북부의 이익사회 이데올로기에 반대되는 민속사회 혹은 공동사회의 특징을 가지고 있다고 말했다. 공동사회가 전통, 농촌생활, 경의의 양식, 예법, 기사도와 관련된다면, 이익사회는 비인격적, 관료체제적, 실력주의적, 상업적, 산업적, 유동적이며 뿌리가 없다고 포터는 말했다. 게다가 전쟁 전, 미국인 다수는 북부와 남부는 전혀 양립할 수 없는 가치체계와 이념을 가진 두 개의 분리된 나라라고 믿었다고 맥퍼슨은 말한다. 오하이오 출신의 한 하원의원이 말한 것처럼, 그 투쟁은 "체제 사이의, 문명 사이의" 투쟁이었다. 이런 정서가 전쟁 전야에 상당히 널리 퍼져 있었다.

이 시점에서, 맥퍼슨은 자신의 스승 C. 반 우드워드의 주장을 되살려서, 사실을 말하자면 세계적 차원에서 볼 때 예외적인 것은 남부가 아니라 아메리카(미국)라고 말한다.[25] 그러나, 우드워드는 남북전쟁 이후의 시기를 말했던 것이다. 아무튼 맥퍼슨은 '문명의 충돌' 이론을 강하게 주장하기 위해서 전쟁 전 시기에 대하여 예외주의 주장을 펴면서, 어떤 의미에서 자신의 스승보다 한술 더 떴다. 남부가 예외적이었는지를 묻는 것은 잘못된 질문이라고 맥퍼슨은 말한다. "'다른' 것은 북부였다. 역사의 흐름에서 떨어져나간 북부였다." 그는 계속해서 우리가 북부의 예외주의에 대해 말해야 한다고 말한다. 남북전쟁 전의 몇십 년 동안 변한 것은 남부가 아니라 북부이기 때문이다. 거의 모든 측면에서 "변화하는 북부보다 남부가 세계의 대다수 사회를 닮았다"는 점을 그는 지적한다. 예컨대 세계의 많은 곳이 자유롭지 않거나 혹은 겉보기에만 자유로운 노동력을 가지고 있었다. 또 전세계적으로 대부분의 사회는 전원적이고 농업적이며 가족/친척관계/위계질서와 같은 전통적인 그물망에 구속되어 있었다. '일반적'인 것은 공동사회, 전통이지 이익사회, 근대화가 아니었다. "북부는 ─ 북서 유럽의 몇 나라와 함께 ─ 많은 남부사람들이, 겁을 내는 정도까지는 아니더라도 혐오스럽게 보는 미래를 향해 열심히 내달렸다." 1861년에 분리독립파들이 자신들은 하나의 삶의 방식, 전통적 권리와 가치들을 보존하기 위해서 행동하는 것이라고 말했을 때, 그것은 솔직한 말이었다. 맥퍼슨은 계속한다.

남부에서 공화주의 개념은 4분의 3 세기 동안 변하지 않았다. 북부에서는 변했다. … 경쟁적, 평등주의적, 자유노동 자본주의 이데올로기를 가지고 공화당이 정권획득을 했다는 사실은, 남부에서 보기에는 북부의 대다수가 이 무서운, 혁명적 미래 쪽으로 돌이킬 수 없이 돌아섰다는 신호였다.

분리독립은 따라서, 선제적 조치였고, 제퍼슨 데이비스가 이 논쟁에서, 보수적인 것은 우리(남부)이고 혁명적인 것이 당신들(북부)이라고 주장한 것은 크게 틀린 말이 아니다. 연방의 승리로 북부의 비전은 곧 미국의 비전이 되었지만, 그러나 1861년까지는 "주류를 벗어난 것은 북부이지 남부가 아니었다." "북부의 흐름이 주류가 된 것은 언제인가?"라고 맥퍼슨은 묻는다. 여기서 정말로 '다른 것'은 어느 쪽인가?[26]

그 점에 관해서는 다시 얘기할 참인데, 1860년에 남부에도 역시 '다르다'고 간주될 수 있는 중요한 분야가 하나 있었기 때문이다. 아무튼 나는 우드워드와 맥퍼슨의 논의가 극히 설득력이 있다고 본다. 확실히 그 전쟁은 노예제에 관한 것이었다. 그건 결코 가벼운 사안이 아니었다. 그러나 그것은 두 개의 아주 다르고 양립할 수 없는 문명들에 관한 훨씬 커다란 문제의 한 부분이었고, 노예제라는 도덕적 문제만을 바라보는 것은, 사실상 전세계적 차원에서 일어난 근대화 과정의 아메리카판으로서의 남북전쟁이라는 보다 큰 문맥을 보지 못하게 만들 수 있다. 물론 나는 노예사회에서 살고 싶은 마음이 없다. 나는 노예제를 혐오한다. 그러나 남부는 지평선상에서 다른 종류의 혐오스러운 것을 보았다. 그것은 지금 우리와 함께 있고, 그리고 솔직히 나는 그 속에서 살고 싶은 생각도 없다. 이것은 《멋진 신세계》 같은 책들이 말하는 것이고(막스 베버의 '철창'이 '아메리칸 아이돌'과 맞닥뜨린 것이라고 표현해도 좋을 것이다), 그리고 오늘날의 '남부인들'이 이 디스토피아를 피하기 위해 어디로 갈 수 있느냐라는 질문은 결코 작은 문제가 아니다. 나는 이 질문에 대해 5장에서 다시 얘기하겠다. 지금은 우선 옛 남부를 다시 찾아가서 궁극적으로 그 사회가 어떤 것이었는지에 대한 명석한, 공상적이 아닌 평가를 해야 한다. 말할 것도 없이, 달빛이며 목련꽃이며 〈바람과 함께 사라지다〉가 남부사회의 전부가 아니었다. 그렇지만 그런 것들이 아닌 것도 아니었다.

남부의 삶의 방식에 대한 전형적인 해설은 1941년 W. J. 캐시가 썼는데, 《남부의 정신》이라는 제목이다. 남부에서 태어난 캐시는 그 장소에 애증을 함께 품고 있었고, 그것은 결국 그 책이 출판되고 얼마 되지 않아 그를 자살로 몰고 갔다. 이 책은 고정관념들로 가득한데, 그 고정관념들은 초판이 나오고 이후 70년간 대폭 수정되었다. 그렇지만 여전히 읽을 만한 책이다. 캐시는 전쟁 전과 그 이후에도 충분히 사실인, 그 지역의 어떤 본질적인 면들을 포착하고 있다. 또한 남부인들이 자신들의 생활방식을 스스로 낭만적으로 보는 경향도 잘 의식하고 있다.

수많은 남부가 있는 것이 분명 사실이지만, 또한 오직 하나만의 남부가 존재하기도 한다고 캐시는 주장했다. 달리 말하면, 우리는 그 지역 전체에 걸친 하나의 확고한 지적·사회적 패턴, 즉 '야만의 이상(理想)'을 찾아낼 수 있다. 우리는 그렇게 문화적 통일성 혹은 집단적 기질을 말할 수 있는데, 거기에는 자경단의 정의, 즉 눈에는 눈이라는 윤리, 그리고 선과 악의 이원론적 구분이 포함된다. 남부의 역사 도처로부터 (백인들 가운데에서) 권력, 자부심, 위신에 대한 욕망과, 그에 상응하는 돈 자체를 위한 돈의 획득에 대한 혐오가 발견된다. 그것은 "전적으로 명예, 기사도, 귀족의 이상에 따르는 독특하게 세련되고 그윽한 균형 잡힌 세계"였다. 그 전통의 골수는 "막대한 친절함과 편안함"으로, 그런 정중함은 옛 남부(사회)가 작동하는 원리의 한 부분을 이루었다고 캐시는 말했다. 관습은 귀족적 이상의 영향을 크게 받아서 자작농(소지주)들 간에는 "친절한 정중함, 당당한 자부심, 편안한 조용함, 살짝 과장된 태도가 있었고, 그것은 명백한 무뚝뚝함과 근본적인 소박함에도 불구하고 옛 남부가 만들어낸 가장 훌륭한 것들 중 하나였다." 개인의 행동을 공익에 맞추는 (전형적인 공화주의적) 습관이 "남부사회 전체에 전달되어서, 남부의 특징적인 성향이 되었다." 그리고 그것은 "꼿꼿함이라는 담박한 전통"으로 귀결되었다. 북부의 특징인 돈에 대한 열성과는 대조적으로 남부는 명예, 용기, 관대함, 상냥함, 예절과 같은 이상(理想)들에 의해 인도되었다. 그 결과 남부는 "미국의 나머지 지역과 뚜렷하게 달라진, 그리고 그 내부에서는 주목할 동질성을 나타내는 별개의 지대"라고 그는 주장했다. 그것은 '나라 안의 나라'까지는 아니더라도 '거의 그런 것'이었다고 그는 결론지었다.[27]

한편 이 모든 것은 아주 큰 어두운 그림자를 갖고 있었다. 예를 들어서 남부는, 캐시의 말에 따르면, 깊은 반(反)지성주의를 드러냈다. 남부의 신사들은 책이나 관념, 예술이 아니라 개, 총, 말에 관심이 있었다. 그곳의 지배적 분위기는 "거의 취중 몽상의 분위기"였고, 담화양식은 수사와 웅변, 즉 지성보다는 감정에 호소했다. 호기심이나 지적 탐험이 아니라 게으름과 쾌락주의가 남부의 특징이었다고 캐시는 말했다. 바로 이 고정관념에는 얼마간의 진실이 있기는 하지만 그것은 크게 과장되어 있고, 그 대부분이 역사가 마이클 오브라이언이 쓴 거의 1,400쪽에 달하는 옛 남부의 지적 생활에 대한 연구에 의해 틀렸음이 밝혀졌다.[28]

다음은, 명예라는 남부의 전통이 있다. 이 특징은 훨씬 더 타당성이 있다. 아주 가벼운 모욕(혹은 모욕으로 의식된 것)에도 불쾌감을 느끼는 경향은, 다소 쉽게 폭발하는 사회를 만들었다. W. E. B. 두보이스는 남부의 백인에 관해 이렇게 말했다. "그들의 '명예'는 광범위하고, 즉각적인 경의를 요구하는 거대하고 무시무시한 것이 되었다." 그 결과 물리력의 사용은 남부의 특징이 되었다. 결투, 타르칠을 하고 깃털 뒤집어쓰우기, 린치(캐시에 따르면, 1840~1860년 사이에 이런 일의 90퍼센트 이상은 백인이 백인에게 가한 것이다)는 일상 있는 일이었다. 남부사회가 느긋하고 우아했다고 해도, 그것으로 노예제와 폭력에 기초하고 있었다는 사실을 피해갈 수 없다. 백인 우월주의가 전부였고, 그리고 "배경 속에는 항상 채찍이 숨어 있었다." 맥퍼슨과 우드워드가 주장하는 대로 전세계적으로 북부가 변칙적인 것이었고 남부의 전통적 사회가 일반적인 것이었다고 해도, 그래도 1861년까지는 서구세계 대부분이 노예제를 폐지했고 남부는 사실상 다른 모든 사람들이 그것을 포기하고 있던 바로 그때에 그 제도를 수용하고 있는 시대착오적인 위치에 있었다. 에릭 포너가 지적하듯이, 1861년에 노예제를 옹호하고 있는 독립국가에는 "무언가 결정적으로 이상한" 점이 있었다. 토크빌은 1856년 보스턴 일간지 〈자유의 종〉에 보낸 편지에 이렇게 썼다. "나는 세계에서 가장 자유로운 사람들이 현재 문명 기독교국가들 중에서 거의 유일하게 아직까지 노예제를 유지하고 있다는 사실에 고통과 놀라움을 느낍니다." 어쨌든 결국에는 당신을 위해 대부분의 일을 해주는 400만 명의 노예들이 있다면, 여유 있고 허슬링하지 않는 사회를 갖는 것은 그리 어렵지 않다.[29]

캐시는 또, 남부인들이 습관적으로 양키들을 무신경하고 돈을 탐한다고 경멸한 것은 방어기제였다고 주장했다. 즉 남부인들은 은밀하게 북부의 자본주의의 성공을 부러워했고, 그래서 중세의 기사도며 월터 스콧 경 등에 매료되는 등 상상의 과거 사회를 동경했다는 것이다. 그러나 우리가 이미 보았듯이, 이 두 유형의 사회의 차이가 정말로 실재했다는 점을 그는 인정한다. 그리고 모든 사람을 자기들처럼(즉 근대적이고 진보적으로) 만들고자 하는 욕망이 "양키들의 행동 이면의 가장 근본적인 충동"이었다고 덧붙인다. 이것은 토크빌과 볼티모어의 한 변호사의 대화를 생각나게 한다. 거기서 후자는 이렇게 말했다.

북부를 특징짓는 것은 기업정신이고 남부를 특징짓는 것은 기사도 정신입니다. 남부인의 관습은 솔직하고 개방적입니다. 쉽게 흥분하고, 화를 잘 내기조차 하고, 명예에 몹시 예민합니다. 뉴잉글랜드 사람은 차갑고 타산적이며 참을성이 있습니다. 당신이 남부인과 함께 지내게 되면 그는 당신을 환영하고 자기 집의 모든 즐거움을 당신과 나눕니다. 북부사람이 당신을 접대하게 되면 그는 당장에 당신과 비즈니스를 할 수 있을지 타진하기 시작합니다.

북부사람에 관해서, 토크빌은 자신의 공책에 이렇게 써놓았다. "차갑게 타오르는 정신, 진지하고, 끈질기고, 자기중심적이고, 냉정하고, 얼어붙은 상상력, 돈을 존중하고, 근면하고, 자존심이 강하고, 이치를 따지는 사람들."[30]

내가 보기에 이것이 진짜 문명의 충돌이고, 남북전쟁의 근본적인 원인이다. 노예제가 초점이기는 했지만 핵심은, 북부는 남부를 근대적으로 '단장'해주고자 했는데 남부는 그 계획에 관심이 없었던 것이다. 찰스 프레이저의 유명한 소설 《차가운 산》을 논하면서, 루이스 메넌드는 그 책이 기본적으로 전쟁의 결과는 "공예품의 기계제품에 대한 패배, 가정의 공장에 대한 패배, 민중의 대중에 대한 패배"라고 주장하고 있다고 말한다. 탈영하여 노스캐롤라이나 고향집으로 돌아가는 남부군 병사 인맨은 언젠가 이렇게 말한다. "내가 아는 한 사람이 북부 큰 도시들에 갔었는데, 그런 곳의 모든 특성들을 막기 위해서 우리가 싸우는 것이라고 그는 말했어요." "우리가 양키의 생각, 양키의 정신이라고 말할 때, 사실상 우리는 근대의 생각과 근대의 정신을 말하는 것이다"라고 캐시는 지적한다. 남부는 그것을 일절 받아들이지 않았다.[31]

위에서 잠깐 언급한 남부의 명예라는 주제도 두 문명의 차이를 부각시킨다. 이 주제는 거의 인류학적으로 그 문제에 접근한 역사가 버트럼 와이어트-브라운에 의해 폭넓게 탐구되었다. 수치/명예를 구분하는 문화는 인류 역사에서 가장 오래된 윤리체계라고 그는 지적한다. 그런 문화 — 예컨대 중동의 문화 — 와의 교섭에서는, 강자가 절대로 약자를 경시해서는 안된다. 후자의 체면을 위해 동등함의 상징을 제공해야 한다. 그런데 북부는 남부에 대해 바로 그러한 일을 선선히 하려고 하지 않았다고 그는 말한다. 우리가 본 대로, 전쟁 전에도 전쟁 후에도 북부는 남부를 노골적으로 경멸하는 태도를 취하고, 조롱하고 모욕을 주는 편이었다. 옳건 그르건 간에 남부 백인들은 자신들의 명분이 선사시대로부터의 명예에 관한 불문율에 따라 정당화된다고 확신했다(예를 들어 신약성서와 구약성서 모두 여러 곳에서 노예제를 용인한다). 와이어트-브라운에 의하면, 남부가 느낀 위협은 노예제의 상실 못지않게 명예의 상실이었고, 삶의 방식 전체의 상실이었다. 1860~1861년에 분리독립을 부른 것도 명예였고, 이 불문율을 기꺼이 어길 남부인들은 그리 많지 않았다.[32]

명예의 문제는 또 근대화라는 렌즈를 통해 볼 수 있다. 1830년대에 이르면 북부는 공동체의 사법체제 대신 법이라는 장치를 세우고 있었다. 북부에서는 명예가 점점 더 시민 덕성과 동일시되었다. 이런 관점에서 결투나 자경단의 정의는 야만적인 것으로 간주되었다. 그러나 1860년에는 노예제는 이미 서구에서 시대착오적인 것이 되었어도 사교상의 예법(명예에 관한 불문율)은 그렇지 않았다. 공동사회 문화는 명예와 공동체에 중심을 두는 데 비해, 이익사회 문화는 양심과 세속적 경제활동의 관점에서 생각한다. 근대화 과정은 북부를, 남부가 혐오감을 느끼는 가속화된 이익사회의 방향으로 밀고 있었다. 맥퍼슨과 우드워드가 주장하듯이, 남부도 그 점에 관해서는 예외가 아니었다.[33]

문명의 충돌은 1920년대와 그 이후 내슈빌에 있는 밴더빌트대학교와 느슨히 관련된, (시인 앨런 테이트와 로버트 펜 워런이 포함된) 남부의 한 지식인 그룹('12인의 남부인'을 말함, '밴더빌트 농본주의자들', '남부의 농본주의자들' 등으로도 지칭됨, 57쪽 참고 - 역주)이 특별히 관심을 둔 주제였다. 그들은 1930년, 일부러 도발적인 제목 《나의 입장을 취한다》를 붙인, 남부를 옹호하는 책을 출간했다. 그 책과 그 책의 지속되는 인기는, 문명의 충돌이 남북전쟁과 함께 종식되지 않았음을 증명하고 있다(포크너는 "과거는 죽지 않았다, 그것은 지나가버리지도 않았다"고 말했다).

'남부의 농본주의자들'로 알려진 그들은 북부의 '진보'는 거대한 실수였고, 노예제를 제외한 남부의 농업적 생활방식이 지금 어느 때보다 절실하다는 것을 보여주려고 나섰다. 왜냐하면 생산과 소비라는 북부의 문화는, 본질적인 의미가 없고 아무 진전도 없는 단조로운 반복이요, '무한급수' 이상이 아니기 때문이라고 그들은 주장했다. 역사가 윌러드 게이트우드는 "그들의 저항은 물질적 탐욕, 정신적 혼란, 목적의 상실, 개인의 온전함의 파괴, 기타 그들이 산업주의와 연결 지었던 경향들에 맞서는 것이었다"라고 말한다. 그들에게 산업주의는 악의적인 세력이었고, 그들은 남부를 "산업주의가 만들어낸 대대적인 비인간화와 속물화에 맞서는 최후의 실질적 장벽"으로 보았다. 게이트우드는 셸던 해크니(제임스 맥퍼슨과 마찬가지로 우드워드의 제자)가 어느 시점에서 남부를 "이 나라의 가장 크고 가장 오래된 대항문화"로 언급했음을 지적한다. 그것은 내가 보기에 정곡을 찌른 말이다. 《나의 입장을 취한다》는 처음엔 잘 팔리지 않았고, 비평가들은 그 그룹이 옛 남부를 낭만적으로 그리면서 노예제를 간과하고 진보를 거꾸로 돌리려 했다고 비난했는데, 그건 사실이다. 그럼에도, 시간이 지남에 따라 그 책은 갈수록 예언자적으로 보이게 되었다. 즉 경제적 가치를 위해 미적 가치를 희생시키는 것의 위험에 대한, 후일 밴스 패커드 - 멈퍼드 - 마르쿠제로 이어지게 되는 계보의 경고인 것이다. 1982년에 한 서평자는 그 책은 반동적인 텍스트이기는커녕 앞날을 내다보는 작품으로 이제 추앙받고 있다고 썼다. 1977년에 로버트 펜 워런이 〈뉴욕타임스〉와의 인터뷰에서 말한 것처럼, '남부의 농본주의자들'은 초월주의자들, 생태주의자들, 히피들과 유사하게 주류문화에서 일종의 제5열(적과 내통하는 집단 - 역주)로 분류될 수 있다. 다만 남부는 일시적 유행이나 지적 전통에 그치는 게 아니라 지정학적 실체였다. 실제적 힘을 갖고 있었으며 그 힘을 사용할 태세였다.[34]

따라서 그 책의 주제는 이 책의 주제와 같다고 말해도 좋을 텐데, 그것은 "역사적으로 '허슬링 라이프'의 대안은 무엇일 수 있었을까"이다. 왜 미국은 기본적으로 한 가지이기만 했던가? 왜 자본주의에 반대하는 사람들은 전혀 기회를 갖지 못했는가? 앨런 테이트는 적어도 이론상으로는, 이 나라의 초창기부터 대안이 ─ 그가 주류문화, 즉 애초부터 부와 권력에 사로잡힌 사회에 대한 비난이라고 믿었던, 단순하고 탐욕적이지 않은 존재방식 ─ 있었다고 지적한다. 그 책은 이 대안적 삶의 방식의 경제적 기초로서 농업을 강조했지만, 농업 편향적 성격은 나중에 빠졌다. 왜냐하면 그 책의 진정한 초점은 (마르크스주의 용어로) 하부구조가 아니라 상부구조이기 때문이다. 그리하여 1942년에 테이트는 동료 시인 도널드 데이빗슨에게 이렇게 써 보냈다. 그 책은 "인본주의적 전통을 재확인하는 것이며, 그것을 긍정하는 것은 그 자체가 목적입니다. 걱정하지 마세요. 우리를 공격하는 사람들이 잊혀졌을 때에도 우리는 기억될 겁니다." 더 최근에 '아마존'의 한 서평자가 쓴 대로다. "이제는 더이상 마주치기 어려운 구식 휴머니즘과 위엄을 지닌 책이다." 남부 역사가 루이스 루빈은 그 책은 실은 남부의 부활이나 농업사회에 관한 것이 아니라, 인간의 삶과 그것이 어떠해야 하는가에 관한 책이라고 주장한다. 그 열두 명의 저자들은 옛 남부의, 확실히 이상화된 이미지를 내세우고 있다. 마치 "바로 이것이 미국이 될 수 있었으나 되지 않은 것이다"라고 말하는 것 같다. 이 책은 현대세계에 대한 비판으로서 기능했다고 루빈은 말한다. "쫓기고 신경과민인 도시생활에 대비해서 농업적인 남부의 이미지는 인간이 고요하게 조화롭게 존재했던 삶의 모습이다."《나의 입장을 취한다》는 그러니까, "물질주의에 대한 비난, 진보 숭배의 교정, 인간의 미적·영적 필요의 재확인"이다.[35]

　필자 중의 한 명인 시인 존 크로 랜섬은 '유럽 대 아메리카'라는 대조의 틀을 설정하고, "남부는 아메리카 대륙에서 유일하게 유럽문화의 원리에 따른 문화의 기초를 세우고 그것을 방어했다"고 주장했다(극작가

손턴 와일더는 남부의 주(州)들은 "유럽적 정서의 이(異)문화 집단 거주지 혹은 잔류 구역"이 되어 있다고 썼다). 유럽에는 정신의 성숙이 있는 데 비해 대부분의 미국인들은 "사춘기에 정지된 상태"에 있다고 그는 말했다. 그들은 진보를 숭배한다. "진보는 그 궁극적 목표를 정의하는 일이 없"는데도. 그것은 우리의 삶에 폭력을 가하면서 계속 나아갈 따름이다. 그들은 야망에 대해 말하지만 그것은 결국 호전성이며, 개인적 성공을 위한 끝없는 투쟁이라고 랜섬은 말했다. 이러한 조건하에서 진정한 공동체는 가능하지 않았다. 그 예견은 비극적으로 진실임이 드러났다. 또다른 저자, 소설가이며 편집자인 앤드루 넬슨 라이틀이 지적했듯이, 북부에서의 사교모임에는 예외 없이 저마다 속셈이 있다(볼티모어의 변호사가 알렉시스 드 토크빌에게 한 말과 같다, 162쪽 참고). 이와 같은 문맥에서 사교에는 항상 배후에 다른 동기가 있고, 그 동기는 비즈니스이다. 코미디언 크리스 락이 말한바 "[미국에서] 누군가에게 말하고 있을 때, 당신은 그 사람에게 말하는 것이 아니라 그 사람의 에이전트에게 말하는 것이다." 진보란 기본적으로 '눈가림 형이상학'이라고 라이틀은 썼다.[36]

소위 진보라는 주제는 심리학자 라일 러니어의 글의 초점이다. 그는 그 말이 슬로건이요 대중 마취제에 불과하다고 주장했다. 이것은 그 체제의 심리학이며, 그것이 결국 비즈니스이고 "떠들썩한 사회의 동요"에 지나지 않으므로, 그 말을 사용하지 않는 게 좋겠다고 그는 썼다. '진보'가 유일하게 의미하는 것은, 우리의 기계시대에 그렇게나 두드러지는 것들에 정반대되는 심리효과를 만들어내는 사회제도들이다." 그는 "그러한 체제 속에는 인간다운 삶은 없으며, 약탈적이고 퇴폐적인 자본주의의 이런 경련들의 단말마적 고통에 사로잡힌 이들의 무미건조한 삶이 … 우리의 진보의 세기가 피라미드 시대의 문화적 수준보다 낮은 곳에 있음을 말없이 증명할 것이다"라고 덧붙였다. 그 대비는 《뉴리퍼블릭》의 스타크 영이 남부의 이상(理想)에 대해 다음과 같이 썼을 때 아주 분명하게 제시되었다.

　이 생활방식은 더 많은 사람들의 공동의 이해관계, 천부의 의무, 삶
에 있어서 어떤 개방성을 의미했다. 그것은 자기통제를 뜻한다. 당신
과 당신의 소중하기 짝이 없는 인격의 실현을 말하는 것이 아니다. 자
기자신의 의지를 구현하거나 부인하는 것으로부터의 만족감을 말하
는 것도 아니다. 즉 당신은 당신 자신이 살고 있는 사회를 더 품위 있
고 상냥하고 문명된 것으로, 그리고 당신 자신을 더 순종적이고 매력
적으로 만들기 위해 스스로를 통제하는 것이다.

남부사람들에게 있어서 북부의 세계관은 '생경한 종교'였다고 프랭크
오슬리는 썼다.[37]
　그러나 세월이 지남에 따라 지역적 정체성이 주된 문제가 아님이 분
명해졌다. 테이트는 바로 그 책의 주석에서, 저자들은 어떤 특정의 정신
에 대해 말하고 있는 것이며, 그 정신은 남부에서만이 아니라 다른 곳에
서도 살아있었을 수 있었다는 점을 인정했다. 따라서 폴 머피는 그 책이
"보편적인 가치들의 확인"이고, 보다 오래된 유럽문명에 대한 옹호이고
- 정말은 서구의 인본주의적 전통에 대한 옹호"라고 주장한다(《The Re-
buke of History》). 저자들은 남부를 '진짜' 서구문명으로 보았고, 북부의
허슬링 부르주아 문명을 그 전통으로부터의 이탈로 보았다고 그는 말한
다. 마셜 매클루언조차도 이런 생각에 이끌려, 1947년 《스와니리뷰》(테
이트 편집)에 '남부의 특성'이라는 제목의 글을 썼는데, 거기서 그는 남
부가 인본적 문화의 사례로서 나머지 세계에 교훈을 주었다고 주장했
다. 매클루언은, 리처드 위버 같은 남부 보수주의자들과 함께, 일본에
핵폭탄을 떨어뜨린 일은, 과학과 기술을 통한 진보라는 북부의 개념을
결정적으로 훼손했다고 보았다. "우리는 오늘 모두 애퍼매톡스(미국 버

지니아주 도시, 1865년에 남군이 이곳에서 항복하여 남북전쟁이 끝났다 - 역주)에 서 있다"고 위버는 썼다. 우리는 모두 과학적 '이성'이 지배하는 세계에 투항했다. 드와이트 맥도널드, C. 라이트 밀스, 루이스 멈퍼드 같은 좌파의 여러 사람들은 같은 시기에 유사한 주장들을 하고 있었다. 그리고 여러 해 뒤에, 유진 제노비즈는 남부의 보수주의 전통이 부르주아 개인주의에 대한 우리가 가진 가장 설득력 있는 미국 비판이었다고 주장하게 된다.[38]

나는 이미 여러 지점에서 두서없이 제노비즈에 대해 언급했으나, 그의 작업은 사실 별도로 논의를 할 만한 것이다. 비록 오늘날의 관점에서 보면 '정치적으로 올바르'지 못하지만, 그의 작업은 아마도 전쟁 전 남부에 대한 이해에 있어 가장 중요한 기여일 것이다. 남북전쟁에 대한 어떤 연구도 그의 작업을 무시할 수 없다.《애틀랜틱먼슬리》는 몇년 전에 제노비즈를 "현존하는 미국의 가장 위대한 역사가"라고 평가했는데, 크게 틀리지 않은 평가였다.[39]

다시 말하지만, 제노비즈가《노예제의 정치경제》(1965)에서 원래 펼친 주장은, 노예를 소유한 계층 - 엘리트 농장주들 - 은 본질적으로 '자본주의 이전' 혹은 '반(半)봉건적'(그는 나중에 그것을 '부르주아 이전'이라고 불렀다)이라는 것이었다. 그들의 부와 권력은 토지와 노예노동에 기초하고 있고, 그들은 하나의 체제로서의 자본주의를 제대로 이해하지 못했다. 제노비즈는 남부사회가 "그 정신과 근본적인 지향에서 자본주의의 정반대를 나타냈다"고 주장했다. 농장주들이 국제시장에서 교역을 하고, 은행에서 융자를 받고, 북부의 자본주의에 불가피하게 매여 있던 것이 사실이지만, 두어 가지의 자본주의적 특징을 보인다고 해서 곧바로 자본주의체제가 되는 것은 아니라고, 그는 썼다. 예를 들어, 농장 경영자들은 이익을 재투자하기보다 소비했고, 소비하지 않고 투자를 하더라도 새로운 산업체들이 아닌 토지와 노예에 투자했다.[40]

그 책이 출판된 이래(그리고 그 이전에도), 남부의 경제가 보다 큰 미국 자본주의체제에 완전히 통합되어 있었다고 주장하는 연구들이 많이 있었다. 심지어 북부의 자유노동체제보다 남부의 경제가 수익성이 높다고 주장하는 연구들조차 있었다. 이것은 뜨거운 쟁점이다. 왜냐하면 만일 남부의 노예경제가 실제로 번성하는 자본주의경제였다면, 전쟁만 아니었으면 노예제가 50년은 더 계속되었을 것이라는 점에서 남북전쟁과 62만 5,000명의 죽음이 정당화되기 때문이다. 그러나 한편, 만일 다른 이들이 주장한 대로 노예경제가 허약했거나 다 죽어가고 있었다면, 그렇다면 그 제도는 아마도 저절로 사라졌을 것이고, 그런 경우라면 남북전쟁은 순전히 어리석은 짓, 아무 의미 없이 시끄럽고 광포했던 비극이 된다.

어쨌든 남부에 다양한 정도의 자본주의가 실재했다는 사실을 나타내는 증거를 고려할 때, 제노비즈는 점차 자신의 주장을 어느 정도 수정해야 한다고 느꼈다. 그렇기는 해도 그는 남부의 경제와 사회(그리고 확실히, 정신적 전망)가 북부의 것과는 아주 다른 것이라는 자신의 주장을 방어할 수 있었다. 즉 북부와 남부는 실로 두 개의 서로 다른 문명이었다는 것이다. 그의(작고한 그의 부인 엘리자베스 폭스-제노비즈도 같은 주장을 폈다) 기본적인 주장은, 남부의 경제가 일종의 혼성체였다는 것이다. 즉 "자본주의 세계 속에 있지만 자본주의는 아닌" 것이다. 이미 지적했듯이, 노예 소유자들은 세계시장에서 농작물을 팔아 자본금을 축적했지만, 그 시장에 투자하여 그 시스템을 강화하지는 않았다. 다시 말해서, 전쟁 전의 남부인들은 자본가계급이되 단지 노예를 소유하고 있는 사람들이 아니었다. 그들은 자유노동(자본주의)체제를 악의 근원으로 보았기 때문이다. 그리고 자유노동체제를 북부와 동일시했다. 주인-노예의 관계는 고용인-피고용인의 관계와는 아주 다르다. 전자가 아무리 자애롭고 후자가 아무리 착취적이라 하더라도 말이다. 전자에서의 사회적 관계는 제노비즈가 표현한 대로 가부장주의로, 즉 권위와 그리고 (때때로)

호의로 정의된다. 반면 후자에서 그것은 돈에 의해 규정된다. 덧붙여서 제노비즈는 상업의 번창이 곧 자본주의로 오해되어서는 안된다고 말한다. 그렇게 오인하면 수메르와 바빌론에도 자본주의가 존재했던 것이 된다(이 점은 조이스 애플비도 말했다). 그리하여 노예경제는 봉건주의와 자본주의의 중간 어딘가에서 야누스의 얼굴을 하고 있었다. 남부는 제한된 의미에서 시장경제를 갖고 있었다. 무슨 말이냐 하면, 남부는 시장 '사회' — 메이슨딕슨선(과거 미국 남부(노예제도 찬성 주)와 북부(반대 주)의 분계선 — 역주) 아래로 내려오지 않도록 남부가 사력을 다한 그것 — 는 확실히 갖고 있지 않았다. 다시 말하지만, 변칙 혹은 혼성체, 즉 부르주아 국민국가와 세계 자본주의 시장 안에 있으면서 노예제를 유지하고 있는 나라, 간단히 말해서 근대적 노예사회였던 것이다.[41]

이처럼 남부경제의 애매한 속성을 가려낸 것은, 우리가 미국 남부와 남북전쟁의 기원을 이해하는 데에 있어서 결정적으로 중요한 기여라고 나는 생각한다. 그러나 어쩌면 남부사회 문화에 대한 제노비즈의 평가와, 미국 역사 전반에서 그 문화가 갖는 중요성에 대한 평가는 똑같이 중요하다. 이것은 말할 것도 없이 민감한 문제이다. 왜냐하면 (제노비즈가 지적하듯이) 남부전통에 대해 긍정적으로 말하는 것은 곧 "노예제와 분리정책 옹호론자라는 비난을 자초하는 일이" 되기 때문이다.[42] 그러나 한 사회의 가장 좋은 특성들이 실제로 그 사회의 가장 나쁜 특성들로부터 자라나올 때에는 어떻게 되는가? 아테네 민주주의는 (한때는) 은광산에서 노동하는 백만 명 이상의 노예들에게 기초했지만, 우리는 대체로 아테네 민주주의를 크게 찬탄하지 않는가. 희랍인들은 우리의 영웅이고, 또 그럴 만하다. 사실상 고대세계에서 노예제는 법정화폐였지, 1860년의 미국 남부에서처럼 시대착오가 아니었다. 아마도 그래서 좀더 용인할 수 있는 것이 된다. 그러나 정말 그런가? 소수의 사람들이 둘러앉아 국가의 이상(理想)이나 선(善)의 본질에 대해서 토론할 수 있도록 하기 위해서 수백만 명이 고통을 겪은 것이라면, 그것은 좀 … 기괴하지 않은가? 그런데 한편, 그것은 다방면에서 바로 우리시대의 삶을 묘사하고 있지 않은가? 덧붙여, 솔직히 플라톤과 아리스토텔레스를 제외하면 서구문명에 남는 것이 정말로 무엇이 있는가? 우리 서구인들은 당연하게도, 원치 않는 것을 버리려다가 소중한 것까지 없애버리는 우를 범하고 싶지는 않았다.

나는 적어도 남부의 입장에서 이 문제를 해결할 방법을 알지 못한다. 다만 내가 할 수 있는 말은, 노예제에도 불구하고 아테네의 민주주의를 찬양하고 토론하는 것이 가능하다면, 남부의 문화적·정치적 성취를 그 사회경제적 토대가 무엇인지 인정하면서 칭찬하고 토론하는 것도 똑같이 가능할 것 같다는 말이다. 사실 장차 명백해질 이유들 때문에(이미 명백해졌어야 마땅할지도 모르지만) 나는 우리에게 그렇게 할 의무가 있다고 생각한다. 그것은 결국, 남부가 이 나라에 유일하게 있었던 만만찮은 대항문화라고 했던 셸던 해크니의 지적에 이른다. 또한 그것은 제노비즈의 제자 데이비드 채플의 표현에 따르면, 남부는 미국의 "으뜸가는 반(反)자본주의 전통 ─ 전쟁에서 패하기는 했지만 미국 내에 존재하는 어떤 다른 반자본주의 전통보다도 더 자본주의가 돈을 쫓는 일을 방해한 것"이다. 보다 큰 틀 속에서 볼 때 그것은 빈약한 성취가 아니다. 사실 남부는 미국이라는 나라가 좋은 삶을 허슬링으로 규정하는 데 있어서 유일하게 실력으로 반대한 세력이었다. 결국은 그런 이유로 북부의 관점에서 남부는 사라져야 했던 것이다. 제노비즈의 책을 평하면서 역사가 제임스 리빙스턴은 "북미 자본주의에 대해, 유일하게 이념적 일관성과 물질적 결과를 결합하여 ─ 말과 행동 모두로 ─ 반대한 것은 … 노예제를 보유한 남부의 반대밖에 없었다"고 말한다. 이미 지적한 것처럼, 우리가 이 책에서 논의한 다른 대항문화들은 근본적으로 '말'이었다. 그런데 남부의 대항문화 전통은 '행동'에 관한 것이기도 했다.[43]

제노비즈는 이렇게 쓰고 있다.

[1865년의 북부의 승리는] 미국 역사와 국가 정체성에 대한, 불연속적인 남부의 해석을 침묵시켰고, 남부의 모든 것을 고약하고, 인종차별적이고, 비도덕적이고, 지적으로 열등한 것으로 경멸적으로 묵살해 버리는 태도를 조장했다. 북부의 승리는 너무나 때늦은 노예제 폐지를 성취하기는 했다. 그러나 그것은 또한 북부의 제도와 북부의 의도 ─ 부르주아 세계관의 무제한적 확장과 사회질서에 대한 다른 비전을 억압하는 것 등 ─ 들을 정당화했다.

그 억압은 커다란 손실이었다고 제노비즈는 말한다. 왜냐하면 남부의 비판은 제공할 것이 많기 때문이다. 남부의 비전은 ─ 다시 하는 말이지만 ─ 공동체적 혹은 사회적 구조 안에서 개성이 발현하는 것이기보다는 오래된 인문주의적 이상이다. 이것은 "사회적 결속하의 개인주의"로서, 가족과 공동체와 시민으로서의 책임(공민성)에 뿌리를 두고 있다. 현대의 부르주아 개인주의 이데올로기와는 아주 다른 것이다. 후자는 자기중심주의와 시민적 규율의 상실이며 어떠한 도덕적 기초도 없다. 오늘날의 남부 보수주의자들은, 자신들의 사회가 '언덕 위의 도시를 건설'(15쪽 참고 ─ 역주)하겠다는 의도 없이(얼마나 신선한가!) 버지니아와 캐롤라이나에 정착한 사람들로부터 기원한다고 주장한다는 점을 제노비즈는 주목한다. 그런데 대신, 미국인들은 "자신의 도덕적·정신적·정치적 삶을 시장이 결정하도록 만들"면서 "문명된 인간으로 살기"를 기대하는 쪽을 갖게 되었다. 자유시장 지지자들의 행복한 꿈인, "도덕적으로 무심한 풍요와 경쟁할 수 없는 이들에게 고통을 안기는 질서가 잘 잡힌 국제경제 … 가 현실이 되고 있다." 그것은 "타락이 풍성한 멋진 신세계"라고 그는 결론을 내린다.[44]

제노비즈는 남부의 패배, 노예제의 패배가 "세계에 전례 없는 불행과 대량 학살"을 가져오는 제국주의에 문을 열어주었다는 사실은 아이러니라고 본다. "노예 소유자들과 그들의 세계관의 패배는, 그들의 주요 대변인들이 오래전부터 태어나고 있다고 본 전 지구적 재앙에 수문을 열어주었다"고 그는 쓰고 있다. 또 그로 인해 이제 확실히 사물의 가치는 오직 금전적 가치로만 판단되게 되었다. 《주인계급의 정신》(2005)에서 제노비즈 부처(夫妻)는 노예 소유주들의 정중함, 너그러움, 용기, 개방성, 소탈함을 보여주는데, 고전 문화와 기독교문명에 대해 정통한 그 계층 사람들에게서 그것은 흔히 볼 수 있는 특성이었다. 그렇게 저자들은, 노예문제 너머를 봐야 한다고 주장한다. 할 수 있다면 말이다. 그래서 남부가, 이른바 자본주의의 파괴력 ― 특히 인간관계에 미치는 ― 이라는 밀려오는 물결을 막아내려 했던 것임을 알아야 한다는 것이다. 노예 소유자들은 부르주아 사회관계가 가족과 공동체의 결속을 와해하고 시장이 인간 삶을 궁극적으로 결정하도록 만드는 것을 보았다. 시장경제 자체에 대한 반대가 아니라 ― 그들은 시장경제에 잠겨 있었다 ― 그것이 사회의 정수(精髓)가 되어, 일체가 상품이 되어버리는 동향에 대한 반대였다. 비록 잘못되고 비극적인 방식으로나마 옛 남부는 우리가 '인간'으로서 남아 있으려면 없이는 살 수 없는 가치들을 대변하였던 것이다. 지금 되돌아보면, 여기서 비극은 노예제라는 끔찍한 일을 그 사회의 긍정적인 특징들과 분리시키는 일은 이론적으로밖에는 가능하지 않다는 점이다. 따라서 그런 선택지밖에 가능한 게 없었던 것이 아닐까 생각하게 된다.[45]

'노예제 대 자본주의' 그리고 앞에서 간단히 언급한 남부경제의 경제적 생존력에 관해서 말하자면, 이 문제는 정말로 결론이 난 적이 없다. 아무도 이 논쟁에서 분명하고 결정적으로 '이기지' 못했다. 그리고 기본적으로 논의는 차츰 소멸해버렸다(더 자세한 것은 주 41 참고). (또한 더 세계적인 문맥 속으로 옮겨 갔다. 어떤 역사가들은 미국에서만이 아니라 전체 자본주의 세계체제 속에서의 남부의 역할을 보기 시작했다.) 그 주제에 관한 가장 최근의 역사편찬적 리뷰인, 마크 스미스의 《노예제를 검토함》(1998)은, 어떻게 하다 보니 일종의 중간지대에 도달한다. 요컨대 아무런 결정적 결론에도 이르지 못했는데, 물론 이것은 남북전쟁이 할 만한 가치가 있었던 것인지도 결코 결론이 나지 않았다는 뜻이다. 나는 이 장(章)의 서두에 인용한 "사실에 관한 지식이 엄청나게 늘어났고, 계속해서 학문적 연구가 심화되고 있는데도" 그런 기본적인 질문들이 정리되지 않았다는 데이비드 포터의 말을 다시 생각하지 않을 수 없다. 그것은 정말이지 사람을 포스트모더니스트로 만들기에 충분하다. 왜냐하면 어느 정도로라도 확실하게 노예경제가 호황이었는지 불황이었는지 말할 수 없다면, 그리고 따라서 남북전쟁 – 독립전쟁 이상으로 미국 역사를 규정하는 사건인 – 이 정말 필요한 싸움이었는지 말할 수 없다면, 그렇다면 지난 50년간의 연구가 결국 다 무슨 소용인지 회의할 수밖에 없기 때문이다. 내 생각을 말하면, 제노비즈 부처는 《주인계급의 정신》에서, 노예노동에 기초를 둔 사회가 더 인본적이고 정의로운 사회로 나아갔을 거라고 강력히 주장할 방법은 도대체 없다고 말했는데, 그 말에 동의한다. 왜냐하면 노예제는 아주 명백하게, 하나의 경제제도이기만 한 것이 아니기 때문이다. 그것은 남부의 무의식 전체에 깊이 짜여 들어가 있는 심리적 현상이기도 했다. 적어도 이 점에 관해서는 스미스는 단정적이다. "노예를 소유하는 것은 남부 백인의 개인적 자유를 정의하는 데 중요했다"라고 그는 쓴다. 토크빌처럼, 나도 결국은 오직 전쟁만이 그것을 격퇴할 수 있었다고 믿는다. 그러나 이것은 경험에 근거한 추측일 뿐이다. 문명 간의 충돌이라는 주장이 남북전쟁 자체에 대한 가장 그럴듯한 설명으로 내게 생각되는 것도 역시 추측일 뿐이다. 이 문제들은 결국 "사실관계와는 상관없이 그 너머에" 있는 것 같다.[46]

포스트모더니즘에 관해서, 그리고 전쟁을 둘러싼 보다 큰 문제들에 대해서 말하자면, 몇년 전 월터 힉슨이 쓴 《미국 외교의 신화》라는 책 속에서 그 두 가지는 결합되었다. 힉슨은 우리가 지금껏 말해온 문명의 충돌이 실은 비교적 최근의 현상인 근대화의 충돌보다 훨씬 큰 것이라고 믿는다. 즉 유럽의 근대 초기까지 거슬러 올라가는 장기간에 걸친 하나의 패턴인, 근대성 그 자체의 출현으로까지 되짚어갈 수 있다는 것이다. 힉슨은 여기서 본질적인 무엇을 포착한 것 같다. 16세기와 17세기에 유럽과 미국의 역사는 근대화의 틀 속에서 전개되었다. 다시 말해서, 이 나라들은 그들이 '후진적'이라고 딱지를 붙인 다른 나라들과 대비해서 자신들을 근대적이라고 정의했다. 그리고 새로운 이 존재양식을 신격화한 세계관으로부터 식민주의와 제국주의가 따라왔다. 이 도식에 의해서 다른 현실에 따라서 사는 사람들은 몽매하다고 간주되고, 따라서 서구의 지배에 만만한 대상이었다고 힉슨은 말한다. 미합중국은 근대화의 본보기가 되었고, 그 중심에는 변경을 "야만과 문명이 만나는 곳"이라고 한 터너의 정의가 있었다(클로드 레비스트로스의 '날것'과 '익힌 것'의 구분을 상기하게 된다). "이 안"에는 문명이 있고 "저 바깥"에는 야만이 있다. 야만은 개종시키고, 굴복시키거나 (더 일반적으로는) 몰살시켜야 한다(바로 그래서 유나바머를 미치광이, 사나운 짐승처럼 몬태나 오두막에서 혼자 사는 야만인 같은 '산사람'으로 미국 대중에게 그려 보여주어야 하는 것이다. 즉 당신이 진심으로 미국의 진보 개념에 동의하지 않는다면, 당신은 미친 사람이거나 야만인일 수밖에 없다). 힉슨에 따르면 그 결과는, 계속되는 격렬한 갈등의 역사이고, 저명한 미국 연구자 색번 베르코비치의 말을 인용하자면, 그 속에서 미합중국은 "비미국적인 모든 것과 맞서는 성전(聖戰)의 수사학"에 종사하게 된다. '서구의 승리'(인디언 학살), '미국 남부(북부가 후진적이고 야만스럽다고 본)의 파괴', '냉전' 그리고 소위 '테러와의 전쟁' 등에서 바로 그런 일들이 일어난다. 아메리칸인디언에서 시작해서 이 '타자들'은 온전히 인간으로 인식되지 않았다. 그들은 오직 근대주의적 '진보'의 장애물일 뿐이다. 전쟁은 미합중국의 역사와 미국의 정체성의 중심에 있다. '자유의 횃불' 개념, '진보의 행진' 개념 혹은 '야만에 대한 승리'의 개념을 막을 도리가 없다. 이런 개념들이 변경에서 타자와 조우할 때 항상 그 중심에 있고, "특별히 폭력적인 형태로 정체성 확인"이 수반된다고 힉슨은 말한다. 바로 그래서 남부의 삶의 방식은 사라져야 했고, 이른바 적들에 대한 우리의 접근은 — 그때도, 그 전에도, 그 후에도 — 항상, 땅의 초토화와 영혼의 초토화일 수밖에 없다. 미국의 군사작전은 믿을 수 없을 만큼 폭력적이다. 적은 항상 인간 이하의 것들의 무리이고, 따라서 괴멸되어야 한다.[47]

이 폭력의 소용돌이에 대한 내 생각을 말하자면, 미국은 진작부터 진정한 내용을 갖고 있지 않다는 것이다. 허슬링은 결국 내용이 되지 못한다. 사실 허슬링은 우리가 지금 온 사방에서 목도하고 있는 '반(反)사회'만을 만들어낼 수 있다. 게다가 영국과 유럽 대륙으로부터 떨어져 나오면서, 미국은 헤겔이 '부적 정체성(負的正體性)'이라고 부른 것, 즉 무엇이 아닌가, 무엇에 반대하는가에 의해 정의되는 것을 획득했다. 힉슨은 루이스 하츠를 좇아서, 우리가 특별하다는 우리의 믿음은 유럽과는 대조적으로 우리에게 확고한 정체성을 부여할 봉건주의와 종교의 긴 역사를 가지고 있지 않은 데서 나온다고 주장한다. 긴 역사적 전통을 갖고 있지 못했던 미국은 사회의 합의와 일관성을 조직하기 위해서 하나의 이미지 — 스스로를 어떻게 드러낼 것인가에 의존하게 되었다. 바로 그런 이유로 (진보적이 아닌 '야만인'에 맞선) 무한한 변경의 확장과 진보의 이데올로기가 그토록 단단히 결속되어 있는 것이고, 인식된 적들을 향한 우리 행위가 그렇게나 극단적인 — 한마디로 병리적인 — 것이다.[48]

그것은 또한 실질적인 반대 혹은 근본적인 비판이 미국에서 조금도 용인되지 못하는 이유이다. 우리의 정체성이 실은 아주 연약하므로 우리는 계속해서 스스로 얼마나 멋진가를 말해주어야 하는 것이다. 토크빌은 미국에 대해서 이렇게 썼다. "아주 조그만 비난에도 미국은 불쾌해지고 진실에 가볍게 찔리기만 해도 사나워진다. 모든 것을 칭찬해야 한다. 미국식 표현방식에서부터 가장 탄탄한 미덕에 이르기까지 전부 찬양해야 한다. … 이런 이유로 대다수는 영원한 자기숭배 상태에서 살아간다."[49]

그리고 마지막으로, 바로 그래서 도덕적 문제로서의 노예제가 남북전쟁의 원인이었다는 논제가 그렇게나 인기가 있는 것이다. 그것은 자유의 신장을 국가의 정체성으로 삼는 이야기에 꼭 들어맞기 때문이다. 남북전쟁을 문명의 충돌로 보거나, 장기간에 걸쳐 진행된 근대성의 부상의 산물로 보거나, 낙후된 반동적 타자를 짓밟아버리려는 병리적 충동으로 보는 것보다는, "영광, 영광, 할렐루야!"의 관점으로 보는 것이 훨씬 더 돋보이는 것이다(물론 남부에서 보기에는 그렇지 않지만). 남북전쟁은 오늘날까지도 지속되고 있는 신성한 이미지로 꾸며져 있다고 힉슨은 말한다. 그는 이렇게 쓴다.

> 남북전쟁의 변화무쌍한 이미지들 — 앤티텀운하전투의 피에 젖은 시골길과 옥수수밭, 노예해방선언, 매튜 브래디의 사진들, 공화국찬가, 게티즈버그에서의 링컨, 셔먼 장군의 '바다로의 행군', 애퍼매톡스에서의 그랜트 장군과 리 장군 그리고 마지막으로 포드극장에서의 (링컨의) 최후 — 모두가 미국의 의미를 새롭게 정의하고, 궁극적으로 '신성하게' 만들었다.[50]

'위대한 인도주의자' 도널드 럼즈펠드의 말을 조금 바꾸자면, 항상 원하는 나라를 얻을 수는 없다. 그러나 이 경우에 우리는 원하는 나라를 얻었다. 적어도 우리 대부분은 그렇다.

그럼 나머지 우리는 어떻게 되는가? 이 나라는 거기서 정말로 기회를 놓쳤다. 이 나라는 남부를 비방하기로 선택했고, 그 결과 — 제노비즈와 '남부의 농본주의자들'이 존재함에도 불구하고 — 미국은 남부의 삶의 방식의 긍정적인 면, 즉 끝없는 '허슬링 라이프'의 가능한 대안을 알 기회를 영영 잃었다. 도널드 데이빗슨은 "'실패한 것'은 어쩌면 결국 완전히 상실되지 않았을지 모른다"라고 썼다. "바로 그 후진성에서 남부는 어떤 비결을 고수해왔는데, 그것은 남부 자신의 재건 — 그리고 어쩌면 미국의 재건조차 — 을 성취할 수 있을지 모를 요소들을 담고 있었다."[51]

물론 이 일은 일어나지 않았다. 남부의 경험이 나라의 나머지에 갖는 중요성, 그리고 미국이 그것을 수용하는 데 실패한 것이, 우드워드가 보기에는 남북전쟁 다음 세기의 진정한 비극이었다. 1953년에 쓴 한 에세이 — 너무나도 선견지명이 있어 때때로 깜짝 놀라게 되는 — 에서 우드워드는 이것을 좀 자세하게 풀어 썼다. 남부와는 달리 미국은 패배를 알지 못했다(1953년에 쓴 것임을 염두에 두라)고 그는 썼다. 사실 미국은 인류의 보편적인 경험으로부터 위험스러울 만큼 고립되어 있었다. 즉 무엇이라도 성취할 수 있다고 믿었다. 한편 남부는 "끝없는 진보, 물질적 수단의 효력, [그리고] 양과 속도의 중요성에 대한 국가적 신앙"을 공유하고 있지 않았다. 이런 종류의 환상은 "결국 미국의 이상과 가치와 원리들이 종국에는 반드시 승리할 것이라는 암묵적 신념을 조장해왔다. … 그리고 그러한 가정은 우리만은 어떻게 해서인지 역사로부터 예외라고 믿고자 하는 유혹에 우리를 빠뜨린다."[52]

우드워드는 이어서, 세계를 지배하는 것은 우리에게 좋은 결과를 초래하지 않았고, 또 우리는 우리 자신은 아무 잘못이 없다고 생각하기 때문에 억울해한다고 말한다. 그 결과 "미국은 자신이 보유하고 있는 모든 끔찍한 힘들을 사용하여 역사를 자신의 착각에 합치하게 만들려는 유혹에 빠질 위험이 있다. 그 극단적인 … 표현이 이른바 '예방전쟁'일 것이다." 자유방임 시장자본주의에 대한 찬양이 이 착각들의 중심에 있다. 우리가 "우리의 모든 명분, 우리의 전통가치, 우리의 삶의 방식을 어떤 하나의 경제제도와 동일시되도록 허용했기" 때문이다. 우리는 심지어 "국가안보와 이 경제제도의 방위를" 동일시하기조차 했다.

그는 계속해서 말한다. 이 모든 것이 우리를 "전세계적 차원에서의 도덕성 회복 운동"에 휩쓸리게 만들었고, 그렇게 말려든 사람들은 보통 상대편 관점의 타당성을 전혀 인정하지 않는다. "군사정책과 전쟁목적들에 표현된 이 열정들은 이성을 압도하고 그리고 완전한 복종, 무조건적 항복, 패배자의 완전한 지배 이하는 용납하지 않는다." 이 모든 것의 역설은, 이것이 "평화 구축의 기반이 되어야 하는 정치적·도덕적 질서라는 토대"를 산산이 부숴버린다는 점이다. 미국에 필요한 것은 오직 남부(사실상 미국의 그림자)만이 "인간 운명의 비극적이고 아이러니컬한 측면"을 이해하게 해줄 수 있다는 것을 아는 일이라고 그는 결론을 맺는다. 남부는 또 우리에게 "패배한 사람들에게 무력으로 정복자의 이상(理想)들을 강요하는 것"의 무익함을 가르쳐줄 수 있었고, "경제체제들은 얼마나 오래되었든, 얼마나 존경받을 만하든, 얼마나 안정적으로 보이든, 일시적이고, 이런 일개 하루살이 제도와 운명을 같이하기로 선택한 국가는, 이미 자신의 운명을 결정한 것임을 우리에게 가르쳐줄 수 있었다."(강조는 인용자)

미국은 물론, 남북전쟁 전에나 후에나 남부(혹은 초월주의자들, 허먼 멜빌, 루이스 멈퍼드, 지미 카터 등)에 주의를 기울이지 않은 것처럼, 이 중 어떤 것에도 주의를 기울이지 않았다. 허슬링, 기술확장주의 그리고 기본적으로 호전적인 주류에서 벗어나는 것은 무엇이든 이단으로 간주되었다. 미국의 역사에 대한 기억상실증은 물론 아주 유명하다. 그러나 이런 논의에 가장 이골이 나 있는 독자들이라도 다음의 사실에는 충격을 받을 것이다. 즉 이 나라 역사에서 어쩌면 가장 중요한 순간의, 가장 중

대한 측면들이 간단히 폐기되거나 묵살될 수 있다는 점 말이다. 남부에 귀를 기울이는 것, 남부의 관점에서 남부의 역사를 이해하는 것은, 미합중국에 극히 부족한 성숙함을 어느 정도 발생시킬 수 있을 터이지만, 그러나 이미 지적한 이유들 — 무엇보다도 미국 정신의 불안정성, 그 정체성의 불안정함, 그 핵심의 공허함 — 때문에 우리 미국인들은 결코 그렇게 하지 않을 것이다. 미국식 생활방식에 반대하거나 그것에 비판적인 사람들을 결코 이해하려고 하지 않는 것처럼 말이다. 우드워드가 이미 1953년에 깨달은바, 우리의 운명은 이미 결정되어 있다. 우리는, 1953년 이후의 일들이 보여준 것처럼, 역사의 흐름에서 면피할 수 없다.

제5장 과거의 미래

"아, 선생님!" [늙은 승려가] 외쳤다. "저는 젊은 시절의 마음 상태를 회상하면 꿈을 꾸고 있었던 게 틀림없다고 생각합니다. 그 생기발랄함, 의견의 진실됨, 자신과 대중의 의견에 대한 존중, 사심 없는 정치적 열정. 아, 선생님! ··· 그 시절에는 우리에게 명분이 있었습니다. 지금은 오직 이해관계만 있습니다. 과거에는 사람들 간에 유대가 있었는데 이제는 하나도 없습니다. 정말 슬픈 일입니다, 자신의 조국보다 더 오래 살아남는 것은!"

— 알렉시스 드 토크빌이 프레스론에게 보낸 편지(1858년 3월 16일)

신이 그대를 도우시기를, 노인이여, 그대의 생각이 그대 안에 한 피조물을 만들었소. 강렬한 생각으로 프로메테우스가 되어버린 그 사람. 독수리가 영원토록 그 심장을 파먹고. 그 독수리는 그가 만들어낸 바로 그 피조물이오.

— 허먼 멜빌(*Moby-Dick*)

우리는 우리의 영혼을 조악한 상품으로 만들었다.

— 웬델 베리(*A Continuous Harmony*)

2006년, 나는《미국 암흑시대》집필을 끝내고, 미합중국을 떠났다. 결코 갑작스러운 결정이 아니었다. 그 책을 쓰는 동안 그 속에 있는 미국에 대한 분석이 내 골수에 스며들었다. 그 장소의 본질적 특성과, 그 성격과 미국의 계속되는 붕괴현상 사이의 관계를 부인할 도리가 없었다. 아득한 옛날에 "속성이 운명을 정한다"고 헤라클레이토스가 썼지만, 그때와 마찬가지로 지금도 그건 사실이다. 나는, 사실상, 내 조국보다 오래 살았고, 거기에 머물러 있는 것이 아무 의미가 없는 것 같았다.

그러나 진실은, 색번 베르코비치가 주장한 대로, 미국은 "태어날 때부터 장님"[1]이었다는 것이다. 미국 역사가들 사이에 장차 무엇이 미합중국이 될 것인가 하는, 건국 초기의 투쟁 속에 공화주의와 탐욕스러운 삶이 대치했다거나(1장을 보라), 혹은 미국인들이 20세기의 상당 기간 동안 광적인 소비자가 되는 것에 저항했다(예컨대 게리 크로스의《소비의 세기》를 보라)는 토론이 많이 있었다. 그러나 증거는 이런 주장들을 그리 뒷받침하지 못한다. 소비주의는 18세기 중반에 이미 걷잡을 수 없이 만연해 있었고, 시작에서부터 허슬러들의 집합이었다고 본 월터 맥두걸의 미국에 대한 평가는 여전히 유효하다. 대안적인 삶의 방식은 기본적으로 주변적이고 권고에 불과했고, '허슬링 라이프'에 대한 종교적 반대는, 아이러니컬하게도 '허슬링 라이프'에 대한 종교적 찬성으로 쉽게 전환되었다.[2] 이 모든 것을 어떻게 보는가는 물론 그 사람의 가치체계에 달려 있겠지만, 나로 말할 것 같으면, 오래전에 미합중국을 떠났어야 했다. 나는 뱃속에서부터 항상 낯선 땅에 있는 이방인처럼 느껴왔다. 경쟁, 공격성, 인간적 유대에 대한 관심의 부재, 물건과 좋은 삶의 혼동, 정신의 삶에 대한 깊은 반감 ― 이것이 주류사회 에토스였고, 나는 결코 어울릴 수 없었다. 나는 '다른 미국'이라는 신념을 갖고 있었기 때문에 이 나라에 머물러서 싸웠지만 그 믿음은 신기루인 것으로 드러났다. 남부를 제외하면 정말로 다른 미국은 존재했던 적이 결코 없었다. 그리고 그 남부조차도, 알다시피, 끔찍한 어두운 면을 가지고 있었다.

미래로의 최선의 안내자는 물론 과거이다. 변화가 일어나지 않는다는 말이 아니라 대부분의 경우 진화해가는 경향이 있고 이전에 일어난 것과의 커다란 연속성이 있다는 말이다. 허슬링, 풍요의 추구, 테크놀로지, '진보'가 결국 미국 역사 속에서 거대한 증기롤러, 지금 절벽에서 떨어지고 있는 증기롤러가 되기에 이르렀다. 그리고 우리의 뿌리 깊은 낙관주의는 이 점에서 별 도움이 되지 못했다. 사실 그것은 일어나고 있는 일에 대해 우리를 눈멀게 만들었다. 이렇게 '해결책'을 으레 요구하기 때문에, 그런 것이 없을 때조차도 이 책과 같은 종류의 책들은, 혹은 미합중국에 관한 모든 책은 긍정적인 어조로 결론을 내리도록 요청받게 된다. 즉 어떻게 일을 바로잡을 수 있는지, '우리'(우리는 정확히 누구를 말하는 것일까?)가 우리 손으로 다른 결과를 만들어내기만 한다면 미래에는 어떻게 달라질 것인지를 보여주면서 말이다. 그러나 이것은 환상이다. 역사는 그런 식으로 작동하지 않는다. 나는 순진해서, 혹은 간절히 희망하기 때문에(아니면 그저 책을 판매하고자 하는 욕망 때문에) 최후의 순간에 모자에서 토끼를 꺼내려 하는 저자들의 무리에 합류하지 않을 것이다. 토끼는 없고, 모자는 솔기가 터지고 있다.

만일 이 책이 하나의 비극이라면, 세 막(幕)으로 도식화할 수 있다.

    1막: 증기롤러(1~3장)
    2막: 증기롤러가 반대자들을 파괴한다(4장)
    3막: 결국 증기롤러는 자멸한다(5장)

3막이 "증기롤러는 정체성 위기를 맞고, 새롭고 개선된 모습으로 나타난다"가 되는 일은, 다만 가능하지 않다. '궁지에 처한 미국'에 관한 대부분의 책들이 이런 어조로 끝난다. 저자 스스로 그렇게 믿거나, 아니면 대중들이 듣고 싶어 하는 말이 그것이라고 믿기 때문이다. 대체로 그건 사실이다. 평생 동안 환상 속에서 살아온 대부분의 미국인들은, 심지어 일자리를 잃고 저당 잡힌 집을 잃고, 정부가 그들이나 다른 누구를 위해서도(부자와 연줄이 좋은 사람 말고는) 하는 일이 거의 없다는 사실을 확실히 알고, 나라가 이길 수 없는 무의미한 전쟁으로 수렁에 빠져드는 것을 무력하게 지켜보고, 본능적으로 자신들의 삶이 아무런 진정한 목적을 갖고 있지 않음을 알고, 기타 등등에도, 그것이 계속되기를 바란다. 그러나 나는 그런 책을 쓸 수가 없다. 나는 회복된 미래라는 환상은 완전히 헛소리라고 보기 때문이다. 그 결과 나는 일어날 가능성이 있는 것에 관해서 써야 하는데, 그건 아마도 기껏해야 몇천 명의 독자밖에 확보할 수 없을 것이다. 그러나 나한테는 그것은 정말로 문제가 되지 않는다. 인생이 인기경쟁도 아니고, 나는 환상보다는 진실을 선호하는 극소수의 미국 대중에게 진정한 애정을 갖고 있기 때문이다. 거짓된 위안을 유포하는 일은 대단히 부당한 일이라고 나는 생각하고, 천성이 그렇게 하도록 되어 있지도 않다. 그러나, 나는 사실, 비록 주변적이고 정치적으로 비효과적인 대로이나마 대안적 전통의 계속인 제3막(a) — 이전의 책에서 내가 '금욕적 선택'이라고 불렀던 것 — 이, 자기파괴가 진행됨에 따라 더욱 많은 사람들에게 호소력을 가질 가능성이 있다고 본다. 그러나 잘해야 30~40년 후의 일이라고 추측한다. 이것에 대해선 조금 뒤에 얘기할 것이다. 지금 당장의 내 일은 2장의 끝에서 잠깐 이야기한 것, 즉 우리가 어떻게 붕괴하고, 왜 붕괴하는가에 대해 상술하는 것이다.

그러나 이 붕괴가 저 앞에서 우리를 기다리고 있는 어떤 갑작스럽고 눈부신 사건이 아님을 분명히 하자. 마야인들과 소비에트에는 그런 일이 일어났지만 그것은 전형적인 패턴은 아니다. 쾅 하고 사라지기보다는 길게 질질 끄는 와해의 과정을 훌쩍이며 거쳐 가는 것이 더 흔한 패턴이고, 지금 우리가 그러고 있다. 미국의 삶은 여러가지로 말할 수 있

186

지만, 궁극적으로 그것은 심장이 없는 삶이고, 정말로 인간을 위한 삶이 아니다. 우리 중 많은 사람들, 혹은 우리 대부분이 무의식의 수준에서라도 이 사실을 느끼고 있다고 나는 생각한다. 그것은 겁에 질린 느낌이고, 그것의 핵심은 생기 없음, 완전한 무의미함이다. 자국 시민에게 가능한 한 많은 물건을 축적하도록 부추기는 것, 혹은 총을 들이대고 '민주주의'를 수출하는 것이 목적인 나라는, 키가 없는 배와 같다. 그 배는 천천히 가라앉아 시야에서 사라진다.

'침몰하는 배'라는 은유는, 허먼 멜빌이 쓴 가장 위대한 미국 소설 《모비딕》에서 더욱 극적으로 나타난다. 에즈라 파운드는 예술가는 인류의 안테나이지만 고집스럽고 어리석은 대다수 사람들은 그들을 신뢰하려 하지 않는다고 말한 적이 있다. 에이햅 선장의 편집광적 추적, 거대한 흰고래에 의한 피쿼드호의 파괴 그리고 배와 선원들이 모두 거대한 소용돌이 속으로 빨려들어 가는 것 — 이 모든 것은, 미래를 포함하여 미국 역사의 경로를 으스스한 무의식적인 은유로 묘사한 것이다. 재화와 돈, 권력, 기술 그리고 '진보'의 열광적 추구는, 사실상 현재 배를 들이받아 산산조각 내고 있는 고래를 만들어냈다. 소용돌이의 기세가 멜빌의 소설에서보다 현실에서는 느리다 해도, 그래도 그것은 여전히 꾸준하고 가차 없다. 바로 우리의 외교정책이 9·11을 유발했다. 자신들의 운명을 통제하려고 하는 미합중국을 더이상 참을 수 없는 사람들에 의해서다. 우리의 국내 (경제)정책이 2008년의 (경제)붕괴를 촉발했다. 그리고 우리의 생활방식 전체가 변증법적으로 바로 그 생활방식을 무너뜨리고 있다. 그것은 사람들에게, 그들에게 진실로 필요한 것을 줄 수 없는 생활방식이다. 그것은 사랑은 한 방울도 들어 있지 않고, 테크노 장난감과 허풍이 공허함을 은폐하고 있는 삶이다. 업보라는 것이 있고, 우리는 지금 우리 행동의 결과들을 날마다 목격하고 있다. 당연한 일이지만, 미국의 곤경 혹은 미국의 종말에 대해 눈물을 흘리고 있는 이들은 전세계에 그리 많지 않다. 미국인 자신들 — 50년 전에 페리 밀러가 지적했듯이,[3] 전체로 보아 그리 명석한 개인들의 집합이 아닌 — 로 말할 것 같으면, 그들은 분노하거나 침울해 있다. 왜냐하면 미국인들은 스스로를, 자신들의 통제 범위 너머에 있는 것으로 되어 있는 사건들의 무고한 피해자라고 여기기 때문이다. 그러나 그 자신들이 바로 그런 일들을 불가피하게 만드는 방식으로 살고(혹은 살려고 애쓰고) 있다. 우드워드는 1950년대에 미국인들은 "특이한 사람들"이라고 썼는데, 자신이 얼마나 옳았는지 짐작도 못했을 것이다.

그럼 "태어날 때부터 눈먼" 것에 대해 얘기해보자. 색번 베르코비치는, 미국의 이데올로기는, 청교도들이 실제로 생각한 내용이 아니라 수사(修辭)에서 나왔다고 논증한다(《The Puritan Origins of the American Self》, 《The American Jeremiad》 등에서). 그리고 이 이데올로기는 하나의 포괄적 비전 — 한마디로 신화라고 할 수 있는 — 이 된다. 거기에 사용된 언어는 미국에 성스러운 역사를 부여했고, 그 속에서 미국 땅은 가나안과 비슷하고, 청교도 정착자들은 요단강을 건너간 고대 히브리인들과 유사했다. 미국은 하느님의 새 이스라엘이거나 새 예루살렘이 될 것이다. 그것은 본질적으로 "신권정치의 예언"이었다고 역사가 데이비드 할런은 지적한다. 그래서 코튼 매더는 매사추세츠만 식민지의 구원은 곧 미국인 영혼 하나하나의 구원이었다고 썼다. 미국인들은 "미국을 정당화함으로써 자신을 정당화해야만 했다"고 베르코비치는 말한다. 따라서 "미국인인 것은 예언적 정체성을 떠맡는 것이다."[4]

휴! 좀 강도가 센 이야기였나? 터너가 국경을 야만과 문명의 경계선이라고 부르고 싶어 한 것이 이상할 게 없다. 청교도의 유산은 뿌리 깊이 이원론적이고, 미국의 근본적 전제들에 대한 비판은 어떤 것이든 미합중국에 대한 반역으로 간주되었다. 이 헤게모니적 합의는 "다른 어떤 현대 문화와도 비할 바가 없는" 지배력을 행사한다고 베르코비치는 쓴다.

할런이 지적하듯이, 루이스 하츠는 미국의 획일적 생활방식과 사고(경제적 자유주의)를 존 로크의 영향으로 돌리며 유사한 말을 했다. 하츠는 그러나 로크의 유산은 뛰어넘을 수 있다고 믿었지만, 베르코비치는 잠재의식 수준에서 작용하는, 청교도들에게서 물려받은 문화적 신화로부터 회복하는 것은 불가능하다고 본다. 왜냐하면 미국 역사에는 그 신화를 깨부수도록 작용하는 대항세력이 없기 때문이라고 그는 말한다. 그 신화는 너무나도 강력하고 전 영역을 망라한다. 미합중국은 "꿈속을 살고 있는 세속의 현대국가"이며 "집단적 공상의 특출한 사례"이다.[5]

토크빌은, 뒤에 알고 보니 베르코비치보다 150년 앞서서 이 대부분을 인식하고 있었다. "나는 대체적으로 말해서, 미국보다 독립된 정신과 진정한 토론의 자유가 없는 나라를 보지 못했다"라고 그는 썼다. "미국인들은 모두 똑같은 길을 정확히 따라가므로, 모든 미국인의 정신이 같은 모델에 따라 형성되었다고 생각할 수도 있을 것이다." 토크빌은 이것은 공공연한 힘에 의해서가 아니라 내면적 길들이기에 의해 작동하며, 따라서 스스로는 자유롭다는 착각을 갖게 한다고 지적하면서, 그것을 "새로운 전제주의"라고 불렀다. 리오 댐로시가 말하듯이, 토크빌이 이 힘에 대해서 묘사한 것을 보면 그는 이것을 완전히 '오웰적'(전체주의적)인 것으로 보고 있다.

그 (힘의) 목적이 사람들을 성인(成人)으로 준비시키는 것이라면, 그것은 가부장의 권위와 비슷한 모습을 할 것이다. 그러나 그것은 반대로 사람들을 영원히 아동기에 머물게 하고자 한다. 그것은 시민들이 즐기는 것을 좋아한다. 다만 시민들이 생각하는 것이라곤 즐거움뿐이기를 바란다. 그것은 기꺼이 그들의 행복을 위해 노력하지만, 자신이 그들의 행복의 유일한 대행자이며 중재자이기를 원한다. … 그 절대 권력은 사람들의 의지를 꺾지는 않지만 약화시키고 굽히고 지시한다.

그것은 행동을 강요하는 일은 드물지만 행동하는 것에 항상 반대한다. 그것은 파괴하지 않지만 탄생을 막는다. 압제하지는 않지만 방해하고 억압하고 무기력하게 만들고 저지하고 마비시켜서, 마침내 국민을 한 떼의 겁 많은 근면한 짐승들로 만들어버리고, 정부를 그들의 목자(牧者)로 삼는다.

이 결과, 한 철학자가 지적하듯이, 미국은 "무정하게도 타자의 진정한 타자성(다름)을 인식할 수 있는 능력이 없다." 그러한 맥락에서 허용되는 삶은 미국식 삶의 방식(특히 자유시장 자본주의)밖에 있을 수 없다.[6]

이 책을 여기까지 읽어왔다면 내가 무슨 얘기를 하는 것인지 알 것이다. 그 점을 예증하기 위해 일화를 두어 개 소개한다. 얼마 전에 나는 미국 유수의 의과대학에서 학장으로 있는 친구에게 조이스 애플비의 저서, 특히 1970년대에 미덕의 의미가 변한 것에 관한 논의(1장 참고)를 읽게 했다. 그는 공공에 대한 봉사로부터 사사로운 이익으로 그 의미가 바뀐다는 분석에 매료되어, 자신이 근무하는 대학교의 다른 교수들과 그것을 공유하려고 했다. 그러나 자신이 애플비의 논지에 대해 동료 교수들과 이야기하려 할 때마다, 그들이 30초도 안되어 눈은 게슴츠레해지고 화제를 슬쩍 바꾼다는 것을 알게 되었다. 이것이 바로 베르코비치가 말하는 무의식 차원의 문화적 신화를 나타내는 징후이다. 이 나라의 가장 지적인 시민들조차도 이 나라의 구조적 전제들에 대해 가벼운 검토조차 견디지 못할 정도로, 이 나라에서 세뇌가 진행되고 있는 것이다. "사랑하라, 사랑하지 못하겠거든 떠나라"는 슬로건은 비단 극단적인 애국자들의 전유물이 아니다.

두 번째의 예는 지금은 잊혀진 지 오래이지만, 아주 잘 알려진 것이다. 1988년에 조지 H. W. 부시는 "나는 미합중국이 한 일에 대해 결코 사과하지 않는다, 사실이 무엇이든 개의치 않는다"라고 선언했다. 그것은 미국 전함이 이란 여객기를 (F-14 전투기로 착각하여) 격추시켜 탑승객 290명 전원을 죽인 뒤에 나온 말이다. 철학자 로널드 라이트는 다른 나라에서는 중요한 정치가가 그런 말을 하는 것은 상상하기도 어려운데, 하물며 그런 발언을 한 뒤에 이어서 대통령으로 선출된다는 것(4개월 후)은 말할 것도 없다고 논평한다. "그런 발언이 그의 정치 경력을 망치기는커녕 방해조차 하지 않았다는 사실은, 미국문화에 이 나라와 세계가 응대해야 할 문제가 있다는 점을 말해준다"고 라이트는 지적한다. 물론 세계는 그것에 응대하는 중이다. (그러나) 미국은 그렇지 않다. 부시 대통령이 그 후 1991년, 걸프전쟁 뒤에 "우리가 결정하는 대로 행해진다"라고 선언했을 때, 세계는 그것을 터무니없다고 보았지만 미국 대중은 그것을 그저 자연스럽게 여겼다. 그 후 이라크와 아프가니스탄에서의 실패에도 불구하고, 이 나라의 작동방식에 대한 내부로부터의 광범위한 근본적 재평가는 사실상 존재하지 않는다.[7]

그리고 앞으로도 결코 없을 것이다. 영국 역사가 에릭 홉스봄은 "사회가 변화하거나 아니면 암흑이다"라고 쓴 적이 있다. 그러나 만일 미국이 태어날 때부터 장님이었다면 ─ 사실이 그런 것처럼 보이는데, 현재 미국이 선택할 수 있는 길은 암흑뿐이다. 이 시점에서 도대체 무엇이 미국의 눈을 뜨게 할 수 있을 것인가? 사회가 바뀌기란 명백히 가능하지 않고, 왜 가능하지 않은지는 지금까지 논의했다.[8]

어떻게 그 안개를 뚫고 들어갈 것인가? 그것은 지능(IQ라는 의미에서)의 문제이기만 한 것은 아니다. 앞서 말한 의과대학 교수들의 예가 보여주듯이, 세뇌는 의식 수준의 저 아래 대뇌변연계(감정·욕구 등을 관장하는 신경계 ─ 역주), 존재론적 수준에까지 미치기 때문이다. 힉슨의 책(4장 결론 참고)이나 베르코비치의 저작 같은 문헌들은 우리 주변에 상당히 많이 있다. 적어도 정말로 진지하고 용기 있는 비평가들이 미합중국 안에 존재한다고 말할 수 있다. 그러나 문화적 안개가 이미 너무나 짙기 때문

에, 그런 비판적 저작물들을 검열할 필요조차 없는 것이다. 노엄 촘스키
나 마이클 무어 같은 몇몇 비평가들의 주장, 즉 미국인들의 눈은 털로
덮여 있지만 그것이 제거되기만 하면 우리는 사회주의적 혹은 진보적
아니면 진정으로 민주주의적인 미래로 나아갈 것이라는 주장은, 환상이
다. 털이 바로 그들의 눈이기 때문이다. 사회적 합의는 만들어진 것일지
모르지만 그렇거나 말거나 엄연히 실재한다. 나는 미합중국 전체에, (예
컨대) 월터 힉슨의 주장을 용인하는 것은 고사하고 이해할 수 있는 사
람, 또 미국 역사의 뼈대 ─ 청교도의 유산, 변방의 야만과 문명이라는
이분법, 미국인의 정체성의 핵심 중의 핵심이 '다름은 곧 적(敵)'이라는
사실을 꿰뚫어 볼 수 있는 사람이, 20만 명도 되지 않을 거라고 생각한
다. 300만 명의 베트남 농민들을 학살하고 수만 명을 고문하면서, 미국
군대가 하고 있는 일보다 반전 시위대들이 하는 일에 미국 대중이 더 속
상해한다는 사실은 무엇을 뜻하는가? 결국 진짜 야만인은 우리라는 사실
은 얼마나 얄궂은 일인가. "눈이 털로 덮여 있다"고 말하는 것은 미국
역사를 일종의 '피해자' 이론으로 관망하는 것이다. 실상은, '보지 않기
로 선택'했다는 게 더 정확하다. (미국이) 안개를 꿰뚫고 볼 일은 없다.
그 점은 분명히 하자.[9]

거기에 더해서, 미국사회의 대부분은 쓰레기 같은 것들에 빠져 있다.
미국사회는 이런 종류의 질문들에 관심이 없고, 그런 것들이 존재하는
지조차 모른다. 허슬링, 자유방임 자본주의 문화의 최고조에서, 모든 것
은 지나치게 단순화된다. 즉 모든 중요한 질문들이 무시되고, 모든 인간
활동이 상품으로 변하고, 무엇이든 팔리기만 하면 용납되는 것이다. 쓰
레기문화는 자신의 성스러운 터전조차 엉망으로 만든다. 2010년에 게티
즈버그 전투지로부터 남쪽으로 반 마일 떨어진 곳에 리조트호텔과 카지
노 도박장을 세우려는 계획이 진행 중이었다. 주도하던 개발업자는 지
역의 오토바이 매매업자였고, 이 일에서 주의원 해리 레드쇼(민주당)의

지원을 받고 있었다. 그 계획에 대해 비판적이었던 데이브 코헌은 그것을 몹시 비꼬며 또 얼마간의 비통함을 담아서, 링컨이 게티즈버그 연설을 한 바로 그 장소에 카지노를 세울 것을 제안했다.

지금까지는 게티즈버그가 우리의 보다 나아지고자 하는 욕망의 강력한 상징물이었지만 … 지금 우리에게는 우리가 살고 있는 이 시대에 더 걸맞는 의미를 게티즈버그에 부여할 기회가 왔다. … 여기에 … 카지노를 세워서, 미합중국이 2010년에 이르러 얼마나 오수가 흐르는 냄새 고약한 하수구가 되었는지를 미래세대에 보여줄 강력한 상징물이 되게 하자. 우리가 누구인지 그리고 우리가 무엇을 갈망하는지에 대한 흔들림 없는 표상으로 게티즈버그가 남는 것은 전체적으로 보아 적절한 일이다. 앞으로 게티즈버그에 새로운 의미를 주기로 오늘 결단하자.[10]

정치적 보수주의자들은 물론 양쪽을 다 가지려고 한다. 무슨 말이냐 하면, 그들은 미국문화의 천박함에 분통을 터뜨리지만 바로 그 천박함을 일으키는 기반, 예의와 지역사회와 기타 거의 모든 것을 파괴하는 기업-상업적-소비주의 경제에 대해서는 아주 만족한다. "그 속에 태어나서 물려받고 혹은 물려줄, 생기 넘치는 살아있는 전통과 공동체"가 이제 더이상 존재하지 않는다고 딕 메이어는 쓰고 있다(《Why We Hate Us》). "타인들을 존중하며 대하는 사회적으로 공유된 방식, 공동체를 가능하게 만드는 결속이 사라졌다." 사실상 "야비함과 상스러움은 대중문화에 의해 정당화되어 (지금은) 어디에서나 볼 수 있다." 메이어는 대중음악에서 폭력과 마약이 미화되는 점을 지적한다. 일상적으로 여성들은 '잡년(bitch)'으로 지칭된다. 그는 에미넴의 〈드립스〉라는 노래의 가사 일부를 인용한다.

All these bitches on my dick

That's how dudes be getting sick

That's how dicks be getting drips

From these bitches on our dicks

도대체 오늘날 미국문화에서 금지된 노래가사는 무엇이냐고 메이어는 묻는다. 우리가 그런 문화적 독소를 참아준다는 사실이, 수백만 명이 그 것을 재미있다고 생각한다는 사실이, 우리의 문화적 붕괴의 핵심이다. 미국사회의 그런 점들에 이슬람(사람들)은 당연하게도 혐오감을 갖는 것이다. 미국사회는, 메이어의 말을 빌리면, 기준을 부여할 자신감과 능력을 잃어버린 사회이다. 남부의 비평가 브래드퍼드는, 전형적인 남부 보수주의자들은 남부 할머니들이 아이들을 훈계하면서 하던 말, "그런 일은 하는 게 아니다"가 담고 있는 분명한 의미를 소중히 여겼다고 썼다. 지금 '할머니'는 어디에 있는가?

에미넴(마셜 브루스 매더스 3세)은 실제로 미국문화 전반에 대한 제유(提喩)이며, 실제로 '그 세대의 대변자'라고 일컬어졌다. 그가 2000년에 낸 앨범('The Marshall Mathers LP')은 역사상 가장 잘 팔린 힙합 음반이었다(미합중국에서만 1,000만 장 이상 팔렸다). 멕시코시티 일간지 〈엘우니베르살〉에 실린 한 논평기사는, 에미넴의 성공은 "현대사회의 젊은이들이 갖고 있는 지독한 공허, 무엇으로든 채워야 하지만 그러나 무엇보다도 증오로 채워야 하는 블랙홀들을 나타낸다"고 했다. "모든 에미넴들과, 앞으로 출현할 모든 에미넴들은 거기서부터 시작해야 할 것이다."[11]

무엇으로든 채워야 하는 블랙홀들. 이것은 확실히 허슬링 사회, 멜빌이 말한 소용돌이의 논리적인 귀결, 종착지이다. 왜냐하면 새 자동차, 컴퓨터, DVD 플레이어가 아무리 많아도, 혹은 가공의 각본에 따른 타자, 적과의 전쟁을 아무리 많이 해도 깊은 심연을 채우는 데에 한계가 있기 때문이다. 만일 미국에 이 게임을 이해하고 꿰뚫어 보는 사람이 20만 명 이상 존재한다면 우리에게 가망이 있을지도 모른다. 그러나 없다. 시인 딜런 토머스의 말("Do not go gentle into that good night")을 바꾸어 쓰자면, 우리는 멍청하게 그리고 무의식적으로 그 좋은 밤 속으로 들어갈 운명이다.

나는 '남부의 할머니' 이야기를 다시 하고 싶다. 그러나 그 전에, 누가 더 잘하고 있는가(더 잘하기가 굉장히 어렵다는 뜻은 아니다)라고 물어볼 필요가 있다. 스티븐 힐은 《유럽의 약속》에서, 유럽연합이 의도적으로 미국식 생활방식에 등을 돌리고 아주 다른 어떤 것을 찾아냈다고 암시한다. 나는 거기에 전적으로 동의하지는 않지만, 현대 유럽사회에 대한 힐의 묘사는 분명히 살펴볼 가치가 있다.[12]

2차 세계대전 종식 이래로 유럽에선 조용한 혁명이 일어나고 있다고 힐은 말한다. 그것은 미국과 중국, 인도가 추구하고 있는 것들과는 결별한 발전모델이다. 그것은 사회복지 국가가 아니라 '근로복지' 국가이고, 사회주의가 아니라 강력한 사회안전망이 있는 자본주의이다. 혹은 달리 표현하여, 사회주의혁명이 아니라 '안전망 혁명'이며, 사실은 보수주의 정치가들 — 윈스턴 처칠, 장 모네, 콘라트 아데나워 들이 고안해낸 것이다. 그 내용은 보건, 교육, 보육, 주거, 대중교통에 투자함으로써 자본주의의 부(富) 생성능력을 더욱 광범위하게 공유된 번영과 결합시키자는 생각이다. 유럽에서는 실제로 의사들이 가정에 왕진을 가고, 노동자들은 거의 2개월의 유급휴가와 병가, 실업수당, 넉넉한 퇴직수당을 받는다. 이것은 사람들을 돕는 '사회적 자본주의'이다. 사람들을 이용하는 월가(街)의 카지노 자본주의가 아니다. 전반적으로 유럽인들은 경제적 안전망의 담요에 싸여 있다. 그들은 질병이나 주식시장 붕괴나 실직으로 무일푼이 되는 두려움 속에서 살지 않는다. 미국인들은 그런 두려움을 노동생애 대부분 동안 안고 있다.[13]

그 두 사회경제 질서 간의 비교가 아마도 힐의 책에서 가장 인상적인 부분일 것이다. 예를 들어 수많은 연구들은 미합중국처럼 큰 불평등이 존재하는 사회에 더 많은 폭력과 범죄가 있고, 신뢰와 공동체생활은 더 적다는 것을 보여주고 있다고 한다. 유럽이 경제성장을 하나의 도구로 보는 반면, "미국은 잘못된 가치관, 잘못된 우선순위 그리고 이 불평등한 사회를 만들어내고 있는 부적절한 … 제도들을 지닌 채 천천히 심각하게 퇴화하고 있다." 힐은 두 체제의 각 제도 — 정치, 미디어, 경제, 에너지, 근로복지제도 — 의 비교표를 제시하는데, 거기에 드러나는 미국의 모습은 상당히 섬뜩하다. 미국에 있는 것은, 기업미디어의 지배, 여론에 영합한 정치가들의 언설에 의한 정치, 일방주의와 선제공격에 기초한 외교, 망해가는 신문산업, 정보에 어두운 시민들, 곤궁으로 치닫는 실업자들, 빈약한(혹은 아예 없는) 대중교통체계 그리고 세계 37위의 보건시스템이다. 기본적으로 미합중국은 기력이 고갈되었다. 새로운 생각도 거의 갖고 있지 않다. 그리고 솔직히 이 목록을 읽은 미국인 중에 미국에 머물러 있고자 할 사람이 있기라도 하다면, 그 이유가 뭔지 알 수 없다. "미국의 체제와 그것에 생기를 주는 이데올로기에는 미래가 없다"고 그는 주장한다. "미국식 방법(The American Way)은 막판에 처해 있다." 뭐, 그건 새로운 사실도 아니다.[14]

그 두 가지 삶의 방식의 심리학적 차이는 특히 두드러진다. 힐은, 끊임없는 두려움 속에서 살아가지 않는다는 것이 무엇을 의미하느냐고 묻는다. 당신이 당신이 속한 사회의 구성원이기 때문에 기초적인 보살핌을 받을 수 있다는 것을 아는 것은, 정신에 어떤 영향을 미치는가? "'소유권'(즉 각개전투의) 사회에서, 원자화된 개인으로서 길러진 미국인에게는 유럽인의 처지가 되어서 안전과 지원을 보장받는 느낌이 어떤 것인지, 그것이 당신의 전반적인 견해에 어떤 영향을 주는지를 상상하기는 어렵다." 이 안전의 결핍이 미국인이 그렇게나 폭력적인 이유라고 그는 암시한다. 즉 기초적인 것들이 해결이 되면 불안과 공격성이 줄어든다. 간단히 말해서, 그것은 내내 허슬링할 필요가 없다는 뜻이다. 힐은 다음과 같이 말을 잇는다.

세상에서의 현재 위치를 유지하기 위해 사다리의 중간에 있는 개인들이 끊임없이 뛰어오르지 않아도 되는 … 사회는, 좀더 협력과 비폭력과 결속에 의지해 세워질 수 있는 사회이다. 그 정신상태는, 지금 미합중국에서 우리가 갖고 있는 승자독식 "내가 이기면 너는 지는", 냉혹한 경쟁의 사회 대신에, 더욱 합의적인 사회의 기초가 된다.

"미합중국에서는 … 온갖 종류의 폭력이 … 생활이 되었다, 우리는 그 바닷속에서 헤엄치고 있다"[15]고 힐은 결론을 내린다.

그렇다 해도 우리는 유럽사회가 노예제가 없는 미국 남부 혹은 전통적 게마인샤프트 사회의 일종이라고 혼동해선 안된다. 유럽은 자본주의적, 하이테크, 대량소비사회이다. 결코 신봉건적이거나 전(前) 부르주아 사회가 아니다. 자본주의를 폐기하는 것이 아니라 더 잘할 방법을 발견한 것이다. 즉 목표는 여전히 물질적 안락이고, 정신적 측면은 기본적으로 있어도 좋고 없어도 좋은 문제이다. 유럽과 미국에 대한 힐의 비교는, 후자가 경직되고 억압적임을 드러내지만 이념적으로 서로 단절되었다는 - 적어도 진실로 심각하게 - 뜻은 아니다. 물론 유럽의 경탄스러운 자본주의적 성취를 나열하기란 쉽다.

• 유럽은 세계 최고 수준의 생산성을 보유하고 있어서, 거의 어떤 다른 경제보다 노동시간당 더 많은 상품과 서비스를 만들어낸다. 전자기기와 설비들에의 접근성이 넓고, 그 시스템은 소비자의 지출을 자극하도록 고안되어 있다.

• 세계 인구의 7퍼센트인 유럽연합은 세계 경제의 29퍼센트를 맡고 있다. 유럽의 GDP는 16조 달러로 세계에서 가장 큰 경제이고, 거의 미국과 중국의 경제를 합한 것에 상응한다. 미국의 최대 해외투자자이고, 중국의 최대 교역 상대국이며, 미국의 최대 해외투자 대상이다(유럽연합 15개 핵심 국가들에서의 미국 기업 계열사들의 이익은 2005년에 850억 달러였다). 2009년《포춘》이 발표한 전세계 서열 500위 기업 중에서 179개 회사가 유럽의 것이었고(140개가 미국 회사) 세계에서 가장 큰 회사 60개 중에서 절반이 유럽 것이었다(미국은 18개). 유럽 기업들은 석유, 식품, 항공, 전기통신, 화학산업, 자동차 분야에서 최상위이거나 최상위에 근접해 있다.

• 문화분야에서도 마찬가지이다. 예컨대 프랑스 기업 '비방디'는 피프티센트(50 Cent)와 에미넴을 제작하는 유니버셜뮤직그룹을 소유하고 있다.

• 유럽의 중심지들은 하이테크산업의 선도자들이 되었다. 특히 핀란드와 뮌헨, 제네바, 밀라노가 유명하다.[16]

결코 허슬링이 없는 사회로 보이지 않는다. 실제로 유럽에서 목격되는 것은 일종의 '억제된 허슬링' 사회이고, 기껏해야 준(準)사회주의 사회이지, 절대로 전통사회가 아니다. 그것은 여전히 현대적 대량소비사회이고, 그 모든 것의 목적은 물질적 안락을 제공하는 것 외에 무엇인지 분명치 않다.

그러나 성급하게 결론을 내리진 말자. '유럽식 건강의 길'이라는 제목이 붙은 제7장은, 자본주의적 성공에도 불구하고 허슬링을 피하고자 하는 현대문명으로서의 유럽을 잘 보여준다. 이 분야에선 유럽이 전통사회의 몇몇 주요 특징들을 보존하고 있다는 것이 분명하다(결국 그것은 봉건적 배경에서 나온 것이다). 힐에 따르면, 유럽에서 건강은 자전거도로, 걷기 코스, 건강관리시설에 관한 것이고, 유기농 식품과 '슬로푸드'에 관한 것이다. 또 카페에서 어슬렁거리는 것, 서두르지 않는 삶을 사는 것과 관련된다. 어디를 가든지 고령의 시민들이 걷거나 자전거를 타고 조그만 식품점을 찾아가고 하는 것을 목격하게 된다. 걷기와 자전거 타기가 미국 도시들에서는 시내이동의 10분의 1도 안되는 데 비해, 독일에서는 3분의 1, 네덜란드에서는 절반을 차지한다. 보행자구역도 도심의 광장만큼이나 흔하다. 광장은 공동체와 교류에 대한 욕구에 부합하고, 그리고 미합중국에 전형적인 "원자화된 개인적 공간과 반대되는 공유된, 자궁 같은 물리적 공간"에 대한 갈망에 상응한다. 이탈리아에서는 슬로푸드운동(공식적인 상징물은 달팽이다)이 성행하고 있는데, 그것은 미국의 패스트푸드 산업과 그 생활방식에 반대되는 것이다. 슬로푸드운동의 창시자 카를로 페트리니는 이렇게 말한다.

> 삶이라는 예술은 모든 것과 각각에, 시간을 배분하는 방법을 배우는 것이다. 그러나 삶을 속도에 희생시킨다면 그 일은 불가능하다. … 궁극적으로 '느림'은 반성할 시간을 갖는 것을 의미한다. 그것은 생각할 시간을 갖는 것을 의미한다. 삶의 리듬을 강요하는 것은 소용없는 일이다.

유럽의 삶은 느린 음식, 느린 걸음, 긴 낮잠과 식사시간을 포함한다고 힐은 말한다. 그것은 삶의 질을 중요시하는 철학을 반영하고, 그것을 지지하는 물리적·사회적 기반시설을 만들어냈다. 삶의 질의 중요성을 아는 사람들은 시에나(유럽의 문화유적 도시)를 만들고, 허슬링하는 사람들은 댈러스(미국의 상공업 도시)를 만든다.[17]

힐은 또 농업적 세계관이 여전히 유럽 정체성의 큰 부분임을 지적한다. 시골은 멋지다. 도심을 둘러싸고 있는 것은 꽃밭, 과수와 채소들이 있는 공동체와 개인의 정원들이고, 그것은 매력적이면서 실용적이기도

한 '도시-농업 감수성'을 키운다. 유럽인들이 정원에서 여유 있게 일하고 있는 모습을 흔히 볼 수 있다. 힐은 다음과 같이 결론을 내린다.

[유럽인들은] 음식, 음료, 예술, 건축, 사우나 혹은 어슬렁거리기나 구불구불한 길을 따라 자전거 타기 어느 것에서든 서두르지 않는 즐거움을 누린다. 유럽은 완전히 현대적이지만 가끔 마치 19세기의 시간대에 붙잡혀 있는 것처럼 느껴진다. … 대단히 숭고한, 개방의 느낌을 주는 거대한 공공 광장들과 더불어, 생활환경은 더욱 인도적이고 잘 계획되어 있다.[18]

그럼 무엇이 문제인가? 유럽의 삶이 미국의 생활방식보다 현저하게 낫다는 사실은 명백한 것 같다. 그러나 위에서 지적했듯이, 이것은 전통적 사회가 아니다. 그것이 현대의 소비지향 대중사회가 할 수 있는 최선일지 모르지만 그래도 보다 큰, '의미'는 여전히 결핍돼 있다고 느껴질 것이다. 힐은 그 경제를 '정상(定常)상태'라고 말하지만 그건 잘못이다. 봉건시대의 정상상태 경제는 무성장이었던 데 비해, 유럽연합의 관심의 중심에는 확실히 성장이 있다. 게다가 프랑스의 기업이 에미넴과 피프티센트의 CD를 쏟아낸다는 사실에 우리는 의문을 품어야 할 것이다. 실제로 유럽 어디에서나 힙합음악을 들을 수 있고, 딕 메이어가 기록한 테크노-상스러움과 저속한 행실이, 미합중국에서만큼 노골적이지는 않다 하더라도 프랑스, 독일, 이탈리아에도 결코 없지 않다. 스페인도 마찬가지이다. 나는 몇년 전 바르셀로나의 지하철에서 서른 살쯤 된 남자가 사과 과심을 전차 바닥에 던지는 것을 본 생각이 난다. 아무도 뭐라고 하지 않았다. 미합중국에서와 마찬가지로 아무도 주의를 줄 자신감이나 권위를 갖고 있지 않기 때문이다. 그리고 말을 했다면 싸움이 일어났을 것이다. 10대들이 좌석 위에 발을 올리고, 속옷이 보이게 바지를 내려

입고, 갱스터랩이 헤드폰 너머로 들리도록 하는 뉴욕의 지하철에서와 마찬가지로, 그를 옆으로 데리고 가서 "그런 일은 하는 게 아니다"라고 타이를 '남부의 할머니'가 그곳에 없었던 것이다. 유럽에서 나는 삶에서 보다 큰 편안함을 느끼지만 어떤 대단한 도덕적 일관성을 느끼지는 않는다. 그리고 의심할 바 없이 미니애폴리스에서와 마찬가지로 함부르크에서도 외롭고 소외될 수 있다. 그 점에 관해서 나는 확신한다(거의 1년 동안 독일에서 살았기 때문에). 힐이 암시하듯 전쟁 전 남부의 우아함을 유럽에서 발견할 수 있는 것은 확실하지만, 그건 계획된 것이기보다 우연한 것이고, 따라서 다소간 선택적인 것이다.

자, 그럼 어떻게 되는 것인가? 전통적 사회는 완전히 사라져버렸고, 우리는 허슬링과 기술주의적 '진보'의 여러 변종들 속에 처해 있을 운명인 것인가? 물론 대안으로 이슬람을 지목할 수도 있겠지만, 내 생각에 아마 서구의 독자들 대부분은 만약 치유책이 이슬람이라면 질병과 함께 사는 편이 낫겠다고 할 것이다. 많은(혹은 어쩌면 대부분의) 비서구 독자들은 다르게 생각하겠지만. 아무튼 그것은 끝이 없는 논쟁이고, 여기서 나는 그 논쟁에 들어가고 싶지는 않다. 서문에서 암시한 것처럼, 미국인들은 그런 식으로 잘 사고하지 않지만 이슬람사회들에서 어떤 점이 긍정적인가를 생각해보는 일은 우리에게 해롭지 않을 것이다. 그렇지만 '제한이 없는 사회'와 '지나치게 제한이 많은 사회'라는 두 가지 선택지 외에 다른 대안이 있다면 좋을 것이다.

우리는 이 문제에 대해 개인적 해결책(따라서 결국 해결이 아니지만)의 차원, 그리고 사회적 혹은 지정학적 해결책으로 나누어 이야기할 수 있다. 첫째 범주는 훨씬 다루기가 쉽다. 한마디로 미국 남부의 게마인샤프트(공동) 사회(노예제는 빼고)와 유사한 것을 추구하는 사람들에게 전혀 희망이 없는 것은 아니다. 전세계에 걸쳐서 고립된, 전통사회 지역들이 있다. 비록 그들이 '기계'를 얼마나 오래 거부할 수 있을지는 아무도 알

수 없지만 말이다. 고국을 떠나고자 하는 사람들에게 있어선 그것은 무엇을 기꺼이 포기할 것인가의 문제이기도 하다. '토착민처럼 생활하기'라는 낭만적 판타지는, 예컨대 프린터에 쓸 잉크카트리지를 구하자면 문구점에 가기만 하면 되는 게 아니라 길고도 복잡한 과정을 거쳐야 된다는 사실을 발견했을 때 장애에 마주칠 수 있다. 파키스탄에는 위성안테나 설치를 허락하지 않는 마을들이 있다. 내가 보기에 그 결정은 진정한 진보이다(나는 TV를 갖고 있지도 않다). 그러나 어떤 이들에게는 그것이 문제가 될 것이다. 그렇더라도 미합중국 내에서의 선택지는, 특히 가까운 전망에서는 극히 제한되어 있다는 점을 명심하라. 즉 허슬링하지 않는 삶을 원한다면 분명히 길을 떠나는 편이 낫다. 미국 국내의 (변화) 가능성에 대해 이야기하기 전에, 국외 거주자(고국을 떠난 사람)로서의 나의 경험에 대해 몇 마디 하겠다.

우선 독자들은 내가 멕시코에 대해 비현실적인 낭만주의적 관점을 갖고 있지 않다는 것을 알아야 한다. 나는 (멕시코의) 살인과 납치, 부패와 마약전쟁, 빈곤에 대한 통계(국민의 절반이 빈곤선 혹은 그 아래에 있다)를 잘 알고 있다. 나는 맨발의 아이들이 한 푼이라도 얻으려고 소맷자락을 잡아당기는 치아파스와 오악사카를 돌아다녀보았다. 그리고 미합중국이 붕괴하고 있는 것처럼 멕시코가 와해되어가는 것을 목격하지는 않았지만, 더 나아지는 것도 보지 못했다. 미합중국을 흉내 내려는 그들의 시도(내가 보기에는 잘못된)에도 불구하고, 멕시코에는 무언가 고대의 원시적이며 영원한 것이 있다. 그저 계속되는 것이다. 그리고 바로 그것이 내가 삶에서 원한 것이었다. 그것이 전통적 사회의 특징이기 때문이다.

국경을 넘는 것은 마치 거울을 통과하는 것 같았다. 모든 것이 당장에 거꾸로가 된다. 적대적이고 공격적인 사람들 대신, 나는 품위 있는 느긋한 사람들을 만났다. 멕시코에 들어서서 한 시간 뒤에 점심을 먹으러 주유소와 겸하고 있는 간이식당에 들어가서, 카운터에 있는 10대들과 농담을 하기 시작했다. 미합중국에서는 이런 경우에 보통 의심을 사거나, 그리고 굳은 표정을 만나게 된다(영화 〈고약한 아가씨들〉에 잘 풍자되어 있다). 미국 청소년들은 전반적으로 행복한 집단이 아니다. 이들에게 유머 있게 어른들을 대하라고 하는 것은 너무나 무리한 요구다. 한편 멕시코 청소년들은 당장 우스개로 대꾸하고, 그런 농담을 아주 즐긴다. 나는 다른 행성에라도 온 건가 싶은 기분이었다.

멕시코는 또 마냐나(mañana)문화('내일'이라는 뜻, 느긋한 풍토를 가리킴 – 역주)의 전형 그대로였다. 여유 있게 해도 되는데 왜 생고생을 하는가? 압박, 경쟁, 허슬링 대신에 대체로 일들은 되어가는 대로 두어진다. 미국인에게 이것은 처음에는 혼란스러울 수 있다. 만사가 끊임없이 지연되는 것뿐만 아니라 아무것도 작동하지 않는 것처럼 여겨진다. 만일 당신이 은행계좌이체를 하려고 하거나 기관으로부터 무언가를 받고자 한다면, 보통 하염없는 지연에 더해서, 법령부터 제정해야 한다! 설비나 기계장치들은 고장이 잦고, 그것을 고치려면 '친구·친지 네트워크'에 의지해야 한다. 그러나 결국에 일이 되기는 된다. 나는 국경의 북쪽과 남쪽의 차이를 포착한 말을 찾아냈다. 즉 미국에서는 모든 것이 작동되지만 되는 일이 없고, 멕시코에서는 아무것도 작동되지 않지만 모든 일이 된다. 대부분의 경우 그렇다.

(미국의 뉴스는 다르게 말하지만) 멕시코에서의 일상생활이 마약과 범죄인 것은 아니다. 그것은 보통, 예절 바르고 흔히 아주 품위 있는 사람들 간의 상호작용이다. 시간이 지남에 따라 나는 미합중국에서는 절대 일어나지 않을 일들을 점점 더 많이 알아채기 시작했다. 내가 (당시의) 여자친구와 멕시코시티의 한 카페에서 점심을 먹고 나서 완전히 방심하고 있을 때, 한 나이 지긋한 부인이 우리에게 다가와서 "신께서 두 분을 축복하시기를, 행복하게 오래 사시기 바랍니다"라고 말했다. 혹은 다른 노부인은 길 가는 나를 붙들어 세우고는(그때 나는 마침 양복을 입고

있었다) 아주 자연스럽게 "정말 멋지시네요!"라고 했다(그럴 때 어떻게 대꾸를 해야 하나?). 또 내 보험설계사가 내가 18개월 동안 강의를 나간 대학이 밀린 수당을 지급하도록 1년 동안이나 단속적으로 관료체제와 싸웠을 때, 나는 마찬가지로 몹시 놀랐다(그것은 보험설계사로서의 업무도 아니었고, 그녀는 그 일에 대해 보답을 바라지도 않았다).

멕시코인들의 호의는 대부분 몹시 미묘해서 당신은 그것을 받았는지도 잘 모른다. 내가 규칙적으로 다니던 체육관에서 있었던 일이다. 한 무리의 청년들이 어느 운동기구 옆에 몰려서서 서로 이야기를 하고 있었다. 나는 그 기구를 사용하고 싶어서 그 청년들을 돌아서 기구에 다가갔다. 그들은 아주 느리게, 아무 말도 하지 않으면서 옆으로 옮겨 가서 대화를 계속했고, 그렇게 해서 내가 아무런 불편 없이 그 기구를 사용할 수 있게 해주었다. 미국에서라면 그런 상황을 상상할 수도 없다. 아마 "불편하냐? 어쩌라고? 할 수 없다!"식의 태도였을 것이다. 그 젊은이들은 얼마나 품위가 있었는지. 그리고 모든 것이 말도 없이 이루어졌다.

(불행히도 그 체육관에서 틀어놓는 음악들은 끔찍한, 그러나 그들이 멋지다고 생각하는 미국 힙합이었다(나는 그들이 가사를 이해하지 못한다고 생각한다, 아니 그랬으면 좋겠다). 내가 때때로 접수대에 있는 이에게 음반을 바꿀 수 있는지 물어보면, 항상 그렇게 해준다. 그러나 요구사항이 많은 미국인으로 보이는 것이 싫어서 대개의 경우 워크맨을 귀에 꽂고 다른 소리로 천박한 소리를 피한다.)

이런 일이 한 주에 두세 번씩 일어나면, 몇 달이 지났을 때에는 패턴을 알아채게 된다. 그리고 (미국이 아닌) 다른 나라에서 자신이 살고 있다는 것을 새삼 깨닫는다. 나는 이런 예를 수십 가지는 제시할 수 있다. 나는 멕시코가 아직도 전통문화의 요소들을 지니고 있다고 믿어서 그곳으로 이주했던 것인데, 내가 옳았다. 이 사람들은 어떻게 살아야 하는지를 알고, 올바른 우선순위를 갖고 있으며, 그들의 나라에 손님으로 지낼 수 있어 나는 감사하게 생각한다. 애석한 것은 20년 전에 옮겨 오지 않은 것뿐이라고 나는 사람들에게 말한다. 이곳에는 미합중국에는 다만 전혀 존재하지 않는 기본적인 인간의 품위가 있다. 그리고 '남부 할머니'가 이 나라에는 실제로 존재한다. 즉 하고 싶은 대로 아무 일이나 할 수 없는 것이다.

독자가 미국인이라면 물어보겠다. 당신은 그 모든 것에 진절머리가 나지 않는가? 그 끝없는 압력과 걱정, 직장의 끔찍한 분위기(그것도 직장을 구할 수나 있다면 말이지만), 우정이나 사회관계로 통하는 끊임없는 우월의식, 공동체나 이웃과의 의미 있는 유대의 부재. 유럽의 '사회적 자본주의'는 어쩌면 이 문제들 중 한두 가지를 해결할지 모르지만 대부분의 문제는 해결하지 못한다. 전통사회들은 독특하다.

그래도 당신이 미합중국에 남을 것이라고 가정하자. 아마 십중팔구 그럴 테니까. 《미국문화의 황혼》에서, 나는 주류문화에 저항하고 무언가 의미 있는 삶을 살려고 하는 '은둔적 선택지'에 대해 말한다. 그것은 매우 힘든 일이겠지만 그렇게 살고자 하는 사람에게는 할 만한 가치가 있다고 나는 믿는다. 최근에 나는, 2010년 2월부터 주말에는 노트북 컴퓨터 사용을 금하는 정책을 시작한 캘리포니아주 오클랜드에 있는 한 카페 — '액츄얼카페' — 에 대해 읽었다. 손님들은 노트북은 집에 두고 (이런 끔찍한 일이 있을 수가 있나!) 서로 대화를 하도록 요청받았다. 그 카페는 공동체를 만들자는 의도로 2009년 12월에 개업했는데, 가게의 주인인 살 베드나르즈는 "그런데, 노트북만 가득한 공간이 되고 말았어요"라고 말했다. 그는 거의 컴퓨터들만 늘어서 있는 카페에 환멸을 느꼈다. "그런 곳에 들어서면 소외된 기분이 들었어요. … 그곳에서 시간을 보내고 싶지 않았지요. 나는 공공장소에 가서 혼자 있는 척하는 것은 건강하지 않다고 생각해요." 그래서 손님들이 다 가버리지 않을까 하는 걱정을 무릅쓰고 주말의 실험을 하기로 했다. 놀랍게도 꽤 성공이었다.[19]

조그만 승리지만 – 그 카페가 노트북을 완전히 금지하기를 바라게 된다 – 적어도 관련된 사람들에게는 아마도 중요한 승리일 것이다. 사실 커피숍들은 휴대전화와 개인용 컴퓨터가 도래하기 전에는 지금과 아주 다른 장소였다. 손님들은 읽고, 시도 쓰고, 사람을 사귀고, 숙제를 하고, 그림을 그렸다. 분위기는 인간적이었다. 그에 비해 '스타벅스' 유형의 카페 분위기는 기업적이고 황량하다. 어떻게 되었는지 궁금해서 나는 2010년 8월에 액츄얼카페에 전화를 했다. 바리스타는 대성공이었다고 말했다. 사람들은 굉장히 좋아하고, 실제로 주말에 장사가 더 잘된다는 것이다.

또하나의 예가 있다. 아이들을 미디어로부터 보호하는 문제다. 끊임없는 텔레비전과 인터넷 공세하에서 이건 쉬운 일이 아니다. 2000년에 글로리아 드게타노라는 한 여성이, 자신이 중요하게 느끼는 문제에 대해서 부모들을 돕기 위해, '부모지도연구소(PCI)'라는 것을 시작했다(내가 멕시코로 떠나기 두 달 전 연수를 부탁받아서 그곳을 알게 되었다). PCI는 아주 성공적이었다. 글로리아 자신도 미국문화의 해로운 영향에 관한 중요한 책들을 공동으로 썼다.《미디어 시대에 좋은 부모 되기》와《우리 아이들에게 죽이기를 가르치지 말라 – TV, 영화, 비디오게임의 폭력에 맞서는 행동을 요청한다》이다.

나는 살 베드나르즈와 글로리아 드게타노 같은 사람들을 말할 수 없을 만큼 존경하고, 그들이 계속 성공을 거두기를 바란다. 이런 실험들에 관련해서 내가 걱정하는 것은 보다 큰 문맥이다. 즉 이러한 프로젝트는 기본적으로, 흔히들 말하듯이 타이타닉호의 갑판 좌석을 재배열하는 것과 같다고 생각하기 때문이다. 미국은 죽어가는 문화이다. 정말로 아무런 미래가 없다. 배가 가라앉는데 이런 실험들이 궁극적으로 무슨 차이를 만들어낼지는 분명치 않다. 그것들은 대양에 떨어진 몇개 물방울에 불과하다. 이것을 알아보기 위해서 우리는 개별 경험이라는 미시적 차원으로부터 환경 및 지정학적 변화라는 거시적 차원으로 전환해야 한다.

스티븐 스톨은 그것을 《거대한 미망》이라고 부른다. 그는 19세기 초반에 '성장'이 '진보'의 의미를 넘겨받았다고 쓰고 있다. 경제성장은 수많은 사람들에게 많은 긍정적 혜택을 주었지만 사실은 "그것은 거품"이다. 지난 200년 동안 산업사회가 알게 된 규모의 성장은 매우 예외적이다. 그것은 소비와 확장하는 경제로 된 폐회로인데, 그러나 "이 폐회로는 그 자체의 상상의 세계 속에서나 존재한다." 그것은 결국에는 구원이라는 주제, 일종의 종말론이다. '진보'는 역효과를 낳았다. 그것은 환상임이 밝혀졌다. 어떤 사회라도 무한히 확장할 수 있다고 믿는 것은, 경제와 생태의 관계를 무시하는 것이다. 생태계는 확장하지 않는다고 그는 지적한다. 무한한 자원은 존재하지 않는다. 내가 2장의 결론에서(베이트슨을 언급하며) 지적했듯이, '최대의 윤리'와 '최적의 윤리' 사이에는 차이가 있다. 즉 '무한'이라는 것은 현실세계에 존재하지 않는다. 우리는 조만간 벽에 부딪힐 수밖에 없으며, 마침내 그 일이 일어나고 있다.[20]

이 모든 것은 물론 잘 알려져 있다. 지구온난화, 교토의정서, 코펜하겐회의 등등. 놀라운 일은, 끝없는 경제적 팽창과 기술적 진보에 미래가 없다는 이 문제에 대처하기 위해 아무런 일도 이루어지지 않고 있다는 사실이다. 온갖 다양한 이유로 우리는 ─ 특히, 미합중국은 이것이 사실이 아닌 듯이 계속 가동되고 있다. 이런 유형의 상황에서 사실 이것은 전형적인 일이다. 재레드 다이아몬드의 '붕괴' 연구에 의거해서(그리고 수십 년 전 아놀드 토인비가 한 말을 되풀이하며), 스톨은 성장 이데올로기는 그 자체의 부정적 효과(혹은 그것의 그늘, 나는 대안적 전통도 덧붙이겠다)를 완전히 소화시킬 수 없다고 지적한다. 문명이 붕괴할 때에는 그들을 파멸시키는 바로 그 관행과, 이제 더이상 이치에 맞지 않는 가치들에 매달리는 경향이 있다. 요컨대 사람들은 타협하기보다 죽기를 선호하고, 우리는 그것을 오늘날 목격하고 있다.[21]

생태의 문제를 넘어서 또 국가의 쇠퇴, 지정학적 쇠퇴의 문제가 있다. 2000년과 2006년에 내가 이것에 관해서 썼을 때에는 그 생각은 명백한 이유들로 인해 쉽게 받아들여지지 않았다. 이제는 미국이 쇠퇴의 길에 있다는 생각은 그리 급진적인 것이 아니다. 많은 학자들과 정치분석가들이 그것을 말하고 있다. 앞에서 본 대로 스티븐 힐은 그것을 믿을 확실한 근거들을 제공했다. 마크 레너드는 《왜 21세기는 유럽이 주도하게 되는가》에서 솔직하게 "미국의 중앙집중된, 군사화된 우위는 너무나도 압도적인 것이 되어서 자신을 포함한 모든 것을 패배시켰다"고 쓰고 있다. 2008년에 기밀해제된 미합중국 정보 보고서 〈2025년 세계 동향〉은 미합중국의 지도력이 "정치적·경제적 그리고 아마도 문화적 분야"에서 "점점 빠른 속도로" 붕괴하면서, 미국의 지배력이 향후 수십 년간 꾸준히 줄어들 것을 예언한다. 지금의 지구행성을 바라볼 때 그보다 더 명백한 것은 없다. 이것을 아는 것은, 흔히들 말하는 대로, 고도의 지능이 요구되는 일이 아니다. 우리 시대는 끝났다.[22]

그리고 멸망은 좋은 일일 수 있다. 그 과정을 통과하며 살아가는 것은 유쾌하지 않을지 몰라도 말이다. 미국의 '전제'가 전부 시작부터 잘못이었다. 의미 있는 인간사회는 끝없는 허슬링과 기술발전 같은 것이 아니다. 그것들은 좋은 삶의 일부는 될 수 있지만 결코 좋은 삶의 등가물이 아니다. 그리고 그렇게 만들고자 하는 시도는 고약한 결과를 가져왔다. 굳어버린 사회구성체는 생기 넘치고 유연한 것에 자리를 내주어야 하지만, 나는 역사를 보건대 미국이 우아하게 퇴장하지 않을 것임은 확신해도 좋다고 생각한다. 그런 것은 우리의 유전자에 들어 있지 않다! 그러나 그 너머에서라도 멸망은 이 책에서 논의한 대안적 전통 ─ 에머슨과 소로, 멈퍼드, 밴스 패커드 그리고 남부(노예제 없는)의 세계 ─ 으로 문을 열어줄 수 있을 것이라고 생각할 수 있다.

확실히 가능성이 희박하기는 하지만 그래도 잠시 그것을 생각해보기로 하자. 이런 이념을 지니고 있는 정치적 경향(아직은 실재하는 정당은 아니다)의 예가 과격 분리독립운동인데, 그들의 문헌을 보면 논리가 사실 상당히 정교하다. 경제학자 토머스 네일러(듀크대학교 명예교수)는 선언문 〈분리독립 – 버몬트와 다른 모든 주(州)들이 제국으로부터 스스로를 구제하는 방법〉에서, (미국의) 두 개 주요 정당 모두가 "미합중국에서의 삶이 더 크고, 더 빠르고, 더 복잡하고, 더 상업적이고, 더 하이테크이고, 더 에너지를 많이 쓰고, 더 초국적이고, 더 군사적이고, 더 통제되기를 바란다"고 지적한다. 그리고 그 비전을 실현하기 위해서 민주당과 공화당은 둘 다, "맥도날드, 월마트, 폭스뉴스, 기름 잡아먹는 허머트럭, 구글, 빌 게이츠 그리고 포브스가 선정한 미국의 부호 400명에게 안전한 세상을 만들기 위해" 기꺼이 우리 아이들을 희생시키고자 하는 제국적 전쟁기계를 옹호한다고 그는 말한다. 그들은 "어플루엔자(affluenza, 부자병), 과학기술 편중주의, E-마니아, 과대망상증, 자동화주의, 세계화, 제국주의"에 헌신한다. 한마디로 이 제국은 지속가능하지 않다. 네일러는 미국은 도덕적 중심이 없다고 말한다. 미국은 영혼을 잃어버렸다. 버몬트는 이 불경스러운 아메리카합중국으로부터 분리독립해야 한다. 왜냐하면 버몬트는,

> 여전히 죽음보다 삶을 찬양하기 때문이다. 버몬트의 생활문화는 이곳이 작고, 시골이고, 아름답고, 민주적이고, 비폭력적이고, 비상업적이고, 평등주의적이고, 인본적이고, 독립적이고, 아주 급진적이라는 사실에서 에너지를 얻는다. 버몬트에서는 항상 인간적 척도의 정치가 좌익의 정치와 우익의 정치를 이긴다.[23]

이것은 물론 전형적인 대안적 전통과 관련된 것이지만, 중요한 차이가 더해져 있다. 네일러는 미합중국(의 대부분)을 그 전통이 실현될 수

있는 장소로서 단념했다. 내가 되풀이해서 말했듯이, 대안의 전통은 미국에서, 특히 남북전쟁 후에는 가망이 전혀 없었다. 네일러는 진정한 지정학적 답인 "남부의" 해결책에 대해 말하고 있다. 이곳은 절대로 변하지 않을 것이다. 그러니 우리(버몬트 사람들)는 원진(圓陣)을 치고 이 나라의 나머지는 운명에 맡겨두자. 이 광대들이 어플루엔자를 원한다면 갖게 내버려둬라. 내가 보기에 이것의 유일한 문제는, 대안 전통에 항상 따라다니는 문제, 즉 그것이 아무런 실질적 힘이 없다는 것이다. 과거 1970년대에 어니스트 캘런바흐는 《에코토피아》라는 소설을 썼다. 서해안의 주(州)들(남가주는 물론 제외)이 뉴욕과 워싱턴 D. C.에 핵 지뢰를 심었다고 주장하고, 그것으로 미합중국 정부를 위협하여 분리독립하는 내용이다. 그것은 힘이다. 의심할 바 없이 그렇다. 그러나, 그것은 캘런바흐가 잘 인식하고 있듯이, 몹시 실현성이 낮은 시나리오이다. 토머스 네일러의 것도 마찬가지이다. 버몬트가 나라의 나머지로부터 분리를 선언한다면, 두 시간도 안되어서 해병대가 벌링턴(버몬트주 북서부 항구도시 — 역주) 도심에 나타날 것이다. 그렇다면 현재로선 이 계획은 절대로 가망이 없다. 그러나 30년이나 40년 뒤에는 그렇게 억지스럽지 않아 보일지도 모른다. 미합중국은 나날이 약해지고 있다. 경제적으로나 정치적으로나 미국은 내리막길을 가고 있으며, 네일러가 옳게 말하고 있듯이, 도덕적으로도 파산상태이다. 종말의 시간에는 '중심'이 버텨내지 못할 것이고, 이탈은 무사히 실행될 수 있을 것이다. 커크패트릭 세일은 이렇게 쓰고 있다.

산업문명이라는 건축물이 내부에서의 결연한 저항의 결과로 마침내 무너지지 않는다면, 그것 자체의 축적된 과도함과 불안정 때문에 몇십 년 이내에, 어쩌면 더 일찍, 무너질 것이 확실해 보인다. 그 후에는 대안적 사회가 일어날 공간이 있을지 모른다.[24]

사실 대안적 전통이 대안으로만 남아 있지 않을 길은 이것밖에 없을지 모른다. 물론 그렇다고 그들이 부르고 싶어 하는 대로 '제2 버몬트공화국'이 그 나름의 문제가 없지는 않을 것이다. 그 점은 확실하다. 그래도 그것은 대단히 흥미로운 가능성이고, 분리독립이 버몬트에 한정되지 않고 번진다면 더욱 그렇다.

이 시점에서 적어도 개념상으로 도움이 될 수 있는 것은, 과거를 아주 다른 관점으로 바라보는 것이다. 그것은 우리에게 쉬운 일이 아니다. 우리가 갖고 있는 것은, 그것이 구원의 길이라고 잘못 믿으면서 끝없이 미래로 굴러떨어지고 있는 문화이다. 결국 우리가 해온 일이 우리 자신을 막다른 골목으로 추락시켰고, 어쩌면 지금은 적어도 우리 중의 소수(이미 말했듯이 소수 이상일 수는 없다)는 과거가 어떤 도움을 줄 수 있을까 생각하기 시작해야 할 때이다. 잭슨 리어스는 대니얼 호로비츠가 쓴 밴스 패커드의 전기(傳記)에 대해 평하면서, 패커드 같은 사람들이 이른바 향수(鄕愁)라는 것 때문에 과거만 돌아보고 있다고 늘 공격받은 것에 대해 말한다. 그는 계속해서 말한다.

향수를 공격하는 것은, 지난날과의 의절에 도취해 있는 지식층이나 할 수 있는 일이다. (그러나) 좋은 사회에 대한 비전이, 한때 삶이 지금 이곳의 것과는 달랐고 아마도 더 나았다는 우리 자신의 기억 말고 어디에서 나오겠는가? … 보다 인본적인 삶의 방식을 상상하는 데 있어서 어째서 과거를 회상하는 일이 미래를 공상하는 것보다 열등하게 생각하게 되었는가? 그 이유는 아마도 〈네이션〉으로부터 〈내셔널리뷰〉에 이르기까지 모든 정치적 스펙트럼의 지식인들이 진보라는 신화에 의해 최면이 걸려 있기 때문일 것이다.[25]

달리 말해서, 그것은 사실 정치적 좌우의 문제가 아니며, 나는 그것이

지식인들에 한정된 문제도 명백히 아니라고 덧붙이겠다. '진보'는 우리 모두에게 최면을 걸었고, 배가 침몰하고 있는 지금에도 그렇게 하고 있다. 역사가 조셉 엘리스는 《미국 정치, 길 잃은 영혼》에 대한 서평에서, 저자인 디긴스가 그 책에서 정말로 말하고 있는 것은 "미국은 언제나 [경제적] 자유주의의 땅이었고, 미국 국민으로서 우리의 현재의 곤경은 절망적이고 응당한 것이다"라고 주장한다. 가혹하지만 정확한 평가이다. 우리의 눈을 덮고 있는 털은 없었다. 우리가 그렇게 했고, 우리가 이 결과를 가져왔으며, 우리는 아주 일찍부터 그렇게 했다. 우리는 소로를 비웃고, 멈퍼드를 무시하고, 남부를 헐뜯고 그 사회에 가치 있는 것이 무엇이라도 있다는 것을 인정하려고 하지 않았다. 1961년 뉴욕대학교에서 강의를 하면서 페리 밀러는 우리 모두가 우리가 처한 상황에 책임이 있다고 주장했다. "왜냐하면 우리가 모두 알고서든 아니면 무심코 그랬든 이것을 만들어내는 데 전력을 다했기 때문이다." 그리고 이 끝맺는 말을 읽고 있는 독자라면 누구든 알 테지만, 그런 행동 모두가 오늘까지 계속되고 있다.[26]

그렇지만 … 그렇지만 … 나는 T. S. 엘리엇의 "거대한, 인간 외적인 힘들"을 생각하지 않을 수 없다. 결국 어쩌면 선택권은 없었는지도 모른다. 어쩌면 미국은 하도록 되어 있는 것을 했고, 예정된 바를 실행했으며, 나머지는 역사일 뿐인지도 모른다. 《모비딕》의 끝에 이르러 에이햅은 일등항해사 스타벅에게 이렇게 말한다.

이것 ─ 이름 없고 불가해한, 초자연적인 이것은 무엇인가? 어떤 속임수를 쓰는, 숨은 주인, 잔인하고 무자비한 황제가 나에게 명령을 하여 모든 자연스런 사랑과 갈망을 거스르며 내가 이렇게 내내 자신을 밀어대고 바싹 붙어서고 떼밀고 들어가게 만드는가? 내 원래 마음으로는 감히 생각도 하지 않을 일을 하게 만들면서? … 정말이지, 여보게, 우리는 저기 있는 윈치처럼 이 세상에서 계속해서 돌아가게 되어 있고, '운명'이 그 손잡이라네.

스타벅이 나중에 선장에게 묻는다.

　우리는 이 흉악한 물고기가 최후의 인간마저 물속에 처박을 때까지 그놈을 계속 쫓을 건가요? 그놈에 의해 바다 밑바닥까지 끌려갈 건가요? 그놈에게 끌려서 지옥에까지 갈 건가요? 아아, 그놈을 더 찾아다니는 건 불경이요, 신성모독입니다!

　거기에 에이햅은 이렇게 대답한다. "에이햅은 영원히 에이햅이네, 이 사람아. 이 모든 일이 변경할 수 없게 정해진 거야."[27]

감사의 말

나는 친구이며 동료였던 페렌츠에게 가장 큰 빚을 졌다. 페렌츠는 1994년부터 1995년, 내가 뉴멕시코대학교에 방문교수로 갔을 때 만난 사람이다. 그는 관심 분야가 폭넓은 훌륭한 역사학자였고, 한 인간으로서도 멋진 사람이었다. 그는 너그럽고 사교적이며, 정치적 문제나 역사적 문제에 대해 내가 논의를 청하면 항상 응해주었다. 특히 그는 내게 여러 차례 미국 역사에 관한 광범위한 문헌 목록을 주었는데, 그것이 내 연구에 크게 도움이 되었다. 페렌츠는 2010년, 불의에 급작스럽게 죽었다. 그가 몹시 그립다.

또다른 친구이며 동료인 노미 프린스에게는 도덕적으로 또 자료 제공으로 내게 도움을 준 데 대해 고마움을 표한다. 몇년 전에 노미는 "탈주했다." 무슨 말이냐 하면, '허슬링 라이프'를 버리고 '봉사의 삶'을 살기로 선택한 것이다. 그럼으로써 나와 많은 사람들에게 영감을 주었다. 누구나 주변에 이런 사람이 꼭 있어야 한다.

마지막으로 나는 '와일리'의 편집자 에릭 넬슨에게 감사를 표한다. 그가 엄격하고 깊이 있는 비판을 해준 덕분에 원고가 크게 개선되었다. 그리고 나의 에이전트인 앤드루 스튜어트에게, 논란의 여지가 많아 보일게 확실한 이 책이 세상에 나올 수 있게 해준 데 대해 감사한다. 2011년의 미국에서 그건 생각만큼 흔히 있는 일이 아니다.

주석

머리말

1. Walter A. McDougall, *Freedom Just Around the Corner*(N.Y.: Harper-Collins, 2004), pp. xii, 32~35; David M. Potter, *People of Plenty*(1954; repr., Chicago: Phoenix Books, 1958); William Appleman Williams, *The Contours of American History*(1961; repr., Chicago: Quadrangle Books, 1966); Leo Marx, *The Machine in the Garden*(1964; repr., New York: Oxford University Press, 2000), p. 38. 리오 마르크스는 아서 바를로우 선장이 월터 롤리 경의 후원으로 1584년, 버지니아로 항해했던 것에 대해 논한다. 바를로우는 그곳의 '믿을 수 없을 정도의 부유함'을 강조하며, 그곳을 풍요의 땅으로 그린다(pp. 36~37, 40).

2. 노미 프린스의 책(*It Takes a Pillage*, Hoboken, N. J.: John Wiley & Sons, 2009)에 따르면, 그 수치는 13.3조 달러까지 올라간다. 그러나 그녀는 〈긴급구제 보고서〉(http://www.nomiprins.com/bailout.html)에서는 19조 달러라는 수치를 쓴 적이 있다. Rick Wolff, "Whose Recovery? What Double Dip?", http://mrzine.monthlyreview.org/2010/wolff240810.html, August 24, 2010. 서머스에 관해서는 2장 주 7을 보라.

'우익의 미친 헛소리'라고만 할 수는 없다. 최근의 여론조사에 의하면 미국인의 55퍼센트가 오바마가 사회주의자라고 믿는다. 이것은 우익이 극단적으로 친자본주의적인 대통령을 그 반대로 묘사하는 데 있어 얼마나 효과적이었는지를 보여준다. 티파티(Tea Party) 같은 우익운동에서의 문제는, 그들이 상황의 복합적 측면을 파악하지 못한다는 점과, 그들의 정치적 입장이 커다란 모순을 갖고 있다는 점이다. 그들은 시스템이 무엇인가 크게 잘못되었다(확실히 그렇다)는 느낌에 의해 동기가 부여되었고, 그들의 분노는, 그들이 보기에 보통의 미국인들에게 어떻게 살아야 하는지 가르치려 드는 '엘리트들'을 향하고 있다. 그러나 그들의 해결책은 미합중국이 순수한 형태의 자유방임경제 — 적어도 경제영역에서는 아무런 관리가 없는 — 로 돌아가야 한다는 것이다. 그 체제가 엘리트들에 의해 운영(그것도 보통 은밀한 방법으로)된다는 것을 이해하지 못하면서 말이다. Jane Mayer, "Covert Operations", *The New Yorker*, August 30, 2010, p. 54; Louise Story, "A Secret Banking Elite Rules Trading in Derivatives", *New York Times*, 12 December 2010.

3. Werner Sombart, *Why Is There No Socialism in the United States?*, trans. Patricia M. Hocking and C. T. Husbands(1906; repr., New York: International Arts & Sciences Press); Seymour Martin Lipset, *American Exceptionalism*(New York: W. W. Norton, 1997). 사실상의 사회유동성이 존재하지 않았음에 대해서는 다음을 참고. T. J. Jackson Lears, *No Place of Grace*(1981; repr., Chicago: University of Chicago Press, 1994), p. xviii; John Rapley, *Globalization and Inequality*(Boulder CO: Lynne Rienner Publishers, 2004), p. 20; Joseph E. Stiglitz, *Freefall*(New York: W. W. Norton, 2010), p. 301, n. 14. 나는 셰이커 교도, 메노파 교도, 아미쉬파 등 유토피아 공동체들에 대해 논하지 않을 것임을 덧붙인다. 그들에 대해서는 이미 많이 논의되었기 때문이다.

대부분의 미국인들은 미래가 얼마나 멋질 것인가 망상을 갖고 있을 뿐만 아니라, 지금 당장 상황이 어떤지에 대해서도 망상을 갖고 있다. 토머스 네이글은 "실질적인 불평등에 대한 미국인들의 극히 예외적인 관용은, 미합중국에서 사회유동성의 비율이 이례적으로 높으며 누구라도 열심히 일을 하면 성공할 수 있다는 믿음에 근거한 것으로 보인다. 그러나 이 믿음은 오해에 근거한 것으로 보인다. 대부분의 분석가들은 미국에서의 경제적 유동성은 다른 선진 민주국가들에서보다 높지 않고, 보다 가난한 미국인들에게는 실제로 좀더 낮을 수 있다"고 쓰고 있다. 네이글은 또한 이 모든 소유 쟁탈전은 자멸적이라고 덧붙인다. "왜냐하면 승리자와 패배자의 비율은 절대 변하지 않기 때문이다." Thomas Nagel, "Who is Happy and When?", *New York Review of Books*, December 23, 2010, pp. 46~48; Andrew Price, "Americans Are Horribly Misinformed About Who Has Money", http://www.good.is/post/americans -are-horribly-misinformed-about-who-has-money, September 28, 2010; Robert Frank, *Luxury Fever*(New York: Free Press, 1999).

4. Lears, *No Place of Grace*, p. xx.

5. Julie Bykowicz, "Dixon Resigns", Baltimore Sun, January 7, 2010; Ben Nuckols, "Prosecutors Scold 'Unrepentant' Baltimore Mayor", *Washington Post*, February 2, 2010. 지금은 이라크에서 기업들이 부당이익을 취득한 행위에 대한 기록이 많이 있다. 특히 로버트 그린월드(Robert Greenwald)의 영화(〈Iraq for Sale〉, 2006)를 보라.

6. Jack Healy and Angela Macropoulos, "Wal-Mart Worker Dies in Apparent Shopping Stampede", *New York Times*, November 28, 2008; "Florida Woman Trampled by Shoppers", www.newsday.com, November 30, 2003.

7. 이 점에 관해서는 다음 두 문헌을 비교할 것. Vali Nasr, *Forces of Fortune*(New York: Free Press, 2009) with James Zogby, *Arab Voices*(New York: Palgrave Macmillan, 2010).

8. David E. Shi, *The Simple Life*(New York: Oxford University Press, 1985); Lears, *No Place of Grace*; Linda K. Kerber, "The Republican Ideology of the Revolutionary Generation", *American Quarterly*, 37 no. 4(Fall 1985), p. 491; Drew McCoy, *The Elusive Republic*(Chapel Hill: University of North Carolina Press, 1980), pp. 236~239. 공화주의가 미국인들을 어떻게 끌어들이는지에 관해서는 1장을 보라. 마사 스튜어트의 웹사이트는 지속가능성, 조용한 시간,

가족, 단순한 것들의 아름다움에 관한 최신 유행 정보로 가득하다. 그리고 그러한 정보는 모조리 그로부터 이윤을 내는 거대한 상업적 정보 제공 기업을 통해 제공된다. '미국의 기업적인 녹색화'(앨 고어, 토머스 프리드먼)는 상당히 진행되어 있다.

9. Thomas H. Naylor, *Secession: How Vermont and All the Other States Can Save Themselves from the Empire*(Port Townsend Wash: Feral House, 2008). 저자는 이상한 사람이기는커녕 듀크대학 경제학과 명예교수이다. 5장에서 상술한다.

10. Alfred W. McCoy(University of Wisconsin at Madison), "The Decline and Fall of the American Empire", www.tomdispatch.com/blog/175327, December 5, 2010; Gary Shteyngart, *Super Sad True Love Story*(New York: Random House, 2010).

11. Daniel Horowitz, *Jimmy Carter and the Energy Crisis of the 1970s* (Boston: Bedford/St. Martin's, 2005), p. 20에서 캐델 재인용. 윈스럽은 David E. Shi, *The Simple Life*, p. 13에서 재인용.

제1장 풍요의 추구

1. Walter A. McDougall, *Freedom Just Around the Corner*(New York: HarperCollins, 2004), pp. xvi, 5~7, 15; Gordon S. Wood, "Free to Be You and Me", *New York Times Book Review*, March 28, 2004, p. 7. 미 대륙에서 언제 자본주의가 시작되었는지에 대해서는 미국 역사가들 사이에 논란이 있다. 어떤 이들은 처음부터라고 주장하고, 어떤 이들은 독립전쟁 이후라고 주장한다. 나는 이런 문제에 특히 관심이 있는 것은 아니다. 내가 관심 있는 것은 허슬링 정신구조인데 그것은 확실히 16세기 후반부터 미 대륙에 존재했다. 다시 말해서 자본주의자들은 모두 허슬링하는 사람들이지만 허슬링하는 사람들이 엄격히 말해 모두 자본주의자는 아니다. 그래서 고든 우드(Gordon Wood)는,

18세기 뉴잉글랜드의 농부들은 보통 "약삭빠르고 탐욕스러웠다", 하지만 그것이 자본주의의 특징인 '작정한 이익추구'가 존재했음을 의미하지는 않는다고 썼다. 다음을 보라. Paul A. Gilje, "The Rise of Capitalism in the Early Republic", *Journal of the Early Republic* 16, no. 2(Summer 1996), pp. 159~181; Gordon S. Wood, "The Enemy Is Us: Democratic Capitalism in the Early Republic", ibid., pp. 293~308.

2. David E. Shi, *The Simple Life*(New York: Oxford University Press, 1985), pp. 3, 8, 11~12; Richard L. Bushman, *From Puritan to Yankee*(New York: W. W. Norton, 1970), p. 35. 페리 밀러는 청교도 에토스의 급진적 개인주의는, 하느님의 섭리라는 개념 속에 있다는 점에서 구속되어 있었지만, 나중에는 그 구속을 벗어나 "공공성이야 무슨 상관이야"라는 태도로 변했다는 점을 지적한다. 한마디로 이 개인주의는 "한때는 똑같이 우리 전통의 일부였던 다른 요소들을 희생양으로 삼아서 발전"되었음에도, 마치 그것이 전부인 양 찬양을 받고 있다. "한때는 제재가 있었는데, 우리는 그러한 사실을 거의 잊어버렸다"고 밀러는 말한다(Perry Miller, "Individualism and the New England Tradition", *The Responsibility of Mind in a Civilization of Machines*, eds. John Crowell and Stanford J. Searl, Jr.(Amherst: University of Massachusetts Press, 1979), pp. 32, 35~36, 38, 43).

3. Joyce Appleby, *Capitalism and a New Social Order*(New York: New York University Press, 1984), p. 9.

4. Seymour Martin Lipset, *American Exceptionalism*(New York: W. W. Norton, 1997), p. 109; Richard D. Brown, *Modernization: The Transformation of American Life, 1600~1865*(1976; repr., Prospect Heights, Ill.: Waveland Press, 1988), pp. 9~11; William Appleman Williams, *The Contours of American History*(1961; repr., Chicago: Quadrangle Books, 1966), p. 44.

5. Daniel T. Rodgers, "Republicanism: the Career of a Concept", *Journal of American History* 79, no. 1(June 1992), pp. 13, 37~38; Shi, *The Simple Life*,

p. 70.

6. Gordon S. Wood, *The Creation of the American Republic, 1776~1787* (Chapel Hill: University of North Carolina Press, 1969), p. viii; Isaac Kramnick, "Republican Revisionism Revisited", *American Historical Review* 87, no. 3(June 1982), pp. 630, 657~658, 661~662. 나는 '자유주의(liberalism)' 라는 용어를 후일에 미국에서 사용되는 정치적 의미가 아니라 영국에서 통용된 경제적 의미로 사용한다.

7. Joyce Appleby, "The Social Origins of American Revolutionary Ideology", *Journal of American History* 64(1978), p. 937; *Capitalism and a New Social Order*, pp. 14~16, 88~105; Rodgers, "Republicanism", p. 13; Kramnick, "Republican Revisionism Revisited", pp. 660, 663; Louis Hartz, *The Liberal Tradition in America*(New York: Harcourt Brace, 1955); Richard Hofstadter, *The American Political Tradition and the Men Who Made It*(New York: Vintage Books, 1957), pp. v~xi, 3~17; John Patrick Diggins, *The Lost Soul of American Politics*(New York: Basic Books, 1984), p. 5.

시대적으로 매우 앞서고, 전통적 의미의 미덕에 기초한 자유방임 자본주의에 대한 빅토리아시대의 비판으로 다음을 보라. John Ruskin, *Unto This Last*, ed. Clive Wilmer(London: Penguin Books, 1985). 러스킨은 이런 유형의 미덕이 '일반적'이라고 했지만, 1860년의 영국에서 그것은 실은 말뿐이었다. 그럼에도 결국 러스킨의 책은 영국과 전세계에 커다란 영향을 미쳤다. 간디는 그것이 자신의 삶을 바꾸어놓았다고 썼고, 그 책을 구자라트어로 번역했다. M. K. Gandhi, *Gandhi's Autobiography: The Story of My Experiments with Truth*, trans. Mahadev Desai(Washington, D.C.: Public Affairs Press, 1954), pp. 364~365.

8. Appleby, *Capitalism and a New Social Order*, pp. 14~16; Eric Foner, "The Idea of Free Labor in 19th Century America", 1995 introduction to *Free Soil, Free Labor, Free Men*(1970; repr., New York: Oxford University

Press, 1995), p. xiii; Shi, *The Simple Life*, pp. 8, 14~16, 19.

9. Bushman, *From Puritan to Yankee*, preface and pp. 58, 73, 76~77, 109, 232, 237.

10. Ibid., pp. 278~280; Shi, *The Simple Life*, p. 27. 18세기의 뉴잉글랜드에서 '종교적 이상(理想)'이 '자본주의적 이상'으로 전환되는 것을 보여주는 탁월한 연구로는 다음이 있다. James D. German, "The Social Utility of Wicked Self-Love: Calvinism, Capitalism and Public Policy in Revolutionary New England", *Journal of American History* 82, no. 3(December 1995), pp. 965~998.

11. Brown, *Modernization*, pp. 60, 90, 98, 101, 112, 130~131, 136; Williams, *Contours*, pp. 115, 117; Gilje, "The Rise of Capitalism in the Early Republic", p. 163. Shi, *The Simple Life*, pp. 66, 68에서 애덤스와 워싱턴 재인용. 강철 생산에 관한 자료: John F. Kasson, *Civilizing the Machine*(1976; repr., New York: Hill&Wang, 1999), p. 11. 식민지 사회와 이후의 토지 획득과 투기열에 대해서는 Daniel M. Friedenberg, *Life, Liberty and the Pursuit of Land* (Buffalo, N.Y.: Prometheus Books, 1992)와 주 13 참고.

12. Rodgers, "Republicanism", pp. 27, 36; Linda K. Kerber, "The Republican Ideology of the Revolutionary Generation", *American Quarterly* 37, no. 4(Fall 1985), p. 491; Drew McCoy, *The Elusive Republic*(Chapel Hill: University of North Carolina Press, 1980), pp. 236~239; Lance Banning, "Jeffersonian Ideology Revisited: Liberal and Classical Ideas in the New American Republic", *William and Mary Quarterly* 43(January 1986), pp. 3~19.

13. Richard K. Matthews, "Liberalism, Civic Humanism, and the American Political Tradition: Understanding Genesis", *Journal of Politics* 49, no. 4 (November 1987), p. 1143; Diggins, *Lost Soul of American Politics*, passim.

　미합중국 헌법 제정자들이 이상주의보다는 경제에 의해 동기가 유발되었다는 생각은, 찰스 비어드가 1913년에 출판된《미합중국 헌법의 경제학적 해

석》에서 처음 제시했다. 대니얼 프리던버그의 연구서(위의 주 11을 보라)는
그 생각을 상술한 것으로 볼 수 있는데, 일반이 알고 있는 공화주의적 이상들
이 대개는 땅 투기를 통한 부의 추구에 대한 눈가림이었다는 사실을 보여준
다. 프랭클린, 워싱턴, 패트릭 헨리 같은 인물들은, 실은 평생 동안 거대한 재
산을 축적한, 더할 나위 없는 허슬러들이었다. 그러나, 그들은 그와 같은 사실
이 서로 충돌된다고는 생각하지 않았다는 점을 프리던버그는 인정하고 있다.
그는 "미국 헌법 제정자들이 자기자신이 속한 계층의 이해관계와 미국의 이
해관계는 동일하다고 생각했다는 점에는 의문이 있을 수 없다"(p. 324)라고
썼다. 이 책은 1970년대와 1980년대의 자유주의 대 공화주의 논쟁에 대한 논
의가 빠져 있다는 약점이 있지만, 식민지 미국의, 일종의 '탐욕의 목록'을 제
공하여 독자들이 생각해보게 만든다.

이러한 경향에 대한 보다 광범위한 그림은 마크 에그널(Marc Egnal)과 조셉
A. 언스트(Joseph A. Ernst)가 〈미국혁명에 대한 경제적 해설〉(*William and
Mary Quarterly*, Third Series, 29, no. 1(January 1972), pp. 3~32)에서 제시
하였다. 1745~1775년, 영국 상품이 식민지로 쇄도하자 식민지 상인들은 위기
에 처했는데, 그들은 "자신들의 불만을 정치문제화한 최초의 사람들이었다.
그들은 … 지폐를 발행하거나 다른 나라와 교역을 할 자율권을 식민지가 갖게
되면, 자신들의 경제적 어려움이 완화될 수 있다는 것을 알아본 최초의 사람
들이었기 때문이다"(Caleb Crain, "Tea and Antipathy", *The New Yorker*,
20/27 Dec. 2010, p. 138). 노예제가, 남북전쟁을 결과한 북부의 경제팽창 욕
망(그리고 그 생활방식의 확산)의 눈가림이 되었던 것처럼(4장을 보라), 경제
주권을 획득하려는 특정 기득권 세력의 욕망은 '독립'이라는 것으로 눈가림되
어 미국혁명을 유발했다. 그래서 에그널과 언스트는, 영국의 각종 조처에 대
한 식민지의 반응은 "점점 커가고 있던, 경제 및 경제주권에 대한 관심에 따
라 대부분 결정되었고, 그 반응이 애국적 원리에 따른 지시와 방향이 같았던
것은 오직 우연일 뿐이었다"고 쓰고 있다(pp. 3, 24). "그래서 상업적 식민지
들의 혁명운동이나 독립 이후에 상인계층이 보여주는 지도력을 설명하기 위

해서는, 식민지 상인들의 경제적 주권을 획득하기 위한 장기적 투쟁을 이해하는 일이 반드시 필요한 것이다." 그것은 아메리카 대륙에서 되풀이되는 늘 같은 이야기인 것 같다. 또 이것은 소비상품의 획득이 주 관심사인 일반시민에게도 마찬가지로 적용된다. 크레인이 지적하듯이, 애국심에 발로한 영국 상품에 대한 불매운동은 지구력이 없었다. "영국인들이 존 핸콕에게 고급 리넨 제품을 [영국으로부터] 보스톤으로 싣고 가라고 강요한 일은 없다." "핸콕은 미국인들이, 독립을 원한다고 아무리 소리 높이 말은 해도 마음속에서 그것(영국 상품)을 원한다는 것을 짐작했던 것이다. 미국인들은 오늘날에도 자신들의 상업주의에 맞서는 혁명을 원하지 않는다."

14. Gordon S. Wood, *The Radicalism of the American Revolution*(New York: Vintage, 1993), pp. 229~230, 250, 252, 255, 261, 305, 326~327, 365~366. 러시와 애덤스는 Shi, *The Simple Life*, pp. 76, 81, 90에서, 그리고 맥도널드는 Matthews, "Liberalism", p. 1150에서 재인용.

15. 첫 번째 인용은 Julian DelGaudio, review of *Lost Soul*(Diggins), *History Teacher* 20, no. 1(November 1986), p. 154에서 재인용. Joseph J. Ellis, *William and Mary Quarterly*, Third Series, 43, no. 1(January 1986), p. 134도 참조. 두 번째 인용은 Diggins, *Lost Soul of American Politics*, p. 31에서 재인용.

16. Appleby, "Republicanism and Ideology", *American Quarterly* 37, no. 4 (Fall 1985), p. 472; Rodgers, "Republicanism", p. 30; Robert E. Shalhope, "In Search of the Elusive Republic", *Reviews in American History* 19, no. 4 (December 1991), p. 471.

17. Marvin Meyers, *The Jacksonian Persuasion*(New York: Vintage Books, 1960), pp. 45~46, 48, 50~51, 60, 99, 123~127; Joyce Appleby, *The Relentless Revolution*(New York: W. W. Norton, 2010), pp. 179, 197; Leo Damrosch, *Tocqueville's Discovery of America*(New York: Farrar, Straus & Giroux, 2010), pp. 22, 25, 215~216.

18. Paul Buhle and Edward Rice-Maximin, "War without End", *Village Voice*, November 5, 1991, p. 5; William Fletcher Thompson Jr., 윌리엄스의 책에 대한 리뷰, *Wisconsin Magazine of History* (Winter 1962~1963), pp. 139~140; Williams, *Contours*, pp. 115~116, 149, 189, 223; Damrosch, *Tocqueville's Discovery of America*, pp. 74, 79. 윌리엄스의 말("탐욕과 도덕성을 …")은 Greg Grandin, "Off Dead Center", *The Nation*, July 1, 2009에서 재인용. '변경'이라는 주제는 프레더릭 잭슨 터너가 미국역사협회에서 행한 강연 〈미국역사에 있어서 변경의 중요성〉(1893, 시카고)에서 처음 제기했는데, 이후 여러 선집에 인용되었다(http://www.historians.org/pubs/archives/Turnerthesis.htm).

19. T. J. Jackson Lears, *No Place of Grace*(1981; repr., Chicago: University of Chicago Press, 1994).

20. Ibid., pp. 8, 60; James M. McPherson, *Battle Cry of Freedom*(New York: Oxford University Press, 1988), pp. 6, 14; Appleby, *Relentless Revolution*, p. 434; Morris Berman, *The Twilight of American Culture*(New York: W. W. Norton, 2000), pp. 115~117; Williams, *Contours*, pp. 331, 353; David Shi, "The Triumph of the Therapeutic?", *American Quarterly* 36, no. 5(Winter 1984), p. 711; Jackson Lears, *Rebirth of a Nation*(New York: HarperCollins, 2009), pp. 67, 69. 헨리 제임스는 특히 《미국인》(1877)에서 허슬링(문화)과 월스트리트를 맹비난한다. 아이러니컬하게도 그 작품 속에서 유럽은 '신세계'로서 등장한다.

21. Lears, *No Place of Grace*, pp. 49~52, *Rebirth of a Nation*, pp. 7, 68.

22. Williams, *Contours*, pp. 387~388, 390; Shi, *The Simple Life*, pp. 155, 168, 221; Lears, *No Place of Grace*, passim.

23. Shi, *The Simple Life*, pp. 189~193; Lears, *No Place of Grace*, chap. 2 and p. 300. 미국에서의 공예운동 실패에 대해 더 알고 싶다면 다음을 보라. Eileen Boris, *Art and Labor*(Philadelphia: Temple University Press, 1986).

24. Daniel Horowitz, *The Anxieties of Affluence*(Amherst: University of Massachusetts Press, 2004), pp. 21~22. 린드는 콜럼비아대학교 사회학 교수였다. '중류 도시'는 실은 인디애나주(州) 먼시시(市)를 말하는 것이었다.

25. Donald L. Miller, *Lewis Mumford: A Life*(New York: Weidenfeld & Nicolson, 1989), pp. 300~302; Shi, *The Simple Life*, pp. 230~232.

26. Morris Berman, *Dark Ages America*(New York: W. W. Norton, 2006), pp. 268~269.

27. Miller, *Mumford*, pp. 295~297.

28. Horowitz, *Anxieties of Affluence*, pp. 38~42.

29. Miller, *Mumford*, pp. 415~417. 이러한 과정의 최신 미국식 버전은 다음을 보라. Nomi Prins, *It Takes a Pillage*(Hoboken, N. J.: John Wiley & Sons, 2009).

30. Giles Kemp and Edward Claflin, *Dale Carnegie: The Man Who Influenced Millons*(New York: St. Martin's Press, 1989); Barbara Ehrenreich, *Bright-Sided*(New York: Metropolitan Books, 2009), pp. 52~53. '친절을 가장하기'에 관한 내용은 다음에서 인용했다. W. J. Cash, *The Mind of the South*(1941; repr., New York: Vintage Books, 1991), p. 419.

31. Shi, *The Simple Life*, pp. 233~247.

32. Berman, *Dark Ages America*, p. 270; Horowitz, *Anxieties of Affluence*, p. 23.

33. Horowitz, *Anxieties of Affluence*, pp. 2~4.

34. Robert E. Weir, review of *Vance Packard and American Social Criticism* (Daniel Horowitz), *Journal of Social History* 29, no. 2(Winter 1995), pp. 449~451; Horowitz, *Anxieties of Affluence*, pp. 128~130.

35. Horowitz, *Anxieties of Affluence*, pp. 15, 110~120; Jackson Lears, "The Hidden Persuader", *New Republic* 211, no. 14(October 3, 1994), pp. 32~36; Wilfred M. McClay, "The Loneliness of the Long-Distance Free-

lancer", *Reviews in American History* 23, no. 1(1995), pp. 123~128.

36. "Surprise: Americans Are Borrowing Again", www.truthdig.com(March 7, 2010); "Spending Habits: Back to Old Ways?", www.cnnmoney.com (February 18, 2011). 2010년 1월이 되면 소비자신용이 2.4퍼센트(50억 달러) 증가하고, 그해 말이 되면 소비자지출이 4.4퍼센트 증가한다(Jeannine Aversa, "Growth strengthened to 3.2pct in Q4 of 2010", *Washington Post*, January 28, 2011). 에인 랜드의 영향력이 식을 줄 모르고, 그녀의 소설이 계속해서 불티나게 팔린다는 사실도 주목할 만하다(Corey Robin, "Garbage and Gravitas", *The Nation*, June 7, 2010, pp. 21~27).

37. Shi, *The Simple Life*, pp. 251~262. 이 주제에 관해서는 상술된 문헌들이 많이 있다. 이 시기를 대체로 부정적으로 — 특히 영국에 대해서 — 보는 것: Jenny Diski, *The Sixties*(New York: Picador, 2009).

38. Shi, *The Simple Life*, pp. 262~270; Horowitz, *Anxieties of Affluence*, pp. 203~205. 게리 스나이더에 대해서는 다나 굿이어(Dana Goodyear)가 잘 묘사했다("Zen Master", *New Yorker*, October 20, 2008, pp. 66~75).

39. Shi, *The Simple Life*, p. 265; Brown, *Modernization* pp. 19~20, 187~188, 191, 201.

40. Berman, *Dark Ages America*, pp. 133~134.

41. Shi, *The Simple Life*, p. 270; Daniel Horowitz, *Jimmy Carter and the Energy Crisis of the 1970s*(Boston: Bedford/St. Martin's, 2005), p. 140. 태양전지판 설치에 대해서는 다음을 보라. Dave Burdick, "White House Solar Panels", www.huffingtonpost.com, January 27, 2009; *A Road Not Taken*, www. roadnottaken.info.

42. Berman, *Dark Ages America*, pp. 136~138; Horowitz, *Jimmy Carter and the Energy Crisis*, pp. 113~114.

43. Horowitz, *Jimmy Carter and the Energy Crisis*, pp. 11, 159; *Anxieties of Affluence*, pp. 210~211, 213~214, 220~221, 224.

44. Horowitz, *Jimmy Carter and the Energy Crisis*, pp. 25, 129.

45. Shi, *The Simple Life*, pp. 272~273; James B. Gilbert, *Anxieties of Affluence*(Horowitz)에 대한 리뷰, *Enterprise and Society* 5, no. 4(December 2004), p. 731.

46. Shi, *The Simple Life*, pp. 274~275; "American Consumerism", www. encyclopedia.com.

47. Lou Cannon, "In Reagan's Debt", *New York Times*, April 26, 2009; Andrew Bacevich, "Appetite for Destruction", *American Conservative*, September 8, 2008.

48. 주 36. 조지 W. 부시가 기업을 위해 자유방임경제와 '작은 정부'를 폐기함으로써 '레이건 혁명'을 배반했다는 생각(James K. Galbraith, *The Predator State*, New York: Free Press, 2008; Bruce Bartlett, *Imposter*, New York: Doubleday, 2006)은 내게는 잘못된 것으로 보인다. 레이건이 했던 말이 아니라 그가 실제로 했던 일들을 생각해보라. 클린턴은 1991년에 레이건-부시(아버지) 체제는 "공적 의무보다 사적 이득을 우위에 놓고, 공공선보다 특수이해를 우위에 두었"으며, 그것은 "탐욕과 이기심으로 도금된 시대"(Paul Krugman, "Debunking the Reagan Myth", *New York Times*, 2008. 1. 21.)였다고 선언했는데, 확실히 맞는 말이었다. 2007년에 크루그먼은 공화당이 "레이건의 유산을 되찾으려" 한다는 생각을 일소에 부치면서, 레이건은 그런 것을 남긴 바가 없다고 말했다("Don't Cry for Reagan", *New York Times*, 2007. 3. 19.). 부시(아들)가 레이건과 다른 점이 있었다면 그 정도가 달랐을 뿐이다.

제2장 월스트리트의 지배

1. "American Consumerism", www.encyclopedia.com.

2. Janice Peck, *The Age of Oprah*(Boulder, Colo.: Paradigm, 2008). 이런 종류의 어리석음에 대해서는 다음의 훌륭한 연구를 보라. Barbara Ehrenreich,

Bright-Sided, New York: Metropolitan Books, 2009. 오프라의 이른바 '영성'에 대해서는, 빌 마르(Bill Maher)가 훌륭하게 비꼬고 있다(http://www.huffingtonpost.com/2010/12/22/bill-maher-christmas-message_n_800216.html).

3. Ibid.; Paul Krugman, "All the President's Zombies", *New York Times*, August 24, 2009; "Debunking the Reagan Myth", *New York Times*, January 21, 2008; William Greider, "The Gipper's Economy", *The Nation*, June 10, 2004; Mark Weisbrot, "Ronald Reagan's Legacy", www.commondreams.org, June 7, 2004; Benjamin M. Friedman, *Day of Reckoning* (New York: Random House, 1988).

4. David Harvey, *A Brief History of Neoliberalism* (Oxford, U.K.: Oxford University Press, 2005), pp. 3, 7, 10, 37, 47, 80~81, 170.

5. Tim Reid, "Bush's Second Inauguration Will Be the Most Expensive in History", *Times* (London), December 16, 2004; Morris Berman, *Dark Ages America* (New York: W. W. Norton, 2006), pp. 14, 18~21; Daniel Horowitz, *Anxieties of Affluence* (Amherst: University of Massachusetts Press, 2004), pp. 250~251; Jill Lepore, "I.O.U.", *New Yorker*, April 13, 2009, p. 34; Robert Scheer, "Foreclosure Fiasco", www.truthdig.com, June 24, 2009; John Rapley, *Globalization and Inequality* (Boulder, Colo.: Lynne Rienner, 2004), p. 73. 천 명의 회사 중역들의 봉급과 보너스에 관한 정보의 출처는 〈포춘〉이 실시한 조사(August 11, 2002)인데, (퀘스트사(社)에 관한 데이터와 함께) 다음에서 재인용했다. Nomi Prins, *Other Prople's Money* (New York: New Press, 2004, p. 1).

6. Tim Reid, "Bush's Second Inauguration"; Joe Miller, "Comparing Inauguration Costs", www.FactCheck.org, January 21, 2009; "Bush and Gore Do New York", www.cbsnews.com, October 20, 2000; Andrew Bacevich, "Appetite for Destruction", *American Conservative*, September 8, 2008. 제임

스 갤브레이스와 '약탈국가'에 대해서는 1장 주 48을 보라.

7. Paul Krugman, "Debunking the Reagan Myth" and "All the President's Zombies"; Joe Miller, "Comparing Inauguration Costs"; Jeff Madrick, "They Didn't Regulate Enough and Still Don't", *New York Review of Books*, November 5, 2009, pp. 54~57; Joseph Stiglitz, *Freefall*(New York: W. W. Norton, 2010), pp. 36~37; Andy Kroll, "The Greatest Swindle Ever Sold", *The Nation*, May 26, 2009. 정부가 월스트리트에 지원한 19조 달러에 대해서는 머리말 주 2를 보라. 로런스 서머스와 뇌물에 관해서는 다음을 참고. Mark Ames, "Is Larry Summers Taking Kickbacks from the Banks He's Bailing Out?", www.truthdig.com, May 30, 2009; Matt Taibbi, "Obama's Top Economic Adviser Is Greedy and Highly Compromised", www.alternet.org, April 10, 2009; Philip Rucker, "Summers Raked in Speaking Fees from Wall Street", www.washingtonpost.com, April 3, 2009; Jeff Zeleny, "Financial Industry Paid Millions to Obama Aide", *New York Times*, April 3, 2009. 서머스가 미국경제에 끼친 파괴적 영향에 관해서는 다음을 보라. Robert Scheer, "So Long, Summers", www.truthdig.com, September 21, 2010. 쉬어는 서머스가 민주당 대통령 후보 오바마의 자문역으로 있던 당시 월가의 회사들로부터 컨설팅과 강의료로 거의 800만 달러를 받았다는 점도 지적한다.

오바마 행정부가 허슬링과 '진보' 이데올로기와 완전한 통합을 이루었다는 사실은 2011년 연두교서에서 아주 분명하게 나타난다. 오바마 대통령은, 미국 국민들의 실제의 곤경은 무시하고, "우리는 진보하고 있다. … 주식시장이 회복되었다. 기업의 이익은 올랐다"고 선언했다. 그 연설 다음 날 로버트 쉬어는, 오바마가 "우리의 깊은 경제적 고통과, 거기에 대한 책임이 있는 월가 깡패들을 도외시하고 깨끗한 공기와 더 빠른 인터넷(정보기술, 청정에너지를 강조했다 — 역주)을 받아들였다"고 지적했다. 오바마는 결코 "월가 허슬러들의 행동을 비난하지 않았다. [그는] 지금 월가에 알랑거리고 있다"고 쉬어는 말한다. 같은 맥락에서 오바마는 연두교서 연설 전 3주가 채 안될 때 JP모간체이스은행 중서부 지부장 윌리엄 데일리를 자신의 새로운 참모장으로 임명했고, (연설 나흘 전에) 제너럴일렉트릭 최고 경영자 제프리 이멀트(담보 빚의 금융 증권화와 일자리수출에서의 선구자)를 일자리 창출을 위해 신설한 '일자리 및 경쟁력 위원회'의 참모장으로 임명했다. Robert Scheer, "Hogwash, Mr. President", www.truthdig.com, January 26, 2011.

민주당의 관심은 본질적으로 허슬링이며, 그리고 그들은 미국사람들이 무엇보다도 허슬링에 전념하고 있다고 본다는 사실은 민주당리더십카운슬 설립자 앨 프롬(Al From)의 다음과 같은 말에서 드러난다. "가장 희망적인 메시지를 내놓는 후보자가 총선거에서 이길 것이다. 미합중국의 대부분의 사람들은 부유해지기를 원하고, 성공하기를 원한다. 그래서 기회지향의 메시지가 통한다." (미국에서 '비전'은 고작 그 정도이다). Sheldon Wolin, *Democracy Incorporated*(Princeton: Princeton University Press, 2008), p. 202에서 재인용.

8. Julianna Goldman and Ian Katz, "Obama Doesn't 'Begrudge' Bonus for Blankfein, Dimon", www.bloomberg.com, February 10, 2010; Taibbi, "Obama's Top Economic Adviser". Stiglitz, *Freefall*, p. 42.

9. Matt Taibbi, "The Great American Bubble Machine", www.rollingstone.com, July 13, 2009; Chris Hedges, "Wall Street Will Be Back for More", www.truthdig.com, January 10, 2010. Simon Johnson(전 IMF 수석 경제학자), "The Quiet Coup", *Atlantic Monthly*, May 2009. 타이비의 기사에는 시장을 조종하는 GS(골드만삭스)의 힘을 과대평가하거나 CDO(부가저당으로 보증된 채무 의무)를 파생거래로 잘못 표현하는 등 — 나중에 *Griftopia*(New York: Spiegel & Grau, 2010)에서 바로잡음 — 몇 가지 실수가 있기는 했지만 (Chris Lehmann, "The Great Squid Hunt", *The Nation*, December 27, 2010, pp. 45~48) "골드만삭스가 주택시장 붕괴에 다대한 영향을 끼쳤다는 기사의 주요 내용은 옳다고 판명되었고, 지난 10년간의 월가의 도둑질에 대한 일반의 각성에 현저한 견인력을 확보해주었다." 덧붙여, 레만은 GS가 담보사기를 했다는 타이비의 비난은 SEC(증권거래위원회)가 GS를 바로 그 문제로 고발할

때까지도 금융 저널리스트들로부터 비웃음을 받았다는 점을 지적한다.

10. Nomi Prins, *It Takes a Pillage*(Hoboken, N. J.: John Wiley & Sons, 2009), chap. 4; John D. McKinnon and Susanne Craig, "Goldman Is Bruised, Defiant in Senate", Michael M. Phillips, "Senators Seek, Fail to Get an Apology", *Wall Street Journal*, April 28, 2010, p. A5.

11. Stiglitz, *Freefall*, pp. 6, 36, 41, 279, 282; John Cassidy, "What Good Is Wall Street?", *New Yorker*, November 29, 2010, pp. 49~57.

12. George Walden, *God Won't Save America: Psychosis of a Nation*(London: Gibson Square, 2006), pp. 9~10.

13. Benjamin R. Barber, "A Revolution in Spirit", *The Nation*, January 22, 2009; Steven Hill, "The Missing Element of Obama's Economic Plan", www.opendemocracy.net, January 27, 2009; *Europe's Promise*(Berkeley: University of California Press, 2010). 소비자지출에 관해서는 1장 주 36 참고.

14. James Surowiecki, "Inconspicuous Consumption", *New Yorker*, October 12, 2009, p. 44; Peter S. Goodman, "Millions of Unemployed Face Years without Jobs", *New York Times*, February 21, 2010; Ehrenreich, *Bright-Sided*, p. 7; Stiglitz, *Freefall*, p. 64. 실업에 관한 공식 자료는 신뢰할 수 없다. 정부에 의해 (상황이) 실제보다 더 낫게 보이도록 조작되기 때문이다. 예를 들어 실업보험금을 몇 달간 받고 있는 개인은 공식적으로 실업자에 포함되지만, 그 지원금이 끊어지면 일하고 있지 않아도 실업자 통계에 들어가지 않는다. 게다가 1주일에 몇 시간만 일하는 불완전취업 상태의 수백만 명이 '취업자'로 잡혀 있다. 2006년과 2009년 사이에 미국의 노동자 20퍼센트가 실직했고, 5,000만 명이 빈곤층 그리고 그보다 훨씬 많은 사람들이 차상위계층에 속해 있다(Chris Hedges, *Empire of Illusion*, New York: Nation Books, 2009, pp. 168, 182). 조지프 스티글리츠에 따르면 실제 실업률이 2009년 10월에 17.5퍼센트에 달했다. 이것은 노동통계국이 제시한 자료에 근거한 것이다. 그 수치는 1년 후에도 대체로 같았다. 게다가 실직자 중 다수가 실업보험

금을 받기보다는 '일시적 노동불능' 상태를 선택해서 2008년에 1,060억 달러가 지출되었다(정부 예산의 4퍼센트). 이와 같은 사정도 실제 실업률을 감추는 결과를 낳는다(Stiglitz, *Freefall*, pp. 18, 65, 305, n. 18; Jeff Madrick, "How Can the Economy Recover?", *New York Review of Books*, November 23, 2010, p. 74).

15. Andrew Oxford, "The Land of the Unfree", *Le Monde diplomatique*, English edition, September 6, 2009; Cathie Madsen, "Crime Rates around the World", www.nationmaster.com, December 2006; Jill Lepore, "Rap Sheet", *New Yorker*, November 9, 2009, pp. 79~83.

16. Jeremy Rifkin, *The European Dream*(New York: Tarcher/Penguin, 2004), pp. 31~32; Lepore, "Rap Sheet".

17. Morris Berman, "Ik Is Us: The Every-Man-for-Himself Society", *A Question of Values*(Charleston, S.C.: CreateSpace, 2010), pp. 65~68.

18. "In Plain Sight, a Woman Dies Unassisted on Hospital Floor", http://blogs.wsj.com, July 1, 2008(*Wall Street Journal*).

19. Douglas LaBier, "Empathy: Could It Be What You're Missing?", *Washington Post*, December 25, 2007; Amanda Robb, "A Little Empathy, Please", www.oprah.com, January 1, 2006. Erik Hayden, "Today's College Students Lacking in Empathy", http://www.miller-mccune.com/culture/todays-college-students-lacking-in-empathy-16642, May 31, 2010 참조.

20. Jacqueline Olds and Richard S. Schwartz, *The Lonely American*(Boston: Beacon Press, 2009), pp. 2, 79; Thomas Lewis et al., *A General Theory of Love*(New York: Random House, 2000), pp. 76, 80, 209, 211, 225.

21. Dick Meyer, *Why We Hate Us*(New York: Three Rivers Press, 2008), pp. 9, 23, 26~27, 43~44, 52, 67~69, 77, 117, 121.

22. Zygmunt Bauman, *Consuming Life*(Cambridge, U.K.: Polity Press, 2007), p. 50; Meyer, *Why We Hate Us*, p. 67; Ehrenreich, *Bright-Sided*, pp. 3~4; Louis Menand, "Head Case", *New Yorker*, March 1, 2010, p. 68.

23. Chris Hedges, "America Is in Need of a Moral Bailout", www.truthdig. com, March 23, 2009.

24. 한 가지 예를 보자. Paul Stiles, *Is the American Dream Killing You?*(New York: HarperCollins, 2005).

25. Richard A. Easterlin, *Growth Triumphant*(Ann Arbor: University of Michigan Press, 1996), pp. 136~139; John Rapley, *Globalization and Inequality*(Boulder, Colo.: Lynne Rienner, 2004), p. 164; Derek Bok, *The Politics of Happiness*(Princeton, N. J.: Princeton University Press, 2010); Elizabeth Kohlbert, "Everybody Have Fun", *New Yorker*, March 22, 2010, pp. 72~74.

26. Easterlin, *Growth Triumphant*, pp. 140~142, 144, 153; Robert H. Frank, *Falling Behind*(Berkeley: University of California Press, 2007); Daniel Gross, "Thy Neighbor's Stash", *New York Times Book Review*, August 5, 2007, p. 15. 데릭 보르트(Derrick Borte)의 영화 〈존스가(家)〉(2009)는 이 소비의 쳇바퀴를 희비극적으로 조롱하고 있다.

27. Tony Judt, "What Is Living and What Is Dead in Social Democracy", *New York Review of Books*, December 17, 2009, p. 86.

28. Dmitri Orlov, *Reinventing Collapse*(New York: New Society Publishers, 2008).

29. Gregory Bateson, "The Cybernetics of 'Self': A Theory of Alcoholism", *Steps to an Ecology of Mind*(London: Paladin, 1973), pp. 280~308 and "Bali: The Value System of a Steady State", 같은 책, pp. 80~100. Berman, *The Reenchantment of the World*(Ithaca, N.Y.: Cornell University Press, 1981), chaps. 7 and 8; Berman, *A Question of Values*, pp. 215~222("The Parable of the Frogs").

30. 다음을 참조하라. Robert H. Frank, "The Invisible Hand, Trumped by Darwin?", *New York Times*, July 12, 2009; Richard A. Posner, *A Failure of*

Capitalism(Cambridge, Mass.: Harvard University Press, 2009); John Cassidy, "Rational Irrationality", *New Yorker*, October 5, 2009, pp. 30~35; Thomas Frank, "The 'Market' Isn't So Wise After All", www.huffingtonpost. com, December 31, 2008; Stiglitz, *Freefall*, pp. 249~256. 경제학이 합리적이라는 생각의 폐단을 다음 글은 우익의 관점에서 논증한다. Paul J. Cella III, "The Financial Crisis and the Scientific Mindset", *New Atlantis* 26(Fall 2009~Winter 2010), pp. 30~38.

31. Chris Hedges, "Nader Was Right: Liberals Are Going Nowhere with Obama", www.truthdig.com, August 10, 2009에서 재인용. 여기서 '진보적'이라는 말은 사회적·정치적 변화라는 긍정적인 의미로 사용된 것이지, 반드시 기술적·물질적 '진보'를 말하지는 않는다.

32. Rapley, *Globalization and Inequality*, pp. 8, 164~165.

33. Chris Hedges, "The American Empire Is Bankrupt", www.truthdig.com, June 14, 2009.

제3장 진보의 환상

1. Leo Marx, *The Machine in the Garden*(1964; repr., New York: Oxford University Press, 2000), pp. 24, 149, 215; James M. McPherson, *Battle Cry of Freedom*(New York: Oxford University Press, 1988), pp. 11, 15; John F. Kasson, *Civilizing the Machine*(1976; repr., New York: Hill & Wang, 1999), pp. 183~184; Joyce Appleby, *The Relentless Revolution*(New York: W. W. Norton, 2010), p. 307.

2. Morris Berman, *Dark Ages America*(New York: W. W. Norton, 2006), pp. 252, 254.

3. Albert Borgmann, *Technology and the Character of Contemporary Life* (Chicago: University of Chicago Press, 1984), pp. 112~113.

4. Zygmunt Bauman, *Consuming Life*(Cambridge, U.K.: Polity Press, 2007), p. 145.

5. Jean Le Rond D'Alembert, *Preliminary Discourse to the Encyclopedia of Diderot*, trans. Richard N. Schwab(Indianapolis: Bobbs-Merrill, 1963); translator's introduction, pp. xii, xxviii, xlv, xlviii; 디드로의 출간 취지서, pp. 124~125, 131~132, 137~139; Paul Hazard, *European Thought in the Eighteenth Century*, trans. J. Lewis May(1946; repr., Cleveland: Meridian Books, 1963), pp. 210~211; Appleby, *Relentless Revolution*, p. 144; Keith Michael Baker, "Condorcet", ed. Paul Edwards, *The Encyclopedia of Philosophy*, vol. 2(New York: Macmillan, 1967), p. 184; Crane Brinton, "Enlightenment", 같은 책, p. 521.

6. Marx, *Machine in the Garden*, pp. 152~155, 163, 180~188, 191~198, 206, 208, 234; Kasson, *Civilizing the Machine*, pp. xiv, 8, 41, 117, 173~178; Eric Foner, *Free Soil, Free Labor, Free Men*(1970; repr., New York: Oxford University Press, 1995), p. 39; David E. Nye, *American Technological Sublime*(Cambridge, Mass.: MIT Press, 1994), pp. xix, 120~122.

휘트먼의 기계 예찬에 관해서는 옥타비오 파스의 다음 인용문을 참고. "산업적 물체였던 것이 마침내 미적인 가치를 지닌 존재로 변하는 순간이 온다. 물체의 쓸모가 없어지면 그것은 상징이나 표상으로 변형된다. 휘트먼이 노래하는 기관차는, 이제 더이상 승객이나 화물을 실어 나르지 않는 기계이다. 그것은 멈춰 서 있는 속도의 기념비이다." Octavio Paz, "Use and Contemplation", trans. Helen Lane, *In Praise of Hands*(Greenwich, Conn.: New York Graphic Society, 1974), p. 19; commissioned by the World Crafts Council.

7. Marx, *Machine in the Garden*, p. 225; Nye, *American Technological Sublime*, p. 43; Perry Miller, "The Responsibility of Mind in a Civilization of Machines", eds. John Crowell and Stanford J. Searl, Jr., *The Responsibility of Mind in a Civilization of Machines*(Amherst: University of Massachusetts

Press, 1979), pp. 198~199, 202, 206. Steven Stoll, *The Great Delusion*(New York: Hill & Wang, 2008), p. 103에서 소로 재인용.

8. Nye, *American Technological Sublime*, pp. xiii~xiv, xx, 1, 36, 40, 85, 240; Regina Lee Blaszczyk, review of Nye, *Isis* 87, no. 2(June 1996), p. 379.

9. Nye, *American Technological Sublime*, p. 282; *The Atomic Cafe*, directed by Jayne Loader and Kevin Rafferty, 1982.

10. Carl L. Becker, *The Heavenly City of the Eighteenth-Century Philosophers*(New Haven, Conn.: Yale University Press, 1932); John Gray, *Black Mass*(New York: Farrar, Straus & Giroux, 2007), pp. 1~2, 25, 74, 187~189, 204, 210 and passim. 몇년 후에 베커(Becker)와 에릭 푀겔린(Eric Voegelin) 은 현대 정치학은 고대 그노시스주의가 세속화한 것이라고 주장하여 명성을 얻었다. 그의 전집은 34권에 달한다.

11. Marx, *Machine in the Garden*, pp. 247~248, 384; Kasson, *Civilizing the Machine*, pp. 118, 130, 135. Miller, "The Responsibility of Mind in a Civilization of Machines", p. 205에서 소로 재인용.

12. William Appleman Williams, *The Contours of American History*(1961, repr., Chicago: Quadrangle Books, 1966), pp. 272~274; Marx, *Machine in the Garden*, pp. 27, 318; Kasson, *Civilizing the Machine*, p. 49; Henry G. Fairbanks, "Hawthorne and the Machine Age", *American Literature* 28, no. 2 (May 1956), pp. 155~163.

13. David E. Nye, *America as Second Creation*(Cambridge, Mass.: MIT Press, 2003), pp. 262, 282; David Shi, "The Triumph of the Therapeutic", *American Quarterly* 36, no. 5(Winter 1984), p. 709; Jackson Lears, *Rebirth of a Nation*(New York: HarperCollins, 2009), p. 274; Henry Adams, *The Education of Henry Adams*(Mineola, N.Y.: Dover, 2002).

14. Marx, *Machine in the Garden*, pp. 218~219; Miller, "The Responsibility of Mind in a Civilization of Machines", p. 202. 1933년 시카고 세계박람회 입구에

새겨진 말("과학은 탐구하고, 기술은 실행하고, 인간은 순응한다") 참조. 이것이 주류 이데올로기로 남아 있다. 그때나 지금이나, 단테식으로 말해서, 이것이 지옥으로 들어가는 모토가 될 수 있다고 보려는 사람은 아주 드물 것이다.

15. Lewis Mumford, "An Appraisal of Lewis Mumford's 'Technics and Civilization'(1934)", *Daedalus* 88, no. 3(Summer 1959), pp. 527, 536.

16. Donald L. Miller, *Lewis Mumford: A Life*(New York: Weidenfeld & Nicolson, 1989), p. 531.

17. Ibid., pp. 163~166, 326~329.

18. Ibid., pp. 533, 540~541.

19. 베버에 관한 문헌은 물론 아주 방대하다. 관심 있는 독자라면 다음으로 시작하길 권한다. Julien Freund, *The Sociology of Max Weber*, trans. Mary Ilford(Harmondsworth, U.K.: Penguin Books, 1972).

20. Charles P. Loomis, "Tönnies", ed. Paul Edwards, *The Encyclopedia of Philosophy*, vol. 8(New York: Macmillan, 1967), pp. 149~150; Clifford Wilcox, *Robert Redfield and the Development of American Anthropology*(Lanham, Md.: Lexington Books, 2006), pp. 19, 53, 57; Robert Redfield, *The Primitive World and Its Transformations*(1953; repr., Harmondsworth, U.K.: Penguin Books, 1968), p. 13. 1950년대 초가 되어서 레드필드는 그 이분법을 수정하였다. 즉 그 두 질서가 변증법적으로 연결되어 있고, 또 기술적 질서가 결국 새로운 도덕적 질서를 일으킬 것이라고 주장하였다. 그러나 이 훗날의 낙관론적 시도는 별로 설득력을 갖지 못했다. 궁극적으로 그는 기술적 질서가 불가피하게 도덕적 질서를 쓸어 없앤다고 보았고, 그것을 비극이라고 생각했다(Wilcox, *Redfield*, pp. 6, 125~127, 184).

21. Wilcox, *Redfield*, pp. 98~99; Redfield, *Primitive World*, pp. 30~35.

22. Thomas Hylland Eriksen, *Tyranny of the Moment*(London: Pluto Press, 2001), p. 30. 두 번째 목록은 마누엘 카스텔스(Manuel Castells)가 작성한 것.

23. Redfield, *Primitive World*, p. 139; Bauman, *Consuming Life*, p. 145(강조

는 원저자); Adam Gopnik, "Take a Card", *New Yorker*, March 17, 2008.

24. Carroll Pursell, "The Rise and Fall of the Appropriate Technology Movement in the United States, 1965~1985", *Technology and Culture* 34, no. 3(July 1993), pp. 629~637; Kelvin Willoughby, *Technology Choice*(Boulder, Colo.: Westview Press, 1990).

25. Pursell, "Rise and Fall of the Appropriate Technology Movement".

26. Nicholas Carr, *The Shallows: What the Internet Is Doing to Our Brains* (New York: W. W. Norton, 2010), pp. 3~4에서 매클루언 재인용.

27. 그중에서도 보르그먼(주 3)은 '디바이스 패러다임' 개념을 제시하는 등 가장 세련된 비평가이다. 이 점에 관해서는 다른 곳에서 길게 다루었으므로, 이 장의 서두에 언급한 이상은 논의하지 않는다(Berman, *Dark Ages America*, pp. 67~77).

28. Langdon Winner, *Autonomous Technology*(Cambridge, Mass.: MIT Press, 1977), p. 326 and *The Whale and the Reactor*(Chicago: University of Chicago Press, 1986), p. 54 and "How Technology Reweaves the Fabric of Society", *Chronicle of Higher Education*, August 4, 1993, pp. B1~B3.

29. Neil Postman, *Technopoly*(New York: Vintage Books, 1993), pp. 22~29, 45, 48, 50. 같은 주장의 최신 버전: Patrick J. Deneen, "Technology, Culture and Virtue", *New Atlantis* no. 21(Summer 2008). 저자는 '전통의 기술'과 '파열의 기술'을 구별한다.

30. Postman, *Technopoly*, pp. xii, 50~52, 182. 프레더릭 테일러의 삶과 업적, 그의 중요성에 관한 문헌은 방대하다. 그는 루이스 브랜다이스(Louis Brandeis) 등 여러 명사들의 추켜세움을 받아 미국의 삶에 아주 큰 영향을 미쳤다. 그러나 테일러는 자신과 자신의 비전을 내세우기 위해 자료를 조작한 사기꾼이었다. Robert Kanigel, *The One Best Way*(New York: Viking Press, 1997); Jill Lepore, "Not So Fast", *New Yorker*, October 12, 2009, pp. 114~122; David F. Noble, *America by Design*(Oxford, U.K.: Oxford University Press,

1979), pp. 82, 264, 268~277, 281, 283, 290; Appleby, *Relentless Revolution*, p. 258. Carr, *The Shallows*, p. 150에서 테일러 재인용.

31. 유나바머의 선언문: http://www.washingtonpost.com/wp-srv/national/longterm/Unabomber/manifesto.text.htm

32. Kirkpatrick Sale, "Is There Method in His Madness?", *The Nation*, September 25, 1995, pp. 305~311. 기술이 전체로서 어떻게 작동하는가에 관한 부분은 선언문 128번째 문단에 나온다.

33. http://www.crm114.com/algore/quiz.html

34. 〈뉴요커〉의, 우리 모두 내면에 '유나바머'를 갖고 있다는 말은 세일도 하고 있다(주 32, p. 311).

35. Ibid. 앨스턴 체이스(Alston Chase)가 쓴 카진스키의 전기(*Harvard and the Unabomber*, New York: W. W. Norton, 2003)도 있지만 그 속의 주장들은 다소 의심스럽다. Todd Gitlin, "A Dangerous Mind", *Washington Post*, March 2, 2003.

36. Eriksen, *Tyranny*, pp. vii, 4, 143; Mark Bauerlein, *The Dumbest Generation: How the Digital Age Stupefies Young Americans and Jeopardizes Our Future*(New York: Tarcher, 2009).

37. Robert Kraut et al., "Internet Paradox: A Social Technology That Reduces Social Involvement and Psychological Well-Being?", *American Psychologist* 53, no. 9(September 1998): pp. 1016~1031. Christine Rosen, "Virtual Friendship and the New Narcissism", *New Atlantis*, no. 17(Summer 2007)에서 마이클 킨슬리 재인용. 이 기사는 '온라인 사교'의 폐단에 관한 정보도 제공한다. 데이비드 핀처(David Fincher) 감독의 2010년 영화 〈소셜네트워크〉는 허슬링과 이데올로기의 결합이 진정한 우정은 소멸시키면서 5억의 가상의 우정(즉 '페이스북')을 만들어내는 것을 탁월하게 묘사했다.

38. Erik Hayden, "Today's College Students Lacking in Empathy", http://www.miller-mccune.com/culture/todays-college-students-lacking-in-

empathy-16642, May 31, 2010; Carr, *The Shallows*, pp. 220~221.

39. Paul J. Cella III, "The Financial Crisis and the Scientific Mindset", *New Atlantis* 26(Fall 2009~Winter 2010).

40. Christine Rosen, "The Myth of Multitasking", *New Atlantis*, no. 20(Spring 2008); Walter Kirn, "The Autumn of the Multitaskers", *Atlantic Monthly*, November 2007.

41. Kirn, "Autumn of the Multitaskers" and Christine Rosen, "People of the Screen", *New Atlantis*, no. 22(Fall 2008).

42. Carr, *The Shallows*, pp. 77, 90~91.

43. Ibid., pp. 73, 114~115, 136, 138, 140~141, 196.

44. Ibid., pp. 86~87; Wolf in the *New Yorker*, letters to the editor, January 28, 2008, p. 5; Rosen, "People of the Screen".

45. Carr, *The Shallows*, pp. 150~151, 156~157, 165~166, 172~173, 196.

46. Dick Meyer, *Why We Hate Us*(New York: Three Rivers Press, 2008), pp. 225~227.

47. Christine Rosen, "Our Cell Phones, Ourselves", *New Atlantis*, no. 6(Summer 2004).

48. Carr, *The Shallows*, p. 222; Rosen, "Myth of Multitasking"; William Deresiewicz, "The End of Solitude", *Chronicle of Higher Education*, January 30, 2009. 인터넷의 파괴적인 면에 대한 보다 최근의 논의는 다음을 보라. Adam Gopnik, "The Information", *New Yorker*, February 14/21, 2011, pp. 124~130; Evgeny Morozov, *The Net Delusion*(New York: Public Affairs, 2011); Sherry Turkle, *Alone Together*(New York: Basic Books, 2011).

49. Jörg Müller, *The Changing City*(Arrau, Switz.: Sauerländer AG, 1976; English text by Atheneum, 1977).

50. Octavio Paz, *The Labyrinth of Solitude*, trans. Lysander Kemp et al. (1950; repr., New York: Grove Press, 1985), p. 24; Appleby, *Relentless*

Revolution, p. 26.

제4장 역사의 반성

1. 나는 물론 여기서 '자유주의적(liberal)'이라는 단어를 경제적 의미가 아니라 정치적 의미로 쓰고 있다. 맥퍼슨의 저서 외에도 '해방'이라는 관점의 문헌에는 다음과 같은 것들이 있다. David W. Blight, *Race and Reunion*(Cambridge, Mass.: Harvard University Press, 2001); Eric Foner, *Reconstruction: America's Unfinished Revolution, 1863~1877*(New York: Harper & Row, 1988). 데이비드 펠러(David Feller)는 남북전쟁을 이런 식으로 해석하는 것이 '거의 정설처럼' 되어 있다고 말한다("Libertarians in the Attic, or a Tale of Two Narratives", *Reviews in American History* 32, no. 2(June 2004), pp. 184~195). 그 주제에 관한 존 애쉬워스(John Ashworth)와 마크 에그널(Marc Egnal) 사이의 중요한 토론을 다음에서 볼 수 있다: H-CIVWAR@H-NET. MSU.EDU(May 28, 2010). 애쉬워스는 노예제가 전쟁의 원인이라고 할 때, 그때의 노예제는 그저 도덕적 문제로서가 아니라 정치 및 경제적 차원에서의 노예제를 뜻한다고 올바르게 주장한다. 한편 에그널은 (역시 올바르게) 오늘날의 역사가들은 이상주의나 도덕적 관심이 … 우세하는 특징을 보여준다고 주장한다.

2. Thomas J. Pressly, *Americans Interpret Their Civil War*(New York: Free Press, 1962), p. 10에서 재인용.

3. Eric Foner, *Free Soil, Free Labor, Free Men*(1970; repr., New York: Oxford University Press, 1995), p. 310. 포너는 그러나, "두 개의 완전히 다른 대립하는 문명이 … 하나의 나라 안에서 발전했다"(p. 9)고 공화주의자들이 생각했다는 점을 언명한다. pp. 67~71도 보라.

4. Pressly, *Americans Interpret Their Civil War*, pp. 94~95, 238~243; Charles A. Beard and Mary R. Beard, *The Rise of American Civilization*

(1933; repr., New York: Macmillan, 1956).

5. 주 1의 애쉬워스 인용 부분; James M. McPherson, *Battle Cry of Freedom* (New York: Oxford University Press, 1988), pp. 310~311. 배링턴 무어 (Barrington Moore)는 '경제의 차이'로부터 도덕적 문제들이 비롯되었으며, 두 요인들 사이에는 아무런 대립이 없다고 주장한다(*Social Origins of Dictatorship and Democracy*, Boston: Beacon Press, 1966). 남북전쟁에 대한 무어의 논의에 내가 주목하도록 만들어준 G. 프레더릭 톰슨 교수에게 감사를 표한다.

6. McPherson, *Battle Cry*, pp. vii, 186, 311~312, 508~509; Eli Ginzberg and Alfred S. Eichner, *The Troublesome Presence*(New York: Mentor Books, 1966), pp. 112, 117; Moore, *Social Origins*, p. 134; Foner, *Free Soil, Free Labor, Free Men*, p. 309; 주 1의 애쉬워스 인용 부분. (미국)정부는 1863년에 식민지 주민 453명이 아이티 근처의 섬에 정착하도록 지원했다. 그러나 굶주림과 천연두로 그 실험은 끝났고, 이듬해에 살아남은 368명을 다시 데려왔다. 에릭 포너는 링컨이, 미국의 흑인들이 미국을 떠나기를 바랐다는 점에 덧붙여서 다음과 같은 사실들을 지적한다. 즉 링컨은 초창기에 흑인들이 정치적 권리를 갖는 데 반대했으며, (변호사로서) 일리노이로 도주한 노예 가족을 다시 소유하려 하는 한 남부인의 입장을 대변했으며, 그리고 언젠가 한번 흑인들은 미국에서 살고 있다는 사실만으로 남북전쟁에 책임이 있다고 말했다는 것이다(Eric Foner, *The Fiery Trial*, New York: W. W. Norton, 2010).

7. McPherson, *Battle Cry*, p. 497. 북부에서 불려진 노래는 다음에서 재인용 했다. Walter L. Hixson, *The Myth of American Diplomacy*(New Haven, Conn.: Yale University Press, 2008), p. 77.

8. Ginzberg and Eichner, *Troublesome Presence*, pp. 111, 119에서 재인용.

9. Foner, *Free Soil, Free Labor, Free Men*, pp. 310~313, 316; Raimondo Luraghi, "The Civil War and the Modernization of American Society: Social Structure and Industrial Revolution in the Old South Before and During the

War", *Civil War History* 18(September 1972), p. 241. '도가니' 비유는 포너 가 아니라 존 애쉬워스(주 1)가 한 말이다.

10. Moore, *Social Origins*, pp. 124~125, 136, 140~141, and Luraghi, "The Civil War", p. 242. 무어는 그 갈등이, 자본주의 문명과 신봉건주의 문명 사이 의 것이 아니라, 두 가지 다른 유형의 자본주의 문명 사이의 갈등이라고 본다. 노예경제의 정확한 성격에 대해서는 논쟁이 계속되어왔는데, 아래(주 41)에서 더 논한다.

11. McPherson, *Battle Cry*, pp. 40, 91, 95. 맥퍼슨이 그렇게 명기하지는 않았 지만 나는 그가 제시한 도시의 인구와 직업 종사에 관한 수치들을 1860년의 것으로 상정한다.

12. Gabor S. Boritt, *Lincoln and the Economics of the American Dream* (Memphis: Memphis State University Press, 1978). 다음의 두 리뷰 참조: Steven S. Berizzi, Amazon.com, December 26, 2000; Allan Peskin, *The History Teacher* 12, no. 4(August 1979), p. 609. 링컨은 대통령으로서 제조품 수입관 세를 50퍼센트로 올렸다. 그래서 케임브리지대학교 경제학자 장하준은, 링컨 은 위대한 해방자로 칭송되지만 또한 "미국 제조업의 위대한 보호자라고 해 도 좋을 것이다"라고 말했다. John Cassidy, "Enter the Dragon", *New Yorker*, December 12, 2010, p. 98.

13. Eric Foner, "The Idea of Free Labor in 19th Century America", 1995년 서문, *Free Soil, Free Labor, Free Men*, pp. ix, xx, xxiv~xxvi; 1970년 서문, pp. 11, 14, 20, 23, 26, 30~31; Mcpherson, *Battle Cry*, pp. 28~29. Ronald Wright, *What Is America?*(Cambridge, Mass.: Da Capo Press, 2008), p. 105 에서 스타인벡 재인용.

14. Foner, *Free Soil, Free Labor, Free Men*, pp. xxvi, xxxvi, xxxviii, 29, 32, 66. 부의 분배와 사회유동성에 관한 통계자료의 출처: Leo Damrosch, *Tocqueville's Discovery of America*(New York: Farrar, Straus & Giroux, 2010), pp. 26~27. 원 출처는 Edward Pessen, "The Egalitarian Myth and the

American Social Reality: Wealth, Mobility and Equality in the 'Era of the Common Man'", *American Historical Review* 76(1971), pp. 989~1034. 사회 유동성의 부재에 관한 최신 자료는 머리말(주 3) 참고.

15. Foner, *Free Soil, Free Labor, Free Men*, pp. 50~51, 67~68. David E. Shi, *The Simple Life*(New York: Oxford University Press, 1985), p. 224에서 옴스테드 재인용.

16. Foner, *Free Soil, Free Labor, Free Men*, pp. 52~54, 72; '영혼의 초토화' 는 내 표현이다. 포너의 말이 아니다. 남부의 민간인 사망에 대해서는 Jackson Lears, *Rebirth of a Nation*(New York: HarperCollins, 2009), p. 15 참고. 리어스는 그것을 '국가테러'라고 부른다. 민간인 살해를 제한하기 위한 '일반 명령 100'이 있었지만, '군사적 필요'가 있는 경우에는 무시될 수 있다는 단서 도 붙어 있었다. McPherson, *Battle Cry*, p. 558에서 링컨 재인용. Moore, *Social Origins*, pp. 143~144에서 스티븐스 재인용. 일본의 사례는 Berman, "Rope-a-Dope: The Chump Factor in U.S. Foreign Policy", *A Question of Values*(Charleston, S.C.: CreateSpace, 2010), pp. 20~26.

17. McPherson, *Battle Cry*, pp. 818~819, 826~827.

18. McPherson, *Battle Cry*, p. 241; Pressley, *Americans Interpret Their Civil War*, pp. 183, 202~203, 208.

19. McPherson, *Battle Cry*, pp. 8, 41, 46, 310; Moore, *Social Origins*, pp. 137, 139; Williamjames Hull Hoffer, *The Caning of Charles Sumner*(Baltimore: Johns Hopkins University Press, 2010), p. 47. 내가 'H-Civ War list serve'(주 1)에 게재한 '문명의 충돌' 관련 질문에 답하여 애덤 애런슨(Adam Arenson) 교수도 역시, 서쪽으로의 확장과 '명백한 사명설'이 노예제 갈등에 불을 붙였다는 점에 주목했다(*The Great Heart of the Republic*, Cambridge, Mass.: Harvard University Press, 2011).

20. Foner, *Free Soil, Free Labor, Free Men*, pp. 27~28, 55~58; James Oakes, "From Republicanism to Liberalism: Ideological Change and the Crisis of the Old South", *American Quarterly* 37, no. 4(Fall 1985), p. 571; Moore, *Social Origins*, pp. 127~141; Eugene D. Genovese, *The Political Economy of Slavery*(New York: Pantheon Books, 1965). 제노비즈에 대한 맥퍼슨의 리뷰, *Journal of Social History* 1, no. 3(Spring 1968), pp. 280~285.

21. Michael O'Brien, "The Nineteenth-Century American South", *Historical Journal* 24, no. 3(September 1981), pp. 761, 763; Jonathan M. Wiener, Social Origins of the *New South*(Baton Rouge: Louisiana State University Press, 1978).

22. Genovese, *Political Economy of Slavery*; O'Brien, "The Nineteenth-Century American South", p. 758; Pressly, *Americans Interpret Their Civil War*, p. 282; Frank Lawrence Owsley, "The Irrepressible Conflict", Twelve Southerners, *I'll Take My Stand*(1930; repr., Baton Rouge: Louisiana State University Press, 1977), p. 91; Richard D. Brown, *Modernization: The Transformation of American Life, 1600~1865*(1976; repr., Prospect Heights, Ill.: Waveland Press, 1988), pp. 142~148, 171~172, 178, 183~186. 물론 북부도 계급사회였다. 그러나 '자유로운 땅, 자유노동' 등에 구체화된 것은 사회유동성(신분상승) 이데올로기였다. 이론적으로는 누구라도 성공의 사다리를 올라갈 수 있었다. 남부의 계층은 훨씬 더 고정된 것 — 즉 신봉건적이고 전통적인 것이었다(아래에서 더 논함).

23. Luraghi, "The Civil War", pp. 233~234, 242.

24. 이어지는 논의는 다음에서 가져왔다. James M. McPherson, "Antebellum Southern Exceptionalism: A New Look at an Old Question", *Civil War History* 29(September 1983), pp. 230~244.

25. C. Vann Woodward, "The Search for Southern Identity", "The Irony of Southern History", *The Burden of Southern History*(New York: Vintage Books, 1960), 순서대로 pp. 3~25, 167~191.

26. McPherson, "Antebellum Southern Exceptionalism", pp. 243~244, *Battle*

Cry, pp. 860~861; Joyce Appleby, *The Relentless Revolution*(New York: W. W. Norton, 2010), p. 93 and passim.

27. W. J. Cash, *The Mind of the South*(1941; repr., New York: Vintage Books, 1991), pp. xlvii~xlix, 40~41, 69~70, 75, 382; Bertram Wyatt-Brown, "The Mind of W. J. Cash", pp. ix, xvii~xx. John Shelton Reed, *The Enduring South: Subcultural Persistence in Mass Society*(Chapel Hill: University of North Carolina Press, 1975).

28. Cash, *Mind of the South*, pp. 46, 51, 96; Michael O'Brien, *Conjectures of Order*(Chapel Hill: University of North Carolina Press, 2004).

29. Cash, *Mind of the South*, pp. 43, 60, 82~83; Bertram Wyatt-Brown, *Southern Honor*(1982; repr., New York: Oxford University Press, 2007), pp. 366, 368; Eric Foner, "Restless Confederates", *The Nation*, August 2/9, 2010, p. 39. Elizabeth Fox-Genovese & Eugene D. Genovese, *Fruits of Merchant Capital*(Oxford, U.K.: Oxford University Press, 1983), p. 90에서 두 보이스 재인용. Damrosch, *Tocqueville's Discovery of America*, p. 219에서 토크빌 재인용. 러시아는 1723년에 노예제를 폐지했고, 스페인은 1811년, 멕시코는 1829년, 영국은 1833년, 스웨덴은 1847년, 프랑스는 1848년, 아르헨티나는 1853년, 네덜란드는 1863년에 노예제를 폐지했다.

30. Cash, *Mind of the South*, pp. 61, 105; Damrosch, *Tocqueville's Discovery of America*, p. 168.

31. Louis Menand, "Dispossession", *New Yorker*, October 2, 2006, p. 92; Cash, *Mind of the South*, p. 137.

32. Wyatt-Brown, *Southern Honor*, pp. xxii~xxiii, xxxviii, 5, 493. 노예제를 용인하는 성경 구절로는 출애굽기 21:2, 21:7, 레위기 25:44, 에베소서 6:5, 누가복음 12:47, 골로새서 3:22 등이 있다.

33. Ibid., pp. 19~21.

34. Twelve Southerners, *I'll Take My Stand*; Shi, *The Simple Life*, pp.

223~226; Willard B. Gatewood Jr., "The Agrarians from the Perspective of Fifty Years: An Essay Review", *Florida Historical Quarterly* 61, no. 3(January 1983), pp. 314~317; Paul V. Murphy, "Agrarians", *Tennessee Encyclopedia of History and Culture*, online at http://tennessee-encyclopedia. net/image-gallery.php?EntryID=A008, and *The Rebuke of History*(Chapel Hill: University of North Carolina Press, 2001), pp. 2, 64~66; Daniel Joseph Singal, eds. William C. Havard and Walter Sullivan, *Journal of Southern History* 48, no. 4(November 1982), p. 597. Reference to Robert Penn Warren in Virginia Rock, "The Twelve Southerners: Biographical Essays", *I'll Take My Stand*, p. 369. 남부의 역사가 셸던 해크니(Sheldon Hackney)는 프린스턴대학교 교무처장, 펜실베이니아대학교 총장, 미국 국립인문재단(NEH) 의장 등을 역임했다.

35. *I'll Take My Stand*, 1977년판 서문, Louis D. Rubin Jr., pp. xiv~xv, xxii; 1962년 서문, pp. xxx~xxxi. 아마존(Amazon.com) 서평, Michael A. Brooks, June 27, 2002.

36. John Crowe Ransom, "Reconstructed but Unregenerate", *I'll Take My Stand*, pp. 3, 5, 8~10; Andrew Nelson Lytle, "The Hind Tit", Ibid., pp. 206, 231~232. Woodward, "The Search for Southern Identity", p. 24에서 와일더 재인용. Gary Greenberg, "The War on Unhappiness", *Harper's Magazine*, September 2010, p. 30에서 크리스 락 재인용.

미국인들은 만사에서 동기를 감추고 접근할 뿐만 아니라, 끊임없이 남들의 (진짜) 의도를 '탐지'하는 것 같다. 나는 1970년, 북동부의 한 대학교에 고용된 직후에 동료들과 독서토론모임을 시도했던 일이 있는데, 첫 모임 내내 사람들은 "무슨 일이 (정말로) 일어나고 있는지" 알아내려고 하면서 고양이들처럼 서로 경계했다. 그리고 내가 정말로 독서모임을 하려고 한다는 사실에, 즉 목적이 책을 읽고 토론을 하자는 것뿐이라는 사실에 그들은 당황스러워했다. 말할 것도 없이 모임은 이어지지 않았다. 미국의 '사교생활'이 이렇다.

37. Lyle H. Lanier, "A Critique of the Philosophy of Progress", *I'll Take My Stand*, pp. 123, 148~149, 151; Stark Young, "Not in Memoriam, but in Defense", Ibid., p. 350; Owsley, "The Irrepressible Conflict", p. 67.

38. Allen Tate, "Remarks on the Southern Religion", *I'll Take My Stand*, p. 155; Murphy, *Rebuke of History*, pp. 2, 6~8, 148~149, 159~160.

39. Benjamin Schwartz, "Another World", *Atlantic Monthly*, October 2005, p. 112.

40. John Herbert Roper, "Marxing Through Georgia: Eugene Genovese and Radical Historiography for the Region", *Georgia Historical Quarterly* 80, no. 1(Spring 1996), p. 83; James M. McPherson, *Journal of Social History* 1, no. 3(Spring 1968), pp. 280, 282~283; Genovese, *Political Economy of Slavery*, passim. 다음의 주 41.

41. "The Janus Face of Merchant Capital", Elizabeth Fox-Genovese and Eugene D. Genovese, *Fruits of Merchant Capital*(Oxford, U.K.: Oxford University Press, 1983), pp. 3~25; Eugene D. Genovese, *The World the Slaveholders Made*(New York: Pantheon Books, 1969) and *The Slaveholders' Dilemma*(Columbia: University of South Carolina Press, 1992), Michael O'Brien, "Conservative Thought in the Old South", *Comparative Studies in Society and History* 34, no. 3(July 1992), pp. 568~569; Manisha Sinha, "Eugene D. Genovese: The Mind of a Marxist Conservative", *Radical History Review*, no. 88(Winter 2004), pp. 6~7; James Livingston, "'Marxism' and the Politics of History: Reflections on the Work of Eugene D. Genovese", Ibid., p. 36; Peter Kolchin, "Eugene D. Genovese: Historian of Slavery", Ibid., p. 57; Murphy, *Rebuke of History*, p. 257.

노예경제의 정확한 성격과, 그것이 수익성 있는, 계속되는 자본주의적 사업인가 하는 주제에 관해서는 방대한 문헌이 있고, 그 이상으로 논의할 필요가 있다고 느끼지 않는다. 그렇게 하자면 지면도 상당히 필요하겠지만, 내 생각에는 제노비즈의 보완된 분석 이상으로 더 진전될 수 있을 것 같지 않기 때문이다(다수의 역사가들은 여기에 동의하지 않겠지만). 그래서 관심 있는 독자들을 위해 중요한 논점과 문헌만 개괄한다.

마크 M. 스미스가 지적하듯이(*Debating Slavery*, Cambridge, U.K.: Cambridge University Press, 1998, pp. 12~13) 기본적으로 두 학파로 나뉜다. 하나는 옛 남부가 비자본주의적이고 수익성이 없고 비효율적임을 보여주는 것을 목표로 한다. 그것은 남부의 노예 소유자들은 '비상업적' 계층을 이루고 있었고, 돈 자체를 위해 돈을 버는 것에 혐오감을 느꼈다고 주장한다. 자유임금노동이 없다는 것은 남부에서 자본주의가 번성할 수 없었다는 것을 뜻했고, 따라서 농장주들은 봉건영주들과 다를 것이 없다는 주장이다. 두 번째 학파는 자유임금노동의 존재 여부가 자본주의의 지표는 아니라고 주장한다. 노예 소유자들이 자신들이 소유한 노동력을 어떻게 조직하고, 시장경제와 어떻게 관련되는가가 자본주의인가 아닌가를 결정하는 것이고, 최종적으로 노예제는 노예 소유자와 남부의 경제에 모두 이익이 되었다는 것이다.

노예 소유가 짐이고 경제발전에 방해물이라는 주장은, 원래 울리히 B. 필립스(프레더릭 잭슨 터너의 제자)가 1918년에 내놓은 것이다(*American Negro Slavery*, Gloucester, Mass.: Peter Smith, 1928; *Life and Labor in the Old South*, 1929; repr., Boston: Little, Brown, 1963). 일기와 메모 등의 농장의 기록자료들을 이용해서, 필립스는 1860년에 이르면 노예제가 자유임금노동과 경쟁할 수 없는 경제적 궁지였다는 것을 훌륭하게 논증했다. 제노비즈는 1960년대에 필립스의 작업을 되살려서 확장시켰다("Race and Class in Southern History: An Appraisal of the Work of Ulrich Bonnell Phillips", *Agricultural History* 41(October 1967), pp. 345~358). C. 반 우드워드도 역시 필립스의 작업을 높이 평가했다.

필립스의 주장에 대한 첫 번째 주요 공격은 케네스 M. 스탬프에 의한 것이었다(Kenneth M. Stampp, *The Peculiar Institution*(1956; repr., New York: Vintage Books, 1989)). 그 책은 노예제가 농장주 계층에게 이익이 될 뿐만 아

니라 전쟁 전 남부의 경제성장에 핵심 요소였다고 주장했다. 곧이어 나온 더 글러스 C. 노스의 책(Douglass C. North, *The Economic Growth of the United States, 1790~1860*(Englewood Cliffs, N. J.: Prentice-Hall, 1961))은, 전체 미합중국 경제의 확장에 면화가 결정적 요소였다고 주장했다(노스는 그 과정 이 남부 자체에게는 해로운 것이었다고 말하기는 했다). 더 나아가서 알프레 드 H. 콘래드와 존 R. 메이어는, 이 주제에서 최초로 컴퓨터를 이용하여 계산 하여 노예제가 실제로 수익성이 있었음을 논증했다("The Economics of Slavery in the Ante Bellum South", *Journal of Political Economy* 65(April 1958), pp. 95~130). 그러나 포겔과 엥거먼(아래를 보라)의 경우에서처럼, 이 러한 '수량 경제사(史)적' 접근법은 도전을 받게 되는데, 이 경우에는 노엘 G. 버틀린에 의해서였다(Noel G. Butlin, *Ante-bellum Slavery — A Critique of a Debate*(Canberra: Australian National University Press, 1971)). 버틀린은 콘 래드와 메이어의 작업이 부정확하거나 그릇된 판단을 유도한다는 것을 발견 했다. 어쨌든 그 결과 필립스 등 '비자본주의'를 주장한 학파는 한동안 정체 된 채 있게 된다. 마크 손턴에 따르면, 케네스 스탬프 이후, 노예제가 수익성 이 있었다는 관점을 실증적으로 논증한 연구가 다수 있다(Mark Thornton, "Slavery, Profitability, and the Market Process", *Review of Austrian Economics* 7, no. 2(1994), pp. 24~25).

그리고 스탬프 등에 뒤따라 제노비즈의 작업의 첫 물결이 일어나고, 그리고 (말한 바대로) 필립스의 주장이 부활한다. 예를 들어 필립스는 노예 소유가 남부경제에 해로웠는데, 그 이유는 농장주들이 수익을 산업이 아니라 노예에 재투자했기 때문이라고 말한다. 제노비즈는 이에 동의하고, 농장주들은 오직 소규모로만 산업화를 용인했다고 덧붙인다. 그는 1965년에 이런 주장을 했다. 프레드 베이트먼과 토머스 와이스는 1860년에 농장주의 오직 6퍼센트만이 기 꺼이 산업에 투자하려 했고, 이것은 자본주의(의 모험)에 대한 반감을 나타내 는 것이라고 본다(*A Deplorable Scarcity*, Chapel Hill: University of North Carolina Press, 1981). 지금은 제노비즈의 원래의 공식화가 과장되었다는 게 일반론이다. 바로 그래서 그는 나중에 (본문에서 언급한) '혼성' 주장으로 옮겨 간 것이다. 그러나 노예제가 남부의 장기적 경제발전을 방해했다(based on Harold D. Woodman, "The Profitability of Slavery: A Historical Perennial", *Journal of Southern History* 29(1963), pp. 303~325)는 주장은 여전히 유효하다(Sin-ha, "Eugene D. Genovese", p. 5). 제노비즈의 초점(특히 지배계층의 문화적 '헤게모니' 개념 등 제노비즈가 많은 것을 가져온 안토니오 그람시식으로)은, 세계관 혹은 정신적 틀이 경제 상황에 중요한 영향을 미친다는 것이다. 따라서 그의 '혼성' 주장은, 농장주들이 돈을 벌기를 바랐을지는 모르지만 그들은 기본적으로 자본주의체제 "속에 있었으나 그 일부는 아니"었고, 그러므로 근대적인 것처럼 "보이기만" 했다는 생각을 포함한다. 그들이 탐욕이나 상업적 지향을 가지고 있었다고 해도, 남부사회가 정신과 지향에서 자본주의의 대척점에 있었기 때문에, 그렇게 행동하기는 어려웠다. 귀족사회였던 남부에서 표준적인 인간관계는 부르주아 탐욕보다는 온정주의의 원리로 움직였고, 따라서 진정한 목표는 이익을 내는 것이 아니라 사회적 지위였다. 그러나 이미 1968년에 제노비즈는 유연함을 보여준다. 그는 "상당한 정도의 자본주의"가 남부에 존재했던 것은 사실이지만, "문제는 그 비율과 중요성이다"라고 썼다(Genovese, "Marxian Interpretations of the Slave South", ed. Barton J. Bernstein, *Towards a New Past: Dissenting Essays in American History*, New York: Pantheon Books, 1968, pp. 90~126). 간단히 말해 중립적 입장을 취한다(Smith, pp. 13, 17, 23, 91~92).

포겔과 엥거먼 등 '자본주의' 학파의 논점을 살펴보기 전에 좀 건너뛰면, 제노비즈의 최대의 지원군 중 하나는 더글러스 R. 에거튼이다(Douglas R. Egerton, "Markets without a Market Revolution: Southern Planters and Capitalism", *Journal of the Early Republic* 16, no. 2(Summer 1996), pp. 207~221). 제노비즈의 요점은 노예노동이 자본주의 북부사회와는 근본적으로 다른 비시장적 '사회'를 만들었다는 사실이라고 에거튼은 말한다. "남부가 채찍과 쇠사슬이 있는 북부일 뿐이라고 주장하는 사람들은, 지배적인 남부 사회관계들이 자본주의 정신구조를 저지했을 뿐 아니라, 잘 발달된 자본주의경제에 필요한 시장 메커니즘의 성장을 어떻게 방해했는지를 숙고해보아야 한다. 노예노동은 경제적 차원을 넘어서 전근대사회의 기초를 이루었는데, 남북전쟁에 이르기까지 북대서양 세계가 성숙해감에 따라 그것은 점점 두드러지게 된다. 북부경제의 핵심적 요소는 남부에는 없는 바로 그것, 자유노동자의 존재 여부였다. 그는 본문에서 내가 이미 언급한 점을 강조한다. 자본주의가 상업과 이익에 대한 욕망 이상을 포함한다는 것이다. 그렇지 않았다면 그것은 1,000년 전으로 되돌아갔을 테니까. 즉 소수의 남부 농장주들이 대단히 부유했다는 사실로부터 아무런 결론이 도출될 수 없음을 뜻한다. "노예제가 몇몇 사람들에게 이익이 되었는지 어떤지의 문제는 그것이 자본주의적 사업인지 어떤지와 별 상관이 없다." "산업가들이 남부에 있었다. 그러나 뉴잉글랜드의 공장지대로 몰려들던 노동력은 … 남부에서는 찾아볼 수 없었다."

자, 그럼 다시 포겔과 엥거먼으로 돌아가자(Robert W. Fogel and Stanley L. Engerman, *Time on the Cross*(2 vols.; Boston: Little, Brown, 1974)). 손턴이 지적하듯이(p. 25), 그것은 '수량 경제사(史)' 혁명의 최고봉을 이루었고, 처음 나타났을 때에는 많은 관심을 모았다. 그것은 노예제 역사에 대한 완전한 재검토를 주창했을 뿐만 아니라, 역사 기록학에 있어서 지금까지의 모든 방법론들을 폐기하게 만들 컴퓨터를 이용한 역사학 연구의 '과학적' 개정을 예고했기 때문에, 무비판적인 갈채를 받았다. 〈뉴요커〉, 〈뉴욕타임스〉, 〈월스트리트저널〉, 이 모두가 전례가 없이 떠들어대었다. 저자들은 TV 토크쇼에 출연했고, 일종의 명사가 되었다. 역사가와 경제학자들만이 아니라 글을 읽을 줄 아는 사람이라면 누구나 그 책에 열광하는 것처럼 보였다.

그들의 주장은, 전쟁 전 남부의 노예제가 보다 큰 자본주의경제의 한 부분이었고, 전반적으로 꽤 성공적 ─ 다시 말해 수익성이 있었다는 것이었다. 그 책은 노예제를 북부의 공장들처럼 조직화되어 있는, 농장들로 이루어진 합리적인 사업으로 묘사한다. 저자들은, 주인과 노예의 이해는 흔히 일치했고, 흑인들은 노예일 때 자영 농민일 때보다 수입이 많았다고 주장했다(Thomas L.

Haskell, "The True and Tragical History of 'Time on the Cross'", *New York Review of Books*, October 2, 1975). 포겔과 엥거먼에 따르면 노예제는 북부의 가족농보다 35퍼센트 더 효율적이다. 노예들은 "그들에 상응하는 백인들보다 열심히 일하고, 동기유발이 잘되어 있으며, 더 효율적이다"(Thornton, p. 25). 간단히 말하면, 노예 소유자들은 그들의 노예에게 청교도 윤리(노동관)를 불어넣었다. 포겔과 엥거먼은 그들이 얼마나 효율적으로 일했는지를 계산하여, 남부 농업의 수익성을 측정했다. 그들은 농장주 계층의 세계관에는 관심이 없었다. 그 두 저자들에게 자유임금노동의 부재는 중요하지 않았다. 더 중요한 것은 노예에 투자하는 것이 이익이 되느냐 하는 점이다. 결과는 대부분의 노예 소유자들은 농업에서 10퍼센트의 이익을 기대할 수 있었는데 그것은 1844~1853년 기간에 뉴잉글랜드의 가장 성공적인 방직회사들 아홉이 회수하는 이윤율이었다. 덧붙여서, 포겔과 엥거먼은 남부가 19세기 기준으로 독일과 프랑스보다 1인당 수입이 더 많았다고 주장했다. 그 모든 것은 따라서 농장주들에게 할 만한 일이었던 것이다(Smith, pp. 24~25, 67, 70; Norman R. Yetman, "The Rise and Fall of *Time on the Cross*", *Reviews in American History* 4, no. 2(June 1976), p. 195).

그러나 그때부터 비판이 쏟아지기 시작했고, 비판은 거셌다. 어떤 역사책도 그처럼 급격히 위상이 실추되지는 않았을 것이다. 1974년 10월 24~26일 로체스터대학교에서 열렸던 심포지엄에서 그 책은 문자 그대로 난도질당했는데, 그 주된 공격자들은 다름 아닌 수량 경제사가들이었다. 바로 자신들의 근거지에서 자신들의 논리로 공격당했던 것이다. 그 분야에서의 거물들은 모두 그곳에 있었다. 제노비즈, 스탬프, 우드워드, 데이비드 브라이언 데이비스 등등. 토머스 해스컬이 말하듯이, 그 책은 "자기자신의 전제들에 의해 판단되었을 때 어떤 종류이든 깊이 있는 논란을 유지하기에는 너무나 심하게 결함을 가지고 있었다." 예를 들어, 캘리포니아대학 버클리 캠퍼스의 리처드 섯치(Richard Sutch)는 아주 기초적인 통계적 실수가 있음을 밝혔다. 포겔과 엥거먼은 아무런 근거도 없이 추정을 한 것으로 드러났다. 제1권의 주장을 뒷받침하는 통계적 증거를 제공한다고 했던 제2권은 그렇게 하지 못했다. 증빙 문헌을 전혀 제대로 제시하지 못했다(Haskell, "True and Tragical History"; 섯치의 에세이와 개빈 라이트(Gavin Wright)의 글은: Paul A. David et al., *Reckoning with Slavery*(New York: Oxford University Press, 1975)).

개빈 라이트에 따르면, 남부경제의 번영과 그것의 이른바 '효율성'의 진짜 원인은, 포겔과 엥거먼이 주장한 대로 노예노동 때문이 아니라, 면화에 대한 수요에 있었다. 면화 수요가 남부경제의 위태로운 기초였고, (라이트에 따르면) 그 번영은 남북전쟁이 있건 없건 붕괴했을 것이다. 라이트는 나아가 면화경제가 장기간에 걸쳐 자본주의적 '출발'을 가능케 할 만큼 충분한 투자자본을 생성하지 못했음을 보여주었다(*The Political Economy of the Cotton South*(New York: W. W. Norton, 1978)). 이것은 확실히 제노비즈의 주장을 크게 뒷받침했다.

그 밖에도 "노예들의 집은 전쟁 전에 자유노동자들의 주거에 비해 손색이 없었다"는 주장, 농장의 감독들 대부분이 흑인 노예였다는 주장, 주인들이 노예 가족들을 온전하게 보호해주었다는 주장, 남부의 농업이 북부의 가족농보다 35퍼센트만큼 더 효율적이었다는 주장 등, 노예가 자유인보다 효율적인 노동자였다는 핵심 주장을 포함하여, 이 모든 주장들은 허점투성이인 것으로 드러났다(Haskell, "True and Tragic History").《십자가 위의 시간》의 결과는 거짓되거나 의미가 없고 그들의 통계적 조작은 결함이 있었다(Lawrence Stone, *The Past and the Present Revisited*(London: Routledge & Kegan Paul, 1987), p. 31). 미리 정해놓은 결론을 뒷받침하기 위해 데이터를 왜곡했다는 게 일반론이었다(David et al., *Reckoning with Slavery*; Herbert G. Gutman, *Slavery and the Numbers Game*(Urbana: University of Illinois Press, 1975)).

예를 들어 남부가 1인당 수입의 측면에서 프랑스와 독일보다 더 부유했다는 주장을 생각해보자. 첫째 문제는 전쟁 전에 남부를 여행하고 그곳이 경제적으로 얼마나 뒤떨어졌는지를 본 동시대 관찰자들의 지적이다. 두 번째 문제는 1인당 수입은 경제성장의 신뢰할 만한 지표가 아니라는 것이다. 사실, 로버트 L. 랜섬이 《갈등과 타협》(New York: Cambridge University Press, 1989) 에서 보여주었듯이 포겔과 엥거먼의 수입 분배에 관한 수치들은 왜곡되어 있다. 큰 농장들은 부유했지만 작은 농장들은 그렇지 못했다. 결국 두 개의 남부, 성장을 경험하는 쪽과 그렇지 않은 쪽이 있었다. 평균 1인당 소득은 이것을 구별하지 않고, 따라서 완전히 오해를 조장한다(Smith, pp. 83~86).

좋은 경제역사가 있는가 하면 나쁜 경제역사도 있는 법이다. 포겔과 엥거먼이 후자의 탁월한 예를 제공했다면 그래도 그들은 상당한 양의 전자들을 자극한 것이 사실이다. 제임스 오크스는 《지배하는 종족》(New York: Alfred A. Knopf, 1982)에서 농장주 계급의 확장주의적이고 탐욕적인 성향을 주장했다. 자본주의가 자유임금노동과 동등한 것이 아님을 강조하면서, 그는 농장주들이 사실 자본주의자였고, 온정주의는 남북전쟁 이전에 거의 사라졌으며, 노예제의 상업적 성향이 물질주의와 자본주의 쪽으로 기울어지는 것을 조장했다고 주장했다. 이 논의에서 중심적인 것은 제노비즈가 보다 큰, 더 귀족적인 노예 소유자들에 초점을 둔 반면에 오크스는 작거나 중간 규모의 노예 소유자들 ─ 스무 명 이하의 노예를 가진 사람들에 초점을 두었다는 사실이다. 따라서 오크스는 노예 소유 계층을 구별 지을 수 있었고, 보다 작은 규모의 노예 소유자들, 특히 상업적 이득을 위해 서부로 간 사람들이 분명히 자본주의적이었음을 보여줄 수 있었다. 《노예제와 자유》(New York: Alfred A. Knopf, 1990) 에서, 그러나, 오크스는 옛 남부에서 근대와 근대 이전의 세력들이, 노예제와 자본주의 사이의 관계가 모호해질 정도로 나란히 공존했음을 보았다. 제노비즈의 경우처럼 그도, 보다 중간적인 입장으로 끌리는 것을 느꼈다(Smith, pp. 26~27, 29).

그 밖에도 다음과 같은 신뢰할 만한 친자본주의적 연구들이 있었다. Shearer Davis Bowman, *Masters and Lords*(New York: Oxford University Press, 1993), Ralph V. Anderson and Robert E. Gallman, "Slaves as Fixed Capital: Slave Labor and Southern Economic Development", *Journal of American History* 64(1977), pp. 24~26. 우리가 말할 수 있는 것은 이것이다. 미시경제

학적 관점에서 - 예컨대 대규모 농장 - 제노비즈는 틀렸다. 즉 그 체제는 수익성이 있었다. 그러나 거시경제학적 관점에서 - 전체로서 남부경제 - 그는 옳았다. 즉 노예제가 그 지역의 경제에 장애물이었다. 그 자신이 말했듯이(위를 보라) 자본주의의 정도, 즉 비중과 의미에 달려 있다. 오크스와 칼 마르크스 둘 다 자본주의가 노예제에 접목되는 것, "산발적으로 나타날 수 있"지만 반드시 그 사회를 지배하지는 않는 자본주의적 특성의 출현에 대해서 말했다. 결국 이것이 그 논쟁에서 어느 쪽도 이기지 않은 이유이다. 옛 남부에는 자본주의적 충동과 반자본주의적 충동들이 공존하고 있었다. 제노비즈가 이겼다고 해도, 간신히 이긴 것이다(Smith, pp. 92~94).

42. Eugene D. Genovese, *The Southern Tradition*(Cambridge, Mass.: Harvard University Press, 1994), p. xi.

43. David L. Chappell, 위의 책에 대한 리뷰, *Arkansas Historical Quarterly* 55, no. 1(Spring 1996), p. 111; Livingston, "'Marxism' and the Politics of History", p. 36.

44. Genovese, *The Southern Tradition*, pp. xi, 2~4, 38, 102~103; Murphy, *Rebuke of History*, p. 259.

45. Elizabeth Fox-Genovese & Eugene D. Genovese, *The Mind of the Master Class*(New York: Cambridge University Press, 2005), Schwartz, "Another World", p. 113; Mark A. Noll, "A Moral Case for the Social Relations of Slavery", *Modern Intellectual History* 4, no. 1(2007), pp. 195~196; George M. Frederickson, "They'll Take Their Stand", *New York Review of Books*, May 25, 2006; Murphy, *Rebuke of History*, p. 258.

46. Smith, *Debating Slavery*, p. 3. 드루 길핀 파우스트(Drew Gilpin Faust)는 앞선 20년간 옛 남부에 관한 사실적 지식들의 거대한 축적도 아무런 합의된 결론을 가져오지 못했음을 지적하면서, 본질적으로 1987년의 포터의 말을 반복하고, 새롭게 했다. "한 무더기의 자료에 대한 서로 다른 해석들 중에서 무엇을 선택하느냐 하는 것은 경험적이기보다는 이론적인 문제이기 쉽다"라고

그는 썼다(Smith, p. 89에서 재인용). 조셉 야니엘리(Joseph Yannielli)는 역사가들이 이 문제를 세계적인 문맥에서 이해하는 데로 나아갔음을 내게 지적해주었다(Sven Beckert, "Emancipation and Empire: Reconstructing the World-wide Web of Cotton Production in the Age of the American Civil War", *American Historical Review*, 109, no. 5(December 2004), pp. 1405~1438).

47. Hixson, *Myth of American Diplomacy*, pp. 6~7, 13~15, 23, 65; Morris Berman, *Locating the Enemy: Myth vs. Reality in U.S. Foreign Policy*(Cedar City, Utah: So. Utah University, 2007), repr. in *A Question of Values*(Charleston, S.C.: CreateSpace, 2010), pp. 34~59. '야만적인, 야만인'(savage)의 어원에 관해서는 다음을 보라. Charles W. Mills, *The Racial Contract*(Ithaca NY: Cornell University Press, 1997), pp. 42~43, 101, 157.

48. Hixson, *Myth of American Diplomacy*, pp. 7, 11, 58~59; Berman, *Locating the Enemy*.

49. Hixson, *Myth of American Diplomacy*, p. 59에서 재인용.

50. Ibid., p. 78.

51. Rubin, 1962 introduction to *I'll Take My Stand*, p. xxvi에서 재인용.

52. Woodward, "The Irony of Southern History", *The Burden of Southern History*, pp. 167~191.

제5장 과거의 미래

1. 이 구절은 사실 미국문화에 대한 베르코비치의 분석을 묘사하는 데이비드 할런의 말이다(David Harlan, "A People Blinded from Birth: American History According to Sacvan Bercovitch", *Journal of American History* 78, no. 3(December 1991), pp. 949~971).

2. 1장 주 10 참고.

3. 나는 이에 관한 자료를 상당량 이전의 책에서 제시했다. 그 후 《바보 미국

인》, 《가장 멍청한 세대》, 《우리는 도대체 얼마나 어리석은가》 같은 책들이 쏟아져 나왔다. http://www.newsweek.com/photo/2010/08/24/dumb-things-americans-believe.html. 페리 밀러는 미국인들이 집단적으로 자신들이 살고 있는 사회의 기술적·정치적 문맥에 무관심한 특징을 갖고 있다고 말한다. 즉, '지적 안개' 속에 잠겨서 정신의 삶을 거부하고 유아적이라는 것이다. "미국인들의 일반적인 행동에 대한 지금까지의 모든 기록은, 무책임이라는 자궁 속으로 더욱더 후퇴하는 패턴으로 요약된다. 내가 '어른스러움'이라고 부르고 싶은 것을 거부하는 행동패턴이 어디에서나 나타난다." 이것은 1961년이다. 2011년의 우리에 대해 그가 어떻게 생각할지 짐작하기는 어렵지 않다. "Liberty and Conformity", pp. 187, 189; "The Responsibility of Mind in a Civilization of Machines", pp. 207~208, 211, in John Crowell and Stanford J. Searl, Jr., *The Responsibility of Mind in a Civilization of Machines*(Amherst: University of Massachusetts Press, 1979).

4. Harlan, "A People Blinded from Birth", p. 954; Morris Berman, "Locating the Enemy: Myth vs. Reality in U.S. Foreign Policy", in *A Question of Values* (Charleston, S.C.: CreateSpace, 2010), pp. 41~42; Sacvan Bercovitch, *The Puritan Origins of the American Self*(New Haven, Conn.: Yale University Press, 1975) and *The American Jeremiad*(Madison: University of Wisconsin Press, 1978).

5. Bercovitch, *American Jeremiad*, p. 176 and "Investigations of an Americanist", *Journal of American History* 78, no. 3(December 1991), pp. 974, 977; Harlan, "A People Blinded from Birth", pp. 962~963.

6. Hixson, *Myth of American Diplomacy*, pp. 58~59; Leo Damrosch, *Tocqueville's Discovery of America*(New York: Farrar, Straus & Giroux, 2010), p. 213; John C. McCarthy, review of *Tocqueville and the Nature of Democracy*(Pierre Manent), *Review of Metaphysics* 51, no. 4(June 1998), p. 947. 미국인들의 무의식에 관해서: "Conspiracy vs. Conspiracy in American His-

tory", *A Question of Values*(Charleston, S.C.: CreateSpace, 2010), pp. 8~19.

7. Ronald Wright, *What Is America?*(Cambridge, Mass.: Da Capo Press, 2008), pp. 9, 15.

8. Ibid., p. 223.

9. 예를 들어, 2003년 10월 〈톨레도블레이드〉는 1968년의 미라이 학살이 전혀 예외적인 사건이 아니라는 폭로기사를 실었다(이 기사는 퓰리처상을 수상한 다). 자세한 것은 Berman, *Dark Ages America*(New York: W. W. Norton, 2006), p. 123.

10. Dave Cohen, "The Meaning of Gettysburg", http://peakwatch.typepad. com/decline_of_the_empire, September 1, 2010; Dick Meyer, *Why We Hate Us*(New York: Three Rivers Press, 2008), pp. 17, 19, 52, 194~195. Paul V. Murphy, *The Rebuke of History*(Chapel Hill: University of North Carolina Press, 2001), p. 233에서 브래드퍼드 재인용.

11. Erick Brunet, "Eminem: El misántropo diletante", *d'noche*(monthly supplement to El Universal) 1, no. 11(2010), p. 10. '에미넴'은 가장 좋은 예가 아닐지 모른다. 우선 그들의 후배 '피프티센트'의 작품만 해도 전반적으로 틀림없이 훨씬 나쁘다. 메이더스는 아주 명석하다. 그는 계급문제와 개인적 구원에 대해 쓰고, 아마도 밥 딜런 이래로 가장 잘 팔리는 반전 싱글 음반, 〈모시〉를 내었다. 문제는 음악가로서 그의 자질은 내 주장에 아무런 차이를 가져오지 않는다는 것이고, 그의 재능을 생각하면 〈드립스〉는 더욱더 죄가 된다. 딕 메이어가 지적하듯이, 진짜 문제는 그에 대한 사람들의 반응이다. 젊은 여성들은 '잡년'이라고 불리거나, 자신들이 남자들의 성적 쓰레기로 기능한다는 말을 듣는 것이 아무렇지도 않은 것 같다. 메이더스의 재능은 차치하고, 우리는 문화적 최저점에 도달했다. 거기서 그런 것들은 수용 가능하기만 한 것이 아니라 실제로 찬양을 받는다.

12. Steven Hill, *Europe's Promise*(Berkeley: University of California Press, 2010). Thomas Geoghegan, *Were You Born on the Wrong Continent?*(New

York: New Press, 2010) 참조.

13. Hill, *Europe's Promise*, pp. xii~xiv, 1~2, 19~20, 102.

14. Ibid., pp. 101, 292~293, 296.

15. Ibid., pp. 365~366.

16. Ibid., pp. 22, 33~37, 47.

17. Ibid., pp. 125~129, 132.

18. Ibid., pp. 130~131.

19. Carolyn Jones, "Cafe Owner Asks Patrons to Log off, Talk", *San Francisco Chronicle*, February 6, 2010, p. A-1; Shilanda Woolridge, "Actual Cafe in Golden Gate Goes Laptop Free on the Weekends", http://oaklandnorth.net/2010/02/06/actual-cafe-in-golden-gate-goes-lap-top-free-on-the-weekends, February 6, 2010.

20. Steven Stoll, *The Great Delusion*(New York: Hill & Wang, 2008), pp. 5~6, 21.

21. Ibid., pp. 151~152; Jared Diamond, *Collapse: How Societies Choose to Fail or Succeed*(New York: Viking Adult, 2004).

22. Morris Berman, *The Twilight of American Culture*(New York: W. W. Norton, 2000) & *Dark Ages America*(New York: W. W. Norton, 2006); Mark Leonard, *Why Europe Will Run the 21st Century*(New York: PublicAffairs, 2006), from the product description; Joby Warrick and Walter Pincus, "Reduced Dominance Is Predicted for U.S.", *Washington Post*, suburban edition, September 10, 2008, p. A2.

23. Thomas H. Naylor, *Secession: How Vermont and All the Other States Can Save Themselves from the Empire*(Port Townsend, Wash.: Feral House, 2008), pp. 28, 32, 113~114. 버몬트주 상원이 조지 W. 부시를 탄핵하는 투표를 했고, 2011년 1월에는 기업의 법인 개념을 폐기하는 헌법 수정안 법안을 도입했던 일도 있음에 주목하라(Christopher Ketcham, "Vermont Weighs

Constitutional Amendment to Ban Corporate Personhood", www.truthdig. com, January 24, 2011).

24. Kirkpatrick Sale, *Rebels Against the Future*(Reading, Mass.: Addison-Wesley, 1995), pp. 261~279. 패트릭 브랜트린저는 앙드레 고르가 다음과 같이 말한 것을 인용한다(Patrick Brantlinger, "A Postindustrial Prelude to Post-colonialism", *Critical Inquiry*, 22, no. 3(Spring 1996), pp. 466~485). "근본적으로 다른 사회를 제안하는 사람들을 이제는 현실주의의 이름으로 비난할 수 없다. 도리어 이제 '산업주의'가 스스로 만든 장애물에 막혀서 더 나아갈 수 없는 단계에 도달했음을 인정하는 것이 현실주의이다." 브랜트린저는 계속해서, 대안적인 길, "비산업적, 비폭력적, 중앙집중되지 않은, 민주적, 공동체적 그리고 경제적으로 생태적으로 지속가능한 길에 대한 생각이 생존을 위한 유일한 합리적인 청사진으로 드러날지 모른다"고 말한다. 이것은 그 일이 정말로 일어날 것이라는 뜻이 아니라, 그것이 대규모의 지정학적 붕괴 국면에서 얼마만큼의 기회를 가질 것이라는 말이다.

25. Jackson Lears, "The Hidden Persuader", *New Republic*, October 3, 1994, pp. 32~36.

26. Joseph J. Ellis, review of *The Lost Soul of American Politics*(Diggins), *William and Mary Quarterly*, Third Series: 43, no. 1(January 1986), p. 134; Perry Miller, "The Responsibility of Mind in a Civilization of Machines", p. 211. 밀러는 기술에 대한 사람들의 반응에 관해 말했지만, 그의 분석은 더 넓은 문맥으로 이어진다.

27. Herman Melville, *Moby-Dick*(1851; repr., New York: Penguin Books, 2009), pp. 592, 611.

인명 색인

ㄱ

가이트너(Geithner, Timothy) 8, 72, 84

갤브레이스(Galbraith, John Kenneth) 45~
46, 49, 51

   The Affluent Society 46

거겐(Gergen, Kenneth) 132

게이트우드(Gatewood, Willard) 165

게이츠(Gates, Bill) 9, 46, 64, 149, 209

겐슬러(Gensler, Gary) 72

고어(Gore, Albert Arnold(Al)) 121~122

   Earth in the Balance 121

고프닉(Gopnik, Adam) 112

곰퍼스(Gompers, Samuel) 46

굿맨(Goodman, Paul) 38, 45, 49, 116

그라이더(Greider, William) 66

그레이(Gray, John) 102~104

   Black Mass 103

그룬트(Grund, Francis) 31

그린버그(Greenberg, Gary) 83

그린스펀(Greenspan, Alan) 84, 89

그릴리(Greeley, Horace) 144

긴즈버그(Ginzberg, Eli) 144

   The Troublesome Presence 144

ㄴ

나이(Nye, David) 101~102

   American Technolgical Sublime 101

남부의 농본주의자들(Southern Agrarians)
57, 164~165, 179

   I'll Take My Stand 57, 164~166

네이더(Nader, Ralph) 12, 90

네일러(Naylor, Thomas) 209~210

   "Secession: How Vermont and All the
Other States Can Save Themselves from
the Empire" 209

노튼(Norton, Charles Eliot) 36~37

니콜스(Nichols, Thomas Low) 31

   Forty Years of American Life 32

ㄷ

다나(Dana, Richard Henry) 5, 74

   1853 5

다이아몬드(Diamond, Jared) 207

달랑베르(D'Alembert, Jean le Rond) 97
　　Preliminary Discourse to the Encyclo-
　　pedia of Diderot 97
댐로시(Damrosch, Leo) 189
데레지비츠(Deresiewicz, William) 133
데이빗슨(Davidson, Donald) 166, 179
데이비스(Davis, Jefferson) 142, 154, 159
데일리(Daly, Herman) 52
두보이스(DuBois, W. E. B.) 161
드게타노(DeGaetano, Gloria) 206
　　Patenting Well in a Media Age 206
　　Stop Teaching Our Kids to Kill 206
디긴스(Diggins, John) 28~30, 212
　　The Lost Soul of American Politics 28,
　　212
디드로(Diderot, Denis) 97~98
　　Encyclopédie 102
디킨스(Dickens, Charles) 31

ㄹ

라비어(LaBier, Douglas) 80
라이시(Reich, Robert) 69
라이트(Wright, Ronald) 191
라이틀(Lytle, Andrew Nelson) 137, 167
　　"The Hind Tit" 137
라이히(Reich, Charles) 50
　　The Greening of America 50
라프리(LaFree, Gary) 79
　　Losing Legitimacy 79

락(Rock, Chris) 167
래시(Lasch, Christopher) 57
　　The Culture of Narcissism 57
래플리(Rapley, John) 90
　　Globalization and Inequality 90
랜섬(Ransom John Crowe) 57, 166~167
　　I'll Take My Stand 57, 164~166
러니어(Lanier, Lyle) 167
러브록(Lovelock, James) 52
　　Gaia 52
러빈스(Lovins, Amory) 52
러스킨(Ruskin, John) 36~38, 63
　　Unto This Last 63
러시(Rush, Benjamin) 29, 98
레너드(Leonard, Mark) 208
　　Why Europe Will Run the 21st Century
　　208
레드필드(Redfield, Robert) 110~112, 115
레스턴(Reston, James) 53
레이건(Reagan, Nancy) 59
레이건(Reagan, Ronald) 53, 55, 58~61, 65~
　　67, 70~72, 90, 97, 114
로마클럽 52
　　The Limits to Growth 52
로스(Roth, Randolph) 79
　　American Homicide 79
로이드(Lloyd, Henry Demarest) 36
　　Wealth Against Commonwealth 36
로잭(Roszak, Theodore) 50, 113, 116

The Making of a Counter Culture 50
로젠(Rosen, Christine) 116, 130~133
"Our Cell Phones, Ourselves" 132
로크(Locke, John) 22~26, 189
An Essay Concerning Human Under-
standing 22
록펠러(Rockefeller, John D., Sr.) 34
록펠러(Rockefeller, Laurance) 52
"The Case for the Simple Life-Style"
52
루라기(Luraghi, Raimondo) 146~147, 156
루빈(Rubin, Jerry) 52
루빈(Rubin, Louis) 166
루빈(Rubin, Robert) 72, 84
루스벨트(Roosevelt, Franklin D.) 8, 43~44
루이스(Lewis, Oscar) 46
루이스(Lewis, Sinclair) 35~36
Babbitt 35~36
루이스(Lewis, Thomas) 5, 81
A General Theory of Love 5, 81
르메이(LeMay, Curtis) 138
리디(Liddy, Edward) 84
리버(Lieber, Francis(Franz)) 32
리빙스턴(Livingston, James) 172
리스먼(Riesman, David) 45
리어스(Lears, Jackson) 10, 34~38, 106, 211
No Place of Grace 10
리치(Leach, William) 34
Land of Desire 34

린드(Lynd, Helen) 38
Middletown 38
린드(Lynd, Robert) 38
Middletown 38
립셋(Lipset, Seymour Martin) 9
링어(Ringer, Robert J.) 51
Looking Out for Number One 51
Restoring the American Dream 51
Winning Through Intimidation 51
링컨(Lincoln, Abraham) 99, 135, 139, 143~
153, 178, 193

□

마르쿠제(Marcuse, Herbert) 49, 112, 115,
119, 165
One-Dimensional Man 49, 112
마르크스(Max, Leo) 7, 98~101, 104~106
매더(Mather, Cotton) 188
매디슨(Madison, James) 28~29, 32
매클루언(Mcluhan, Marshall) 115~116, 125,
129, 168
The Medium is the Massage 115
The Gutenberg Galaxy 115
Understanding Media 115
"The Southern Quality" 168
맥도널드(MacDonald, Dwight) 169
맥도널드(McDonald, Forrest) 29
Novus Ordo Seclorum 29
맥두걸(McDougall, Walter) 7, 10, 20, 23,

184

맥두걸(McDougall, William) 23

맥코이(McCoy, Drew) 27

    The Elusive Republic 27

맥키벤(McKibben, Bill) 122

맥퍼슨(McPherson, James) 139~145, 152~
153, 157~161, 164~165

    Battle Cry of Freedom 139, 157

맨더(Mander, Jerry) 116

머피(Murphy, Paul) 168

    The Rebuke of History 168

멈퍼드(Mumford, Lewis) 38~49, 54, 58,
106~109, 112, 115~116, 165, 169, 180,
208, 212

    Technics and Civilization 41, 107~108

    The Condition of Man 42

    The Golden Day 40

    The Myth of the Machine 107~108

    The Pentagon of Power 108

    The Story of Utopias 107

메넌드(Menand, Louis) 163

메이어(Meyer, Dick) 81~82, 131~132, 193~
194, 200

    Why We Hate Us 81, 131, 193

멜빌(Melville, Herman) 32, 124, 180, 183,
187, 194

    Moby-Dick 105, 183, 187, 212

모건(Morgan, Arthur) 43~44

모네(Monnet, Jean) 195

모리스(Morris, William) 36~38

모지스(Moses, Robert) 42

무어(Moore, Barrington) 146~147

    *Social Origins of Dictatorship and Dem-
ocracy* 146

무어(Moore, Michael) 192

뮐러(Müller, Jörg) 134

    The Changing City 134

밀러(Miller, Donald) 108

밀러(Miller, Perry) 100~101, 106, 188, 212

밀스(Mills, C. Wright) 45, 169

ㅂ

바버(Barber, Benjamin) 76~77

바세비치(Bacevich, Andrew) 60, 69

바우만(Bauman, Zygmunt) 82, 97, 112

    Consuming Life 97

바우어라인(Bauerlein, Mark) 124

    The Dumbest Generation 124

배닝(Banning, Lance) 28

버냉키(Bernanke, Ben) 70, 84

버커츠(Birkerts, Sven) 116

    The Gutenberg Elegies 116

베드나르즈(Bednarz, Sal) 205~206

베르코비치(Bercovitch, Sacvan) 176, 184,
188~191

    The American Jeremiad 188

    *The Puritan Origins of the American
Self* 188

베리(Berry, Wendell) 52, 116, 183
  A Continuous Harmony 183
베버(Weber, Max) 109~110, 119, 159
베블런(Veblen, Thorstein) 34~37
베이커(Baker, Dean) 71
베이컨(Bacon, Francis) 107
  New Atlantis 107
베이트슨(Bateson, Gregory) 87~91, 207
  "The Cybernetics of 'Self': A Theory
  of Alcoholism" 87
베커(Becker, Carl) 102~103
  The Heavenly City of the Eighteen-
  Century Philosophers 102
벨(Bell, Daniel) 57
  The Cultural Contradictions of Capital-
  ism 57
벨라(Bellah, Robert) 57
  The Broken Covenant 57
벨라미(Bellamy, Edward) 107
  Looking Backward 107
보르그먼(Borgmann, Albert) 95~96, 116
보릿(Boritt, Gabor) 147~148
  Lincoln and the Economics of the Ameri-
  can Dream 147
복(Bok, Derek) 86
  The Politics of Happiness 86
부시(Bush, George H. W.) 97, 190
부시(Bush, George W.) 11, 69, 72, 84, 97,
  191

부시먼(Bushman, Richard) 25~26
  From Puritan to Yankee 25
브라운(Brown, Norman O.) 49
  Life Against Death 49
브라운(Brown, Richard) 53~54, 156
브래드퍼드(Bradford, M. E.) 194
블랭크페인(Blankfein, Lloyd) 72, 75, 84,
  86, 135
비글로우(Bigelow, Jacob) 94
비어드(Beard, Charles) 142, 146
  The Rise of American Civilization 142
비어드(Beard, George Miller) 35
  American Nervousness 35
비어드(Beard, Mary) 146
빌링턴(Billington, Ray Allen) 53

ㅅ
사비오(Savio, Mario) 52, 93, 104
사피어(Sapir, Edward) 110
샬홉(Shalhope, Robert) 30
서머스(Summers, Lawrence) 8, 70, 72, 84
섬너(Sumner, Charles) 151
세일(Sale, Kirkpatrick) 116, 120, 123~124,
  210
셀라(Cella, Paul) 126~127
  "The Financial Crisis and the Scientific
  Mindset" 126
셔먼(Sherman, William Tecumseh) 152,
  156, 178

소로(Thoreau, Henry David) 32, 41, 58, 76, 100, 104~105, 208, 212

   Walden 104

수어드(Seward, William Henry) 99, 150

쉬(Shi, David) 25, 40, 44~45

   The Simple Life 25

슈마허(Schumacher, E. F.) 38, 52, 55, 113

   Small is Beautiful 52, 58, 113, 122

슈타이너(Steiner, George) 133

슈펭글러(Spengler, Oswald) 39, 41

   The Decline of the West 39

슘페터(Schumpeter, Joseph) 11, 20, 91

스나이더(Snyder, Gary) 52

   Turtle Island 52

스미스(Smith, Adam) 23, 26

스미스(Smith, Alfred E.) 69

스미스(Smith, John) 8, 24

스미스(Smith, Mark) 175

   Debating Slavery 175, 248

스콧(Scott, Dred) 153

스콧(Scott, Sir Walter) 162

스타인벡(Steinbeck, John) 149

스텔라(Stella, Joseph) 101

스톨(Stoll, Steven) 207

   The Great Delusion 207

스티글리츠(Stiglitz, Joseph) 12, 71, 75

스티븐스(Stevens, Thaddeus) 151

스티븐스(Stevens, Wallace) 129

스티클리(Stickley, Gustav) 37

스피라(Spira, Jonathan) 128

슬레이터(Slater, Philip) 50

   The Pursuit of Loneliness 50

ㅇ

아데나워(Adenauer, Konrad) 195

아도르노(Adorno, Theodor) 84

아이흐너(Eichner, Alfred) 144

   The Troublesome Presence 144

애덤스(Adams, Henry) 32, 36, 105~106

   The Education 105

애덤스(Adams, John) 22, 28~29, 32, 105

애덤스(Adams, Samuel) 27

애런라이히(Ehrenreich, Barbara) 43

애쉬워스(Ashworth, John) 142

애플비(Appleby, Joyce) 5, 23~24, 46, 134, 171, 190

   The Relentless Revolution 5, 46

앨저(Alger, Horatio) 9, 149

어빙(Irving, Washington) 31

에르하르트(Erhard, Werner) 64

에를리히(Ehrlich, Paul) 52

   The Population Bomb 52

에릭센(Eriksen, Thomas Hylland) 111, 124

에머슨(Emerson, Ralph Waldo) 32~33, 99, 104, 208

에미넴(Eminem) 193~194, 198, 200

엘륄(Ellul, Jacques) 112, 119

   The Technological Society 113

엘리스(Ellis, Joseph) 212

엘리엇(Eliot, Thomas Stearns) 212

영(Young, Stark) 167

오를로프(Orlov, Dmitri) 87

   Reinventing Collapse 87

오먼(Orman, Suze) 68

오바마(Obama, Barack) 8, 61, 70~72, 75~
78, 84, 97

오브라이언(O'Brien, Michael) 161

오슬리(Owsley, Frank) 156, 168

오웰(Orwell, George) 189

   1984 53

오펄스(Ophuls, William) 52

옴스테드(Olmsted, Frederick Law) 150

와이어트-브라운(Wyatt-Brown, Bertram)
163~164

와일더(Wilder, Thornton) 167

우드(Wood, Gordon) 22~23

우드워드(Woodward, C. Vann) 137, 158~
161, 164~165, 179, 181, 188

   "The Search for Southern Identity" 137

울프(Wolf, Maryanne) 130

울프(Wolfe, Tom) 52

워런(Warren, Robert Penn) 137, 164~165

   I'll Take My Stand 57, 164~166

워싱턴(Washington, George) 27

워즈워스(Wordsworth, William) 14, 29

워커(Walker, Timothy) 99

월든(Walden, George) 76

   *God Won't Save America : Psychosis of
a Nation* 76

위너(Winner, Langdon) 116~119, 127

   Autonomous Technology 116

   The Whale and the Reactor 116

위버(Weaver, Richard) 169

윈스럽(Winthrop, John) 15, 75

윈프리(Winfrey, Oprah) 65, 149

윌리엄스(Williams, William Appleman) 7,
32~33, 153

   The Contours of American History 32

윌모트(Wilmot, David) 153

윌슨(Wilson, Woodrow) 35, 152~153

이스털린(Easterlin, Richard) 63, 86, 95

   Growth Triumphant 63, 86

ㅈ

잡스(Jobs, Steven Paul(Steve)) 64

저트(Judt, Tony) 87

제노비즈(Genovese, Eugene) 154~157,
169~175, 179

   Mind of the Master Class 174~175

   The Political Economy of Slavery 154,
169

제임스(James, Henry) 35

   The American Scene 35

제퍼슨(Jefferson, Thomas) 24

조플린(Joplin, Janis) 50

좀바르트(Sombart, Werner) 9

ㅊ

채플(Chappell, David) 172

처칠(Churchill, Winston) 195

촘스키(Chomsky, Noam) 192

ㅋ

카(Carr, Nicholas) 116, 128~131

　The Shallows : What the Internet Is Do-

　　ing to Our Brains 128

카네기(Carnegie, Andrew) 35, 149

카네기(Carnegie, Dale) 43

　How to Win Friends and Influence Peo-

　　ple 43

카슨(Kasson, John) 99

카진스키(Kaczynski, Theodor (Unabomb-

　　er)) 106, 116, 119~124, 127, 176

카터(Carter, Jimmy) 8, 15, 49, 54~61, 70,

　　76, 90, 103, 113~114, 180

칼훈(Calhoun, John) 142, 153

캐시(Cash, W. J.) 159~163

　The Mind of the South 160

캘런바흐(Callenbach, Ernest) 210

　Ecotopia 210

커머너(Commoner, Barry) 52

　The Closing Circle 52

컨(Kirn, Walter) 128

케네디(Kennedy, John) 30, 58, 69

케스틀러(Koestler, Arthur) 112

　The Sleepwalkers 113

케인스(Keynes, John Maynard) 60, 75, 85

케일러(Keillor, Garrison) 61

코튼(Cotton, Reverend John) 20

코헌(Cohen, Dave) 193

콕스(Coxe, Tench) 98

콜리스(Corliss, George Henry) 100

콩도르세 후작(Condorcet, Marquis de) 98,

　102

　Sketch for a Historical Picture of the Pro-

　　gress of the Human Mind 98, 102

쿠퍼(Cooper, James Fenimore) 31

쿠퍼(Cooper, Thomas) 24

　Political Arithmetic 24

쿨리지(Coolidge, Calvin) 46

크램닉(Kramnick, Isaac) 23

크레이븐(Craven, Avery) 146

　An Historian and the Civil War 146

크로스(Cross, Gary) 184

　An All-Consuming Century 184

크루그먼(Krugman, Paul) 70

클린턴(Clinton, Bill) 60, 65, 67, 69, 72, 84,

　97, 149

킨슬리(Kinsley, Michael) 125

ㅌ

타이비(Taibbi, Matt) 71~73

터너(Turner, Frederick Jackson) 33, 152~

　154, 176, 188

테이트(Tate, Allen) 164, 166, 168

I'll Take My Stand 57, 164~166

테일러(Taylor, Frederick W.) 118, 120, 130, 135

    Principles of Scientific Management 118

토머스(Thomas, Dylan) 195

토크빌(Tocqueville, Alexis de) 19, 31, 33, 100, 162~163, 167, 175, 178, 183, 189

    Democracy in America 31

퇴니스(Tönnies, Ferdinand) 110

트럼프(Trump, Donald John) 64

트루먼(Truman, Harry S.) 80

ㅍ

파스(Paz, Octavio) 134

    The Labyrinth of Solitude 134

파운드(Pound, Ezra) 187

파워스(Powers, Richard) 74

    Gain 74

판즈워스(Farnsworth, Philo) 94

패커드(Packard, Vance) 35, 45~51, 122, 165, 208, 211

    The Hidden Persuaders 47

    The Status Seekers 47~48, 58

    The Waste Makers 47

패터슨(Patterson, Mark) 72

퍼슬(Pursell, Carroll) 114

퍼트남(Putnam, Robert D.) 68

    Bowling Alone 68

페인(Paine, Thomas) 27~28

페트리니(Petrini, Carlo) 199

펙(Peck, Janice) 65

    The Age of Oprah 65

포(Poe, Edgar Allan) 32, 104

포너(Foner, Eric) 24, 141, 145~152, 162

    Free Soil, Free Labor, Free Men 148

포드(Ford, Henry) 95, 118

포먼(Foreman, Richard) 129

포스트먼(Postman, Neil) 116~119, 127

    Technopoly 117

포크너(Faulkner, William) 164

포터(Potter, David) 7, 140, 157, 175

폭스-제노비즈(Fox-Genovese, Elizabeth) 170, 174~175

    Mind of the Master Class 174~175

폴슨(Paulson, Henry) 72, 84

프랭크(Frank, Robert) 86

프랭크(Frank, Thomas) 89

프랭클린(Franklin, Benjamin) 14, 26~28, 98

프레슬리(Pressly, Thomas) 142

프레이저(Frazier, Charles) 163

    Cold Mountain 163

프롬(Fromm, Erich) 45

프리드먼(Friedman, Benjamin) 66

    Day of Reckoning 66

프린스(Prins, Nomi) 71, 73, 214

필(Peale, Norman Vincent) 64

    The Power of Positive Thinking 64

ㅎ

하비(Harvey, David) 67

   A Brief History of Neoliberalism 67

하츠(Hartz, Louis) 23~24, 28, 177, 189

   The Liberal Tradition in America 23

할런(Harlan, David) 188~189

해닝턴(Harrington, Michael) 46

해먼드(Hammond, James) 150

해밀턴(Hamilton, Alexander) 29

해크니(Hackney, Sheldon) 165, 172

해클뤼트(Hakluyt, Richard) 7

   Discourse of Western Planting 7

헉슬리(Huxley, Aldous) 119

   Brave New World 53, 134, 159

헌트(Hunt, Freeman) 32

헤이든(Hayden, Tom) 52

헤지스(Hedges, Chris) 73, 83~84, 91

헨리(Henry Adams) 32, 36, 105

   The Education of Henry Adams 105

호로비츠(Horowitz, Daniel) 38, 41, 47~48, 211

호손(Hawthorne, Nathaniel) 105

   "Ethan Brand" 105

   "The Celestial Railroad" 105

   "The Procession of Life" 105

호프스태터(Hofstadter, Richard) 24, 28

   The American Political Tradition 24

홉스봄(Hobsbawm, Eric) 191

후버(Hoover, Herbert Clark) 24

휘트먼(Whitman, Walt) 99~100

힉슨(Hixson, Walter) 176~178, 191~192

   The Myth of American Diplomacy 176

힐(Hill, Steven) 195~201, 208

   Europe's Promise 195

역자

김태언(金泰彦)

1948년 경북 출생. 서울대학교 영문학과 졸업. 인제대학교 명예교수. 역서로《검둥이 소년》,《케스 ─ 매와 소년》,《아담을 기다리며》,《농부와 산과의사》,《마을이 세계를 구한다》등이 있다.

김형수(金亨洙)

1974년 서울 출생. 연세대학교 사학과 졸업. 일본 도호쿠(東北)대학 대학원 비교문화론 전공. 공역서로《삶을 위한 학교》가 있다.

미국은 왜 실패했는가

제국의 쇠퇴, 그 뿌리

초판 제1쇄 발행 2015년 10월 22일

저자 　모리스 버먼
역자 　김태언 · 김형수
발행처 　녹색평론사

주소 　서울시 종로구 돈화문로 94 동원빌딩 501호
전화 　02-738-0663, 0666
팩스 　02-737-6168
웹사이트 　www.greenreview.co.kr
이메일 　editor@greenreview.co.kr
출판등록 　1991년 9월 17일 제6-36호

ISBN 　978-89-90274-79-3　03300

책값은 뒤표지에 있습니다.